新版 現代の社会教育と生涯学習

松田武雄 編著

九州大学出版会

目次

序　章　現代の社会教育と生涯学習……3
はじめに──三・一一の意味　3
一　社会教育の歴史的な意義　5
二　生涯学習の現代的な意義　9
三　地域の再生と社会教育・生涯学習　14
おわりに──社会教育福祉の構築へ　19

第一章　家庭教育支援・子育て支援と社会教育……23
一　家庭教育・子育てにおける現代的課題　23
二「家庭教育支援」と社会教育　28
三「子育て支援」「子育ち・子育て支援」と社会教育　31
四　子育て困難を乗り越える社会教育の視点　33

第二章　子どもの社会教育……41
一　地域における教育　41
二　子どもの社会教育と学校外教育　42

三　子どもの社会教育と参画論・居場所論　44
四　学校教育や家庭教育との比較　45
五　子どもの社会教育の団体や組織　46
六　子どもの社会教育の四類型　47
七　全国規模の社会教育の例　51
八　地域規模の社会教育の例　52
九　子どもの社会教育の事例研究　54

第三章　青年期の課題と現代社会教育の役割……59
一　子ども・若者関連諸法制と社会教育へのインパクト　59
二　青年期とはなにか　63
三　青年期の教育をめぐる問題　65
四　青年期の課題に対する現代社会教育の挑戦　76

第四章　現代の貧困と成人基礎教育……89
一　生涯学習社会ニッポンのもう一つの顔　89

二　成人基礎教育の国際的到達点　95
三　成人基礎教育保障にむけた実践の胎動　99
おわりに　107

第五章　高齢者の教育・学習のまちづくり……111
一　今日の高齢者の学習　111
二　これまでの高齢者への対策　112
三　高齢者の学習の芽生え　115
四　高齢者大学の実践　118
五　今日の高齢者教育の振興政策　127
六「団塊の世代」を見据えた地域と連携した高齢者の学習の取り組み　130
七　これからの高齢者の学びとまちづくり　133

第六章　社会教育・生涯学習の施設・行政とボランティア活動……139
一　はじめに　139
二　社会教育施設とはどのようなものか　143

三　社会教育とボランティア活動　149
四　社会教育施設におけるボランティア制度導入―九州国立博物館の事例をもとに―　153

第七章　NPO・市民活動と社会教育……161
一　はじめに―NPOとは何か―　161
二　NPOと社会教育の接点　163
三　NPOの持つ社会教育としての可能性　166
四　女性のキャリア形成と地域づくりの場としてのNPO　175

第八章　大学と地域の連携による地域社会教育の創造……179
はじめに　179
一　二〇〇五年答申「我が国の高等教育の将来像」に見られる地域と大学との連携強化　181
二　ローカルな「知」の形成と高等教育　183
三　地域の総合シンクタンク機能としての和歌山大学サテライト構想　185
四　地域におけるESDを視野に入れた鹿児島大学のローカルシンフォニー事業　191
五　まとめ　195

第九章　沖縄の地域共同体と社会教育……199
はじめに　199
一　沖縄の集落における教育文化に関わる営み　204
二　地域づくりの拠点としての字公民館―竹富町祖納公民館―　207
三　字公民館と幼稚園の設立　210
四　青年会と図書・文庫活動　213
おわりに　217
第十章　国際成人教育と開発途上国の生涯学習……221
一　国際成人教育の発展　221
二　国際成人教育論の展開　223
三　国際成人教育会議（CONFINTEA）の歴史的変遷とその成果・課題　225
四　国際成人教育ネットワークの構築と連帯　228
五　開発途上国における生涯学習―中央アジアの事例から　231
おわりに　241

あとがき　245
執筆者一覧　248
教育基本法　x
社会教育法　iv
索引　i

現代の社会教育と生涯学習

序　章　現代の社会教育と生涯学習

はじめに——三・一一の意味

現代社会が直面している深刻な社会的危機に社会教育・生涯学習はどのように向き合うことができるのであろうか。あるいは向き合ってきたのであろうか。社会教育・生涯学習の実践と理論は、この課題に真摯に立ち向かわなければならないにもかかわらず、そのための努力は必ずしも十分ではなかったと思われる。社会教育・生涯学習の現場では、社会教育行政の危機と言えるような再編成が進行しており、それに抗して社会教育行政を守るためにもっぱらエネルギーを注がざるを得ないという事情が存在している。しかし、現在の資本主義の不安定性のもとで、危機に立たされているのは社会教育の領域だけではなく、多様な分野で同様の事態が生じている。現在、私達が直面している社会的危機に社会教育・生涯学習はいかに接続可能なのかを考える必要がある。

二〇一一年三月一一日に未曾有の大地震が東北地方を襲った。その直後の津波、そして福島第一原子力発電所の破壊は私達に甚大な衝撃を与えた。その後の被災地における住民や国民の復興への強い思いと粘り強い取り組みは、私たちが改めて自分自身を見つめ直す契機となったが、一方で、拡散する放射性物質によって地球が汚染されつつある。

大澤真幸は、この三・一一と二〇〇一年の九・一一を重ね合わせて、両者の関連性について考察している。通底する二種類の悲劇に共通するのは「精神的な深い傷を残す、圧倒的な破局」である。大澤は、テリー・イーグルトンを参照して、現代社会の悲劇を二つに類型化している。第一の悲劇は、「破壊的な出来事が、突然、外から侵入すること」であり、第二の悲劇は、「袋小路のような絶望的な状態が、鬱々と持続すること」である。九・一一の場合、ツインタワーの崩壊が第一の悲劇であり、米軍が介入したアフガニスタンの苦難が第二の悲劇である。そして両者は表裏の関係でつながっている。三・一一の場合、地震・津波は第一の悲劇であり、原発事故による放射性物質の拡散が第二の悲劇である。そして両者は「継起的・通時的」につながっている。

大澤はこのように両者の悲劇をとらえた上で、九・一一とは異なる三・一一への向き合い方について論じている。九・一一の場合、破局を防ぐことができず、しかも破局の中に入り込んでしまった。しかし、三・一一の破局は、深刻な影響が今後に残されることになるが、その破局が既に起きてしまった事実として受け入れることで、過去を振り返り、それを避ける可能性があったことを知るのである。さらに未来に起こることを想定して、現在のうちに、それを防ぎうる行為の可能性を探求することができるのである。[1]

大澤のこのような思考は、社会教育・生涯学習が三・一一の悲劇に関与できる道筋を考える上で参照できるものである。いずれ来るであろう悲劇を防ぎうる行為の可能性について、私達は公民館などを足場にして学び合い熟議することができる。そして、地域から共同行動を起こすことができる。長野県松本市において、防災と福祉のまちづくりを町会単位で取り組んできたことが、二〇一一年六月三〇日に起きた地震に活かされたことは、そのような可能性の探求を社会教育の場でできることを実証するものであった。

本書は、物語化できない現代のリスク社会に抗して、社会教育・生涯学習が地域社会においてどのような物語を紡ぐことができるのか、その可能性を社会教育・生涯学習の多様な分野から探求しようとするものである。しかし、その可能性は一様ではなく、多元的な可能性が見出されるであろう。

一 社会教育の歴史的な意義

社会教育・生涯学習は、世間的には趣味・教養的な、自己実現のための学習として理解されることが多い。そのような要素を社会教育・生涯学習がたぶんに持っていることは確かである。従って、個人的な営みとして受益者負担において行うものとされ、現在のような自治体の財政危機のもとでは、社会教育・生涯学習の領域は公費教育として位置づけられにくい。

社会教育は、とりわけ公民館において、一九六〇年代以降、趣味・教養を中心とする自己実現型の学習活動として広がり、さらに一九八〇年代後半以降の生涯学習の普及の中で、学習プログラム消費型の学習活動が一般化した。とはいうものの、第二次世界大戦後の公民館活動で見られたような、地域の実際生活に即して、地域課題を解決していこうとする志向を持った共同学習の系譜も歴史的に継承されて今日に至っている。しかし、社会的には、このような意味での学習活動は、あまり社会教育としてとらえられていない、言わば社会教育のマイノリティである。

現在、地方分権政策のもとで、公民館が教育委員会から首長部局に移管され、コミュニティ施設（地域づくりのための施設）としての位置づけが強まっているが、その背景には、社会教育・生涯学習に関する前者のような認識がある。つまり、公民館を教養文化施設として維持していく財政的余裕が自治体になくなり、地域社会の自助努力に期待する拠点施設として位置づけ直すという思考が働いているのである。公民館が地域づくりに深く関わってきたという後者の側面についての認識が社会的にほとんどないという歴史的様相を反映していると言える。実際のところ、多くの公民館ではその機能を教育文化活動に自己限定してきたこともあり、成人の趣味・教養的な学習は受益者負担で行い、公的な施設としての公民館は地域振興の役割を果たすべきであるという短絡的な発想が生まれやすいのである。

社会教育は、「社会」と「教育」を合成してつくった造語であり、社会を意識し、社会を対象とし、社会に関わる教育として成立した概念である。その点では、教養教育を重視したイギリスの成人教育などとは異なるものである。しかし、社会の一般大衆が教育に通俗的に接近するツールとして趣味的・娯楽的な要素が社会教育に取り入れられ、市民社会を担う市民の育成のために教養教育が社会教育に取り込まれていった。その一方で、国家主義的な観点から地域を振興するとともに、社会問題対策のツールとして社会教育が定位された。

今日、社会教育は成人教育を主として、それに学校外教育を付加して理解されているが、歴史の源流をたどれば、そのような領域とは別に、社会に意識的に関わり社会を育てる教育としても社会教育は理解されていたのである。社会教育の歴史的な範疇は多義的なものとして一八七〇～一九二〇年代に成立したが、第二次世界大戦後は主として青年・成人教育に限定して理論構築がなされ実践が展開されてきた。順調な経済成長のもとで福祉国家が成り立っていた時代には、そのような社会教育は社会の中である程度有効に機能したが、現代の不安定なリスク社会においては、福祉国家によって支えられていた成人教育としての社会教育もまた不安定な状況に置かれてしまう。不安定性に抗して現代社会を物語化できるような社会教育の再定義が必要な所以である。

そこでまず、宮原誠一以来、繰り返し言われてきたように、社会教育を歴史的に理解することによって、社会教育を反省的にとらえ直すことが重要である。その手がかりとして、ここでは社会教育における四つの歴史的な発達形態を示しておきたい。

一番目に、福澤諭吉による自己教育としての社会教育思想が明治初期に現れ、それが川本宇之介（一八八八～

一九六〇年）において自己教育としての社会教育論として一九二〇年代後半に体系化され、戦後の有力な社会教育論として確立していく社会教育の系譜を描くことができる。従来、社会教育の本質論として自己教育論が語られる時、戦後の民主主義的な風土の中で形成されてきたと理解される傾向があったが、福澤諭吉による社会教育の思想のうちに既にその萌芽を見ることができ、それ以降の歴史的過程の試練を経て形成されてきたのであり、そうした歴史的な視野を持つことによって、近代的価値に基づく自己教育論の展開にとどまることなく、自己教育の思想と活動の多面性や矛盾をとらえることができるのである。福澤が構想した、限られた階層（知識人）を担い手とする自己教育としての社会教育が、近代日本における社会教育の原初的な意味内容を示し、そのような社会教育が戦後の経済成長を経る中で大衆的に受容されていくことになる。

二番目に、明治中期に学校教育を「補翼」し就学を促進するための通俗教育・社会教育論が現れ、学校教育と密接に関連づけられた社会教育論が展開されて、やがて乗杉嘉壽（一八七八～一九四七年、文部省初代社会教育課長）による「教育改造」としての社会教育論として一九二〇年代前半に発展していくような、学校教育と相対するものとしての社会教育論の系譜がある。この系譜においては一方で、社会教育が学校教育に従属し付属する位置づけを持たされるとともに、他方で乗杉に典型的に見られるように、学校教育を変革し教育改革をリードしていく、「学校の社会化」としての社会教育の先進的な機能がクローズアップされ、今日に至るまで定説化されている学校教育以外の教育という社会教育の領域的な概念を批判するものとなっている。また現在、学校教育と社会教育の連携もしくは融合という観念あるいは「開かれた学校づくり」の一つの思想的な背景ともなっている。

この系譜との関連で三番目に、日本で最初の『社会教育論』（金港堂、一八九二年）を刊行した山名次郎（一八六四～一九五七年）に始まり、文部省普通学務局第四課（最初の社会教育課、一九一九～一九二四年）において定式化される「教育の社会化と社会の教育化」論としての社会教育の系譜がある。その思想的な淵源は山名にあるが、一九一〇年代後半にその論が現れ、乗杉をはじめとする第四課で共有されて、学校外の教育というような領域のみではない社会教育の社会的な機能を重視する社会教育論が展開された。このような社会教育論は「教育の機会均等」論と結びついて、障がい児や貧困児童など当時の学校教育から排除されていた子ども達の教育保障を積極的に担う、「教育的救済」としての社会教育論としても展開されたのである。

四番目に、一八八〇年代後半に登場し、地方改良運動において内務省主導で本格的に着手される、地域振興を牽引する機能を担う社会教育の系譜がある。山名の論に見られるように社会教育という言葉には、「社会の改良進歩」と「教育の普及」を関連づける意味合いがあった。社会教育は、地域における社会改良と教育の向上を一体のものとしてとらえる発想と結びついていたのであり、教育でありながら教育を超えた地域振興の機能を併せ持った概念としても形成されたのである。そうした社会教育の概念は、特に戦後の公民館において継承され、地域づくりの社会教育論としてさまざまに議論されてきたが、今日の地方分権政策のもとで改めて注目されている。この系譜においては、教育の論理よりも地域振興の論理が重視される傾向があり、批判の対象ともされてきたが、社会教育の概念が歴史的に抱える矛盾としてとらえることにより、現代日本における地方分権下の社会教育のあり方を検討するための歴史的な視点を提供することができる。

このように社会教育の概念は、歴史的に多様な意味を包摂して成立してきたのであり、第二次世界大戦後に普及した社会教育は、主として自己教育の系譜に位置づき、それがやがて趣味・教養を主として学ぶ成人教育としての社会教育へと発展していく。戦後、社会教育の世界が限定されて理解されてきたのであり、歴史的な視野から社会教育を多元的に見ることにより、現在の閉塞的な社会教育の状況を相対化する視点を獲得することができるであろう。そのことによって、現代社会に定位できる社会教育の可能性を見出すことができるかもしれないのである。

二 生涯学習の現代的な意義

生涯教育という用語は、北欧諸国の民衆教育の伝統と結びついて既に一九二〇年代に現れている。しかし、その概念が議論され始めたのは第二次世界大戦後、特に一九六五年にユネスコでその概念が提案されて以降のことである。近年は、生涯教育ではなく生涯学習という用語が国際的に普及しているが、生涯学習という概念は、一九六〇年代から生涯教育の概念のうちに徐々に含まれていた。

生涯学習という用語は一九七〇年代初めから使用されるようになったが、その際、リカレント教育という用語と密接につながっていた。リカレント教育は、スウェーデンのパルメ教育大臣が、一九六九年に開かれたヨーロッパ教育大臣会議で提案したものである。そして、OECDが『リカレント教育：生涯学習のための戦略』(一九七三年)を刊行したことなどにより、一九七〇年代にこの用語は普及した。リカレント教育は、学校卒業後、特に労働と教育を循環する原理として、すべての個人にその活動の生涯を通して教育を配分していこうとする考え方である。

生涯学習の概念的特徴は、リカレント教育と共通するものがあったが、重要な差異もあった。リカレント教育は、定型教育と仕事との調和を重視しているが、それは生涯にわたる教育プロセスをさえぎることを意味している。教育機会はライフスパンにわたるものであるが、リカレント教育は、定型的な学校教育、特に高等教育の保障への代替的な戦略である。それに対して生涯学習の概念は、学習の切れ目のない継続性という見方であり、多様な場面でのノンフォーマル、インフォーマルな教育・学習、つまり家庭や仕事や地域などでの学習の継続性を意味している。生涯学習は、リカレント教育の戦略以上に、フォーマルとノンフォーマルの形態の学習の統合を強調しており、成人へのセカンド・チャンスを与えるものと考えられている。

生涯学習の用語が国際的に一般化し始めたのは一九九〇年代半ばである。一九九六年に開催されたOECD諸国の教育大臣会議では、「生涯学習をすべての人々のために実現すること」というタイトルの報告書が出された。また、同年にユネスコが開催した、二一世紀に向けての教育に関する国際会議のレポートのキー・コンセプトは、「生涯を通した学習」であった。さらにEUは、一九九六年を生涯学習年と指定した。OECDとユネスコは生涯学習の政策化において異なったスタンスを有しており、同列に論じることはできないが、いずれにせよ先進諸国においても開発途上国においても、生涯学習は教育改革の重要なフレームワークとなり、今日に至っている。

ユネスコ主催の第六回国際成人教育会議が、二〇〇九年一二月にブラジルのベレンで開催され、その最終報告書として「行動のためのベレン・フレームワーク」が採択された。その中で、生涯学習について次のように記されている。「生涯学習は、世界的な教育問題とその困難な状況に対処するための不可欠な役割を担っている。『ゆりかごから墓場まで』の生涯学習は、包括的、人道的で人々の開放に役立つ民主的価値を基盤とするあらゆる様式の教育哲学であり、概念的な枠組みであり、組織化の原則である。それは知識を基盤とした社会のビジョンのすべてを網羅する統合的なものである。我々は、二一世紀教育国際委員会が推奨する学習の四つの柱である『知るための学習』『行うための学習』『なるための学習』『共に生きるための学習』を再確認する」[2]。

ここで生涯学習は、現代社会が直面する困難な状況を克服していくための不可欠の役割を担っており、そのための学習活動を組織する教育哲学であり概念的な枠組みであることが確認されている。生涯学習は、社会における民主主義を実現するための重要な理念なのである。こうして生涯学習は、リカレント教育と密接な関連性を持ちながら、個人の能力開発とともに社会的諸問題を解決するための継続的・統合的な学習理念を示しているのである[3]。

ところで、日本において生涯学習という用語が登場するのは主として政策用語としてである。宮原誠一編『生涯学習』(東洋経済新報社)が一九七四年に刊行されていたが、この頃から、日本でも生涯教育とともに生涯学習という用語が使われ始めている。

一九七二年に出された日本経済調査協議会編『新しい産業社会における人間形成―長期的観点からみた教育のあり方』(東洋経済新報社)では、生涯学習について次のように記されている。「生涯学習という新しい教育の視点は、従来の教育の通念に革命的な反省を強くうながすものであり、とくにわが国の学校教育偏重に猛省を求めると同時に人間形成の第一の基礎たる家庭教育の振興を強く要請しているのである。生涯学習の立場は、学校教育なるものは家庭に続く第二の基礎的教育の場であって、大学といえども、もはや昔日のような完成教育の場たりえなくなっていることをあらためて明示しているのである[4]」。

そして、「これからの社会においては、従来の画一的な学校教育を打破し、『自己啓発のための生涯学習』を支援することが、文教政策の基本理念であるとし、家庭、地域社会、学校、企業を通じて多様な学習機会が提供され、人間形成に寄与する環境条件をすみやかに整備すべきである[5]」と提言している。これからの産業社会において「自己啓発」が重要になるという観点から、生涯教育ではなく生涯学習という用語を用いたと思われる。産業界が生涯学習を教育再編の理念として提案したのであるが、家庭教育や自己啓発を重視しており、公教育としての生涯学習の保障という観点は見られない。

文部省が答申において生涯学習を用いるのは、一九八一年の中央教育審議会答申「生涯教育について」においてである。よく紹介されているようにこの答申では、生涯学習と生涯教育について、次のように区別して定義している。

「今日、人々が自己の充実や生活の向上のため、その自発的意思に基づき、必要に応じ自己に適した手段・方法を自ら選んで行う学習が生涯学習であり、この生涯学習のために社会の様々な教育機能を相互の関連性を考慮しつつ、総合的に整備・充実しようとするのが生涯教育の考え方である」。

基本的には生涯教育を教育再編の理念ととらえ、個人の学習に視点をおいて生涯学習という用語を用いているのであり、生涯学習の用語は理念ではなく、単に個人の生涯にわたる学習という機能を示すものとして理解されている。このような文部省の生涯学習理解に変更を加えたのが、一九八四年から始まった臨時教育審議会の答申である。特に第二次答申（一九八六年）において「生涯学習体系への移行」が中心理念として打ち出された。そこには、次のように提言がなされていた。

「本審議会は生涯学習体系への移行を主軸として、学校中心の考え方を脱却し、二十一世紀のための教育体系の総合的な再編成を提案する。」「これからの学習は、学校教育の自己完結的な考え方を脱却するとともに、学校教育においては自己教育力の育成を図り、その基盤の上に各人の自発的意思に基づき、必要に応じて、自己に適した手段・方法を自らの責任において自由に選択し、生涯を通じて行われるべきものである…[6]」。

この答申では生涯学習は、個人の生涯にわたる学習を意味するとともに教育再編の理念として位置づけられている。しかし、生涯学習における自己責任が強調され、その後の生涯学習の市場化を推し進める契機となった。これ以降、学校教育も社会教育も、臨時教育審議会答申の路線のもとで改変が進められてきた。

生涯学習を教育改革のフレームワークとして理念化している点では、国際的な動向と共通しているが、たとえば「行動のためのベレン・フレームワーク」と比較して、現代社会が直面する困難な状況に対して生涯学習が重要な役割を果たさなければならないという問題意識は希薄である。最近の中央教育審議会答申「新しい時代を切り拓く生涯学習の振興方策について～知の循環型社会の構築を目指して～」（二〇〇八年）においても、「ベレン・フレームワーク」と通底するような問題意識を見ることは難しい。わずかに現代社会の問題に言及した記述は次の通りである。「近年指摘されている国民の経済的な格差の問題や非正規雇用の増加等の問題を考慮すれば、各個人が社会の変化に応じ、生涯にわたり職業能力や就業能力（エンプロイアビリティ）を持ち、社会生活を営んでいく上で必要な知識・技能等を習得・更新し、それぞれの持つ資質や能力を伸長することができるよう、国民一人一人が必要に応じて学び続けることができる環境づくりが急務となっている。その場合、学習機会が等しく提供され得るよう各種の支援方策を含めた配慮が求められる」。

しかし、具体的な支援方策については現実性が感じられないし、現在の社会教育・生涯学習の領域における危機的な状況に対する認識も弱い。結局、自己責任による生涯学習に帰着してしまう可能性がある。現代社会が直面する困難性の克服に対して生涯学習が不可欠の役割を果たすという、現代社会において生涯学習を社会的に意味づけるという積極的な姿勢を答申の中に見ることはできないのである。

このように、生涯学習の日本的な文脈と国際的な文脈には差異がある。趣味・教養的な学習を自己責任において行うというのが、最近までの日本における生涯学習の通俗的な理解であったが、それは国の政策の反映でもあった。国際的な文脈の中に生涯学習を位置づけてみれば、移民労働者や若者の失業問題、人権問題、識字教育、貧困と格差の問題など、「ベレン・フレームワーク」で提起されている諸課題と生涯学習が密接に連関していることがわかる。

日本で生涯学習の社会的な地位を確保しようとすれば、生涯学習が積極的にリスク社会に立ち向かっていく戦略をつくり上げていく必要があろう。しかし、振り返ってみれば、日本では社会教育がそもそも社会に関わっていく教育として存立してきた歴史がある。戦後、福祉国家が成立して、社会教育は趣味・教養的な学習が中心になり、それが生涯学習にも引き継がれることになったが、社会教育は「社会問題教育」（小川利夫）としての意義を歴史的に担っていた。そのような日本の社会教育の歴史的な特質は、現在の生涯学習の国際的な潮流と通底するものであり、社会教育の歴史を通じて現在の生涯学習を反省的にとらえ直すことができるのである。

三　地域の再生と社会教育・生涯学習

社会教育は生涯学習とは異なり、社会的諸問題に対して教育的な方法で解決を志向するという歴史的な性格を担ってきた。そのためか、個人に焦点づけた学習論の研究は、欧米に比べてはるかに後れをとっていた。しかし近年、成人の学習論が一つのブームになっており、翻訳も含めて関連する本も多く出版されている。日本でも、ようやく近年になって、成人の学習論研究が活性化してきたのである。

一方、成人の学習論研究に対しては、高橋満が次のように厳しい批判を行っている。「『ふり返り』をとおした『準拠枠』の批判的吟味と転換を重視する研究は、一見、社会教育の実践に生かしやすく、学びを社会過程としてとらえて魅力的である。しかも、意識変容が社会変革と結びつく、といわれるとなおさらである。しかし、学びを個人的プロセスとしてとらえることは心理学主義であり、自由主義を支えるイデオロギーである。彼らの意図にもかかわらず、私の評価では、その理論は個体主義的学習観を引きずるという問題にとどまらない。ファシリテーターと研究者を超越的判定者としてとらえ、学習者を『啓蒙・啓発』する権力的操作に帰着する理論である」[7]。

近年の学習論研究者を念頭に置いた批判であり、高橋の学習論の基本的な立場は、「学習者たちの発達・成長のためには『相互依存』的な学びのプロセスが条件となる」という点である。つまり、「個人の判断力や意思的選択の能力は…相互依存的な協働的な実践と学びのなかで、社会的に獲得される」のであり、「『依存』の教育的意義を確認する必要がある」[8]と言う。

アメリカなどの成人学習論の紹介を踏まえた近年の学習論の展開は、学習環境が整備された一定の条件のもとでは参照できると思われるが、現実の地域社会において、権力関係、複雑かつ交錯する人間関係、自由への束縛など、地域社会の諸矛盾が絡み合う状況のもとで、より良い地域づくりのために住民がさまざまな活動を行う、そのプロセスでの学習活動において、「学びを個人的プロセスとしてとらえる」学習論は参照可能なのであろうか。今、日本の現代社会が直面している深刻な状況に応答できる学習論が求められていると思われるが、現在、主流となっている学習論は、このリスク社会に噛み合うという点で、いまだ距離があるように思われる。

現在、社会教育・生涯学習の分野が総力をあげて取り組まなければならないのは、三・一一以降、ますます深刻化している社会の不安定性、リスク社会に抗する社会教育・生涯学習の創造である。構造改革と地方分権・規制緩和政策のもとで、全国的に地域の疲弊・衰退が進行している。地域社会をどのように再生していくのか、そこに社会教育・生涯学習がどのように関与していくことができるのか、私達は今、真剣に熟慮し実践しなければならない。

現在、地域再生への道筋を考えていく上で重要な争点になっているのが、都市内分権あるいは自治体内分権(「基礎自治体(市長村)の合併をおもな契機として、自治体内の地域単位に、一定の権限を制度的に保障すること」[10])のシステムをどう評価するのか、さらに、その理論的な支柱となっている補完性原理をどう評価するのか、という点である。これからの地域づくりにおいて補完性原理は参照可能であるという立場と、補完性原理は新自由主義路線を推し進める理論であるという立場が厳しく対立している。政治学や経済学、公共哲学のみならず、社会教育学においても対立が顕在化している。[11]

筆者は基本的には、都市内分権は新自由主義路線を推し進めるものであり、補完性原理がそれに加担しているという認識は、それ自体、間違ってはいないであろうと考えている。しかし、問題は実際の地域社会において、どのように住民の主体形成を図りながらより暮らしやすい地域づくりを進めていく理論的な枠組みをつくるのかということであり、この点で、補完性原理はある局面で現実的な戦略を提示する枠組みを提案しているのではないだろうか。一方で、補完性原理を批判する論者は、それに替わる現実的なオルタナティブを示し得ていないように思われる。

筆者がかつて暮らした沖縄では、伝統的な集落である字を単位に字公民館（自治公民館）が自治会と融合して、地域活動、教育・文化活動、産業活動、福祉活動、時に政治活動など、およそ地域に関わるすべての事柄について、住民が主体的に、活動費もある程度出し合って総合的な活動を行っていた。そうした活動を沖縄の人達は社会教育と称している。沖縄においては、社会教育はいわゆる教育・文化活動だけではなく、地域活動総体を指す言葉として用いられているのである。身近な地域でできることは住民自らが行うという思想であり、「本土」のように行政主導の地域づくりとは様相が異なっていた。[9]

その後、過ごした福岡市では、小学校区に公民館があり、公民館を拠点に社会教育が実践されていたが、校区によっては、教育・文化活動以上に地域活動に公民館が積極的に取り組んでいた。そのような公民館では、その後、公民館が市長部局に移管されコミュニティ支援の機能が付加されても、以前と変わらない活動を住民主体で行っている。福岡市では、小学校区という身近な地域を単位にした社会教育とコミュニティ活動が取り組まれ、職員の負担過重や社会教育の軽視など重大な問題を抱えつつも、制度的にはその活動を区役所生涯学習推進課が支援することになっており、さらに市行政が包括的に支援するという都市内分権制度の仕組みをつくっている。とはいえ、各区の職員の支援能力に大きな差があり、必ずしもそうした支援体制が機能しているわけではない。

北九州市では、小学校区に市民福祉センターを新設し、その後、公民館を廃止して市民センターとして統合された。コミュニティ活動、生涯学習、健康・福祉を主たる活動内容とする市民センターでは、小学校区ごとにそれぞれ地域的特性を持った活動を行っているが、区役所まちづくり推進課の支援のもとでコミュニティ活動が中心となり、生涯学習が手薄になっている。北九州市では、都市内分権が言われる以前から、小学校区レベル、区レベル、市レベルという三層構造によるまちづくりを北九州方式と呼び、活動に取り組んでいた。福岡市にしても北九州市にしても、その都市内分権制度は、社会教育・生涯学習を軽視したところに成り立っており、公民館や市民センターが本来的な機能を発揮できない点に大きな問題が存在している。

一方、長野県松本市では町会を基礎に、公民館が配置されている地区（ほぼ小学校区）でのまちづくり、それを市役所地域づくり課が支援するというシステムをつくり上げている。松本市において注目すべきは、公民館が地域づくりを担ってきた長い歴史を有し、それが社会的にも行政上も認知され、現在急速に進行している公民館の首長部局移管という方法ではなく、教育委員会所管のもとで、学びを軸にしたまちづくりを展開している点である。地区には、公民館以外に地区福祉ひろば、支所・出張所があり、さらに町会単位に町内公民館が存在し、町会＝町内公民館というきわめて身近な地域からの地域づくりを積み上げているのである。

筆者がこれまでさまざまな事例を見て思うのは、小学校区あるいは町内会のように身近な地域からの地域づくり、そこに住民どうしの学びが位置づくことにより、人びとが成長し地域も育っていくということである。その際の学びは、高橋の言うような「相互依存」的な学びのプロセスになるであろう。そこには矛盾や葛藤が常に生じるが、熟議を重ねることで、学びの質が高まる可能性はある。

補完性原理は、自治体内分権のシステムを媒介にして現実に地域社会で機能することになるが、その原理自体に曖昧性が含まれているため、当初の理念通りに現実的に機能するわけではない。むしろ新自由主義路線に利用されたり、制度的な硬直をもたらしたり、一層地域の衰退をもたらす可能性はある。自治体内分権のシステムをつくったとしても、それが地域再生の方向に機能するような職員の力量形成や住民の主体形成を図っていくような仕掛けがなければ、逆にそのシステムによって拘束されることになる。

松本市はその点を十分に熟慮して、画一的な自治体内分権のシステムをつくらないことにしている。それぞれの町会＝町内公民館を基礎にしつつ、地域住民自治組織である「緩やかな協議体」を住民主体でその地域の事情に即して緩やかに組織し、公民館、地区福祉ひろば、支所・出張所が拠点となってそれらの活動を支援することにより、地域づくりを行っているのである。それを市の地域づくり課が支援するという仕組みをつくっている。地域づくりの松本モデルと言って良いであろう。

ところで近年、欧米に遅れて日本でも熟議民主主義がにわかに注目されるようになってきた。田村哲樹によれば、「熟議民主主義とは、人びとが対話や相互作用の中で見解、判断、選好を変化させていくことを重視する民主主義の考え方[12]」である。地域社会は矛盾に満ちている。しかし、その中で一〇年以上も対話を継続し、地域社会に民主主義を実現していった事例は少なくない。田村が言うように、「価値観が多様化し、場合によっては、『分断された社会』と言えるかもしれないような現代社会において、それでも、他者とともに生き、なにごとかをなし、独善的ではないルールを作ろうとするならば、結局、対話・話し合いを行うしかないのではないか[13]」という言説に共感する。

しかし、熟議民主主義に対する批判も少なくない。その代表的な論者はシャンタル・ムフであろう。ムフはたとえば次のように討議（熟議）民主主義を批判する。

「討議民主主義モデルは、排除なき合意の可能性を仮定しているために、自由民主主義的な多元主義を適切な仕方で描き出すことができない。事実、ロールズにしてもハーバーマスにしても…合意創出のまさに条件そのものが、公的領域からの多元性の除去であることを示している。したがって討議民主主義には、シュミットによる自由主義的多元性への批判に対して説得力ある反論を提示することができないのである[14]」。

このような批判はその通りであり、地域社会においても、「多元性の除去」はしばしば見られるところである。しかし、政治の世界とは異なり、同じ地域で生活を共有している者どうしが持続的に熟議を継続していくことにより、「排除なき合意」に達することができる可能性は存在するのではなかろうか。また、そのプロセスが社会教育として学びの過程になっていくのである。身近な地域から始まる社会教育は、熟議民主主義を実現する場であり、それが人びとと地域を育て、リスク社会に抗する力を培っていくことを期待したい。

おわりに―社会教育福祉の構築へ

かつて小川利夫は教育福祉論を提唱した。一九六〇年代、高度経済成長の時代である。恩師から教えを受けた筆者は、教育と福祉の本質的な結びつきの感覚が体内にしみ込んでいる。「福祉は教育の母胎であり、教育は福祉の結晶である」という言葉にそのことが象徴的に示されている。しかし、筆者はある時期、この言葉が胸の底に隠れてしまっていた。「一億総中流」という言葉が世の中に広まった時期である。

福祉国家が崩壊した後、新自由主義が時代を蔓延する中で、社会から排除される人達が可視化される時代状況において、再び教育福祉論が注目されるようになった。小川の教育福祉論は、夜間中学生、児童養護施設入所児童、集団就職者など、子どもや青年に関わる教育福祉問題を対象としており、彼らの教育権保障を軸にしたものであった。しかし現在、教育福祉の対象はすべての年代層に広がっている。公民館でも、託児室、障がい者青年学級、子育てセミナー、高齢者学級の実践、さらに独居高齢者への配食サービスやデイサービスなど福祉活動も行われるようになってきた。しかも、単に教育と福祉の狭間での教育権保障にとどまらず、地域社会における教育と福祉の機能をどのように統合するのかが問われている。

ドイツや北欧などでは、社会教育学（Social Pedagogy）が小川の提唱した教育福祉論に近い学問領域である。ドイツでは、歴史的にその対象は主として青少年であり（近年は対象が広がってきている）、ドイツ社会事業史の研究を行っていた小川にとって、青少年を念頭に置いた教育福祉論はドイツから何らかの示唆を得たものと思われる。スウェーデンの社会教育学は現在、青少年を中心にしつつも、成人や高齢者を含めたすべての世代にわたる教育福祉の構築を目指しており、日本語に移し替えれば、社会教育福祉と称した方がわかりやすい。

日本の縦割り行政の中で、教育と福祉の壁は厚い。地区に公民館と福祉ひろばを設置し、学びと福祉を融合した地域づくりを展開している松本市ですら、公民館と福祉ひろばの間には未だに壁があるように思われる。しかし、一人暮らしの高齢者や買い物弱者の問題、若者の失業問題、障がい者の労働・教育・福祉の問題、防災や防犯の問題、少子高齢化・過疎化の問題、外国籍の人々との共生の問題、ホームレスの問題など、地域課題は山積する一方である。このような状況に対して、行政、市民、地域団体やNPOなどが問題解決のためのさまざまな努力を行っている。このような活動は、社会教育でもあり地域福祉の活動でもある。それは、市民の目線からすれば、切り離して考えられるものではない。

かつて沖縄で、いわゆる「本土」で言うところの社会教育だけでなく、地域の福祉や産業などあらゆる地域活動を総称して、字公民館長がさらりと「社会教育」という言葉を使って総称したことに違和感を持ったが、歴史的に見れば、それらの活動を社会教育と言うのは自然なことであると思う。その字公民館長は、そうした地域活動は、結局のところ住民が育つことに収斂していくものであり、それはまさに教育・学習の課題であることを直感的に感じていたのであろう。

ヨーロッパの生涯学習は、国際的な経済危機の中で職業教育にシフトしているが、先述したようにドイツやスウェーデンなどのヨーロッパ諸国では、競争社会に合流することができない人達（障がい者、薬物中毒者、移民労働者、若者、ホームレスなど）を、教育的福祉的に支援する社会教育学という領域が確立されている。社会教育学であるが、教育に限定せず、小川の言う「社会問題教育」に近い、教育と福祉が融合した領域である。このような領域をさしあたり社会教育福祉と命名すれば、現代日本が抱えている問題状況に社会教育から立ち向かっていこうとする場合、縦割り行政を乗り越えて、社会教育福祉という考え方が、現在の困難を打開する一つの可能性を示唆できるのではないかと思われる。

たとえ社会教育福祉という理論枠が有効性を持たないとしても、少なくとも現代日本の社会教育は、現代のリスク社会に抗することができるような、新たな理論的枠組みを創出することが求められているのであり、旧来の理論枠を乗り越えていくような協働的な努力が必要であろう。

注

1　大澤真幸『文明の内なる衝突　9・11、そして3・11へ』河出書房新社、二〇一一年。

2　第六回国際成人教育会議「行動のためのベレン・フレームワーク」(二〇〇九年一二月四日)、http://www.mext.go.jp/a_menu/shougai/koumin/1292447.htm (2011.12.1)、文部科学省による仮訳。

3　Albert C. Tuijinman '*International Encyclopedia of Adult Education and Training second edition*' Oxford:Pergamon Press, 1996. 参照。

4　日本経済調査協議会編『新しい産業社会における人間形成　長期的観点からみた教育のあり方』東洋経済新報社、一九七二年、一七頁。

5　同右、一頁。

6　臨時教育審議会『教育改革に関する第二次答申』一九八六年。

7　高橋満「これからの社会教育研究の課題」『月刊社会教育』二〇〇八年二月号、六二―六三頁。

8　同右、六三頁。

9　山崎仁朗編著『日本コミュニティ政策の検証―自治体内分権と地域自治へ向けて』東信堂、二〇一四年、基本用語一覧。

10　宮崎文彦は、補完性原理について公共哲学の立場から次のように説明している。「個々人の人格が重視されつつ、その人格は共同体に生きる存在であるということは、両者の相補関係を意味し、補完性原理というものの、一方で個々人では達成できないものを実現するために積極的に社会や共同体（さらに大きくなれば国家、国際社会等々）が手助けをするという形で『介入』をするが、その介入は決して『不可侵な人格』を脅かすものであってはならないという、介入限定の側面をもつ」、宮崎文彦「公共哲学としての『補完性原理』」『公共研究』第四巻第一号、千葉大学、二〇〇七年、六三頁。つまり、市民に最も身近な地域が優先的に権限を持ち、その限界に対して広域的な当局が補完する公的責務を持つという考え方であり、都市内分権の理念となる。松田武雄『コミュニティ・ガバナンスと社会教育の再定義』参照（福村出版、二〇一四年）。

11　『月刊社会教育』二〇一一年二月号（松田武雄著）と六月号（姉崎洋一著）を参照。

12　田村哲樹『熟議の理由　民主主義の政治理論』勁草書房、二〇〇八年、まえがき。

13　同右。

14　シャンタル・ムフ、葛西弘隆訳『民主主義の逆説』以文社、二〇〇六年、七七頁。Chantal Mouffe, Democratic Paradox, verso, 2000.

第一章　家庭教育支援・子育て支援と社会教育

一　家庭教育・子育てにおける現代的課題

（一）孤立と子育て文化の断絶

二〇一三年度中に、全国の児童相談所が対応した児童虐待相談対応件数は、七万三七六五件（昨年度対比一一〇・六％）となり、一九九〇年統計開始以来最も増加した。[1] さらに警察庁による児童虐待検挙件数は、二〇〇一〜二〇一〇年度の一〇年間で、二・〇五倍に増加した。[2] 虐待は、経済的要因や孤立等の関係的要因、精神的要因、世代間伝達など複合的要因の結果として表出する。しかしこれは氷山の一角であり、孤立した密室育児や、子育ての責任を一人の親だけに抱えさせることによって、乳幼児の子どもを持つ親から「私も虐待しそうになったことがある」という声が聞かれる。

民法や教育基本法、児童の権利に関する条約に示されているように、子どもの身の回りの世話や、しつけや教育を行う権利と義務は親（親権者、以下省略）[3] にある。また子どもが日常生活を送る場所は家庭（社会的養護の場合は養護施設など）である。しかし親や家庭だけでは、子どもの発達を保障することは難しい。現在のように親や家庭だけで子育てをするようになったのは、高度経済成長期以後の子育て文化である。

江馬三枝子は、『飛騨白川村』の中で、明治後期までの岐阜県白川村の家族、そして子育て様式についてまとめている。江馬によると、白川村は三〇人から四〇人の家族が一つ屋根の下に生活する大家族制度をとっていたという。この家に夫婦で生活できるのは主人夫妻とその長男夫婦だけである。一緒に住む他の親族は、結婚を妻問婚の形で行った。彼らは夫婦一緒に住んではいないが、結婚しているため、子どもが生まれる。その子どもは、その女性が属している家のものとなる。母親達は、子どもを家に置いて田畑の仕事へ出かけ、家に帰ってきた人が、その都度授乳する。その方法は、自分の子どもに授乳するというよりも、泣いている子どもなら誰の子どもでも授乳していたという。また仕事以外のときには、赤ん坊が泣きさえすれば授乳し、時間を決めて授乳することはしない。四〜五歳になった幼児が、母親の乳にぶらさがっていることもあったという。一方、日中忙しいときには、どんなに子どもが泣いても叫んでも放っておいた、という[4]。このように、大家族制度の中では、自分の子どもを自分ひとりだけで育てるというよりも、みんなで子育てをしていた。

一方、大家族制ではなく、仮親という習俗もあった。例えば、母乳が出なかったり足りなかったりしたときには、乳母という仮親を頼む慣習があった。子どもと乳母には、母親あるいはそれ以上の関係が結ばれ、一生の付き合いをしたという。大藤ゆきは、白川村の事例のように大家族生活の時代には、多くの家族が一緒に生活していたので、仮親を頼む必要はあまりなかったと指摘する。家がいくつかに小さく分裂してしまうと、何らかの方法で他のものと結合して生活の力を強めたいという欲求が生まれ、特にいろいろな危険の多い年少時代に、仮親をもうける習俗が盛んになったと述べている[5]。

今日の日本では、大家族制や、仮親など子育てにさまざまな人がかかわる習俗が残っているところはきわめて少ない。子育てが孤立したり、子育て文化の世代間伝達が途切れたりしたところに、マニュアル化された、あるいは成功事例ばかりの育児情報が入ってくることで振り回され、育児不安が起こり、それを一人で抱え込むといった子育て困難があるといえる。大家族制や仮親などの習俗を復活させることが必要というよりも、子育て家庭同士や、地域の人々との関係づくりができるシステムが、いま求められているのである。

(二) 子どもの発達を規定する地域社会の変化

小川太郎は一九六〇年代、戦前の子どもと戦後の子どもを比較して「子どもの歴史は、学習と遊びの時間が増加してゆく歴史」であり、「幼くから働いていた子どもが、もっと年齢が長じてから初めて働くようになり、長時間働いていた子どもがもっと少なく働いて、その代わりに学習や遊びの時間を持つようになる。生活のために働かないで、成長のために活動するのが子どもの時代であるとすると、子どもの生活は次第に子どもらしい生活になってきた」[6]と述べた。戦後の子どもの生活は、学習と遊びの時間が増加し、子どもの発達に良い影響を与えていくものになっていくと考えられたのである。しかし実際は、学習や遊びの時間は増えても、それが子どもの発達にとって価値のあるものばかりではなかった。特に就学後は、早期教育熱から子どもの塾通いの増加によって、基本的生活習慣が乱れている場合がある。また子どもにとって、外で遊ぶ場所がなくなり、テレビやゲームなど、家の中で遊ぶことが多くなった。つまり子どもの生活環境は、子どものためにつくられているというよりも、競争社会と消費社会というおとな側の論理によってつくられている状況にある。ここには子どもの発達に地域社会がどのような影響を与えているかを理解し、子どもの発達と生活に良い影響を与える地域社会を再構築していくことが求められる。しかし孤立した育児の中では、親が、子どもの発達を規定する社会状況への自覚を持ちづらい状況にある。

〈正規の職員・従業員〉

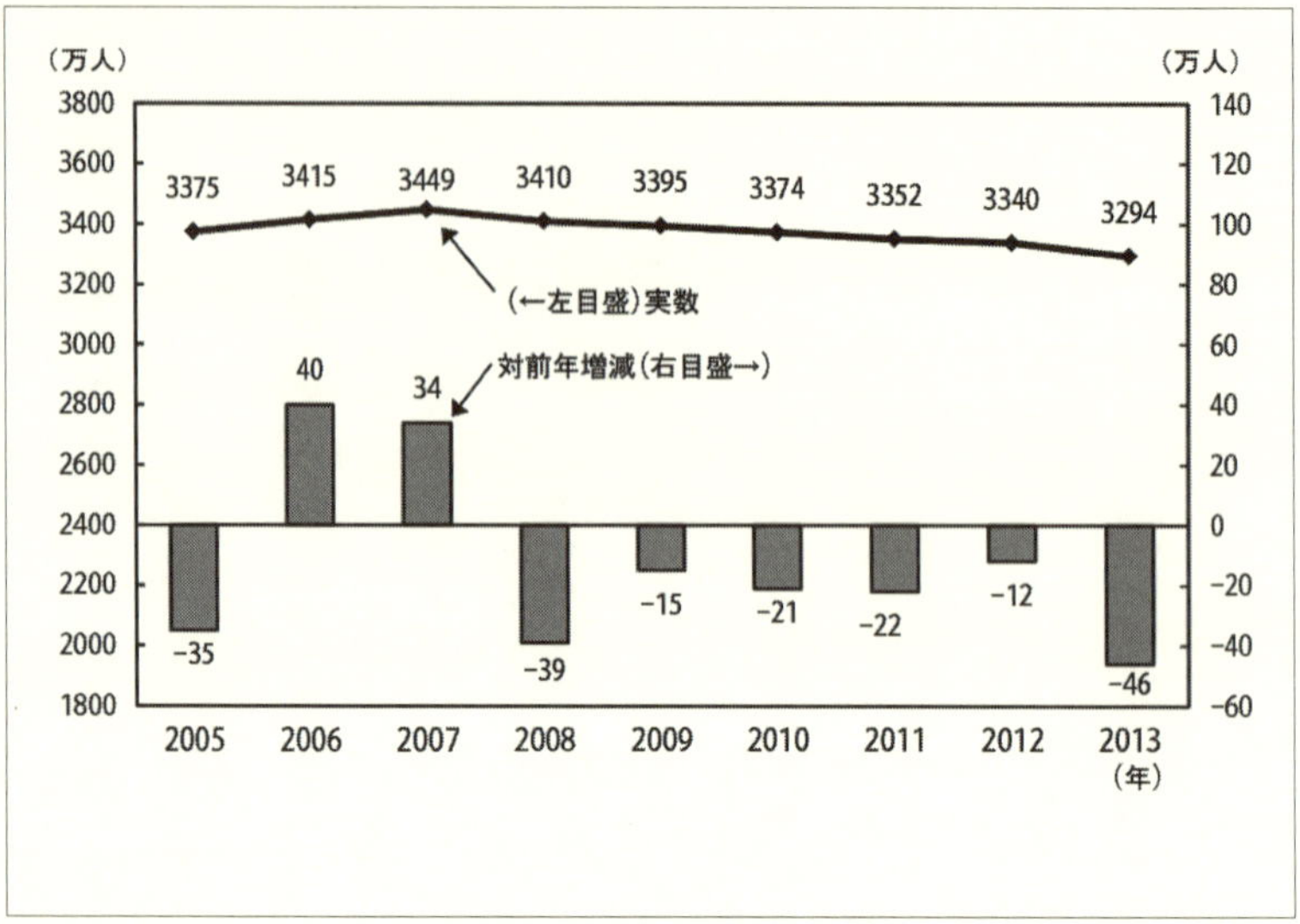

〈非正規の職員・従業員〉

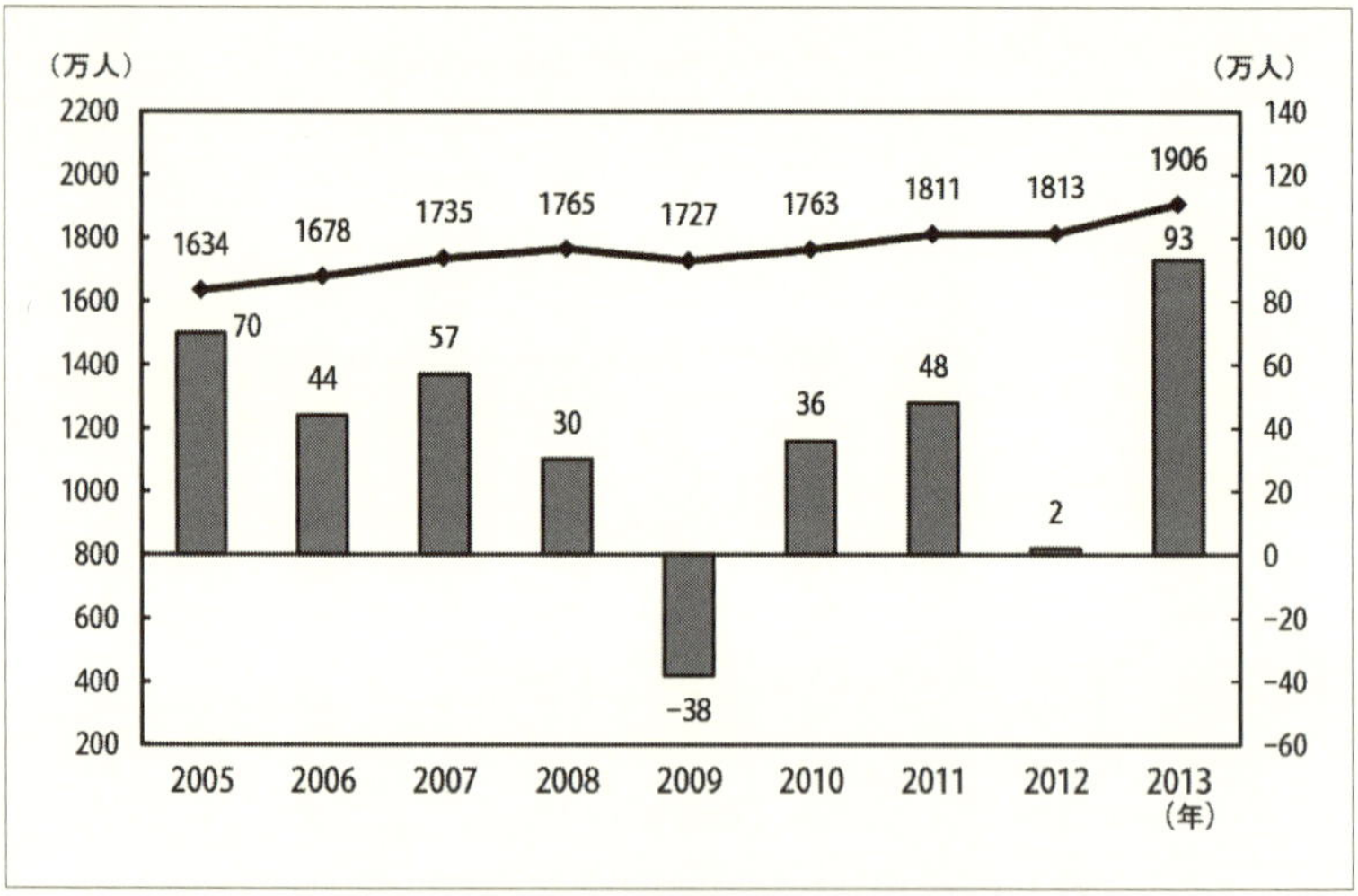

図１　正規、非正規の職員・従業員の推移
（出典；総務省「労働力調査」平成 25 年）

(三) 子育て困難状況の多様化・多元化

特に今日的課題として、親や家庭における生活困難な状況が広がっており、親の人権が保障されていない現状が指摘できる。堀尾は、一九七〇年代の著書において「親の人権(生存権、労働権、文化への権利、学習権)が保障されていない社会で、子どもの権利が守られるはずはない[7]」と指摘した。

総務省「労働力調査[8]」によると、この九年間(二〇〇五〜二〇一三年)で非正規の職員・従業員の数が急増し、来年も働けるかどうかという先の見通しにくい不安定な生活を余儀なくされている人が増えた。総務省「就業構造基本調査」によると、子育て世代である三〇歳代の非正規雇用労働者比率は、一九九三〜二〇一三年の間で約一〇%程度増加している。[9]内閣府の調査によると、親が子どもを持つ上での不安のトップは「経済的負担の増加」、二位「仕事と家庭の両立」という結果となっている。

さらに、厚生労働省「平成二五年度国民生活基礎調査」によると「子どもの貧困率」(一七歳以下)は一六・三%となっている。そして、ひとり親家庭の貧困率は五四・六%となっている。[10]しかしひとり親家庭への支援政策は、「子どもの貧困解消」に向けた費用支援から「母親の自助努力」に向けた就業支援へ移行されている。[11]「貧困」は、戦後と比較すると深刻な問題ではないように感じられるかもしれないが、現代における人々の生活の多くは地縁組織などによる互酬性から孤立しているため、「貧困」を相互扶助などの人との関係性の中で乗り越えていくことが難しい状況にある。

一方で、障がい児・者の支援という課題も広がっている。養護施設や情緒障害児短期入所施設で、発達障がい児の占める割合が増加している。これは、親だけで育てることの困難さを顕著に表している。同様に、子どもの入所理由として親の精神障がいの割合も増えてきている。[12]この事例からは、障がい者である親の生活をどのように支え、子育てを支援していくかの課題が見えてくる。

そのほかにも外国籍児童の親の子育てをどのように支えるかなど、子育て困難状況は多様化・多元化し、社会教育の視点から、どのように支援していくかが模索されている。

二 「家庭教育支援」と社会教育

(一) 社会教育関連法上の「家庭教育支援」の位置

現代的課題を乗り越える社会教育の視点について考える前に、まず以下では、家庭教育支援および子育て支援と社会教育について若干の整理を行いたい。

一九四七年制定教育基本法では、家庭教育は、「社会教育(第七条)」の領域に含まれていた。第七条において家庭教育は「国及び地方公共団体によって奨励されなければならない」とされ、行政の役割(第一〇)が「条件整備」と示された。また社会教育法では、行政は「家庭教育の向上に資することとなるような必要な配慮」をすることと規定された。さらに二〇〇一年改正社会教育法では、家庭教育に関する学習機会の充実を図るため、「家庭教育に関する学習の機会を提供するための講座の開設及び集会の開催並びにこれらの奨励に関すること」が教育委員会の事務として規定された。

しかし二〇〇六年改正教育基本法において、家庭教育と社会教育は区別され、第一〇条に「家庭教育」の項目が新設された。第一〇条家庭教育では、「父母その他の保護者は、子の教育について第一義的責任を有するものであって、生活のために必要な習慣を身に付けさせるとともに、自立心を育成し、心身の調和のとれた発達を図るよう努めるものとする」とされ、二項において「国及び地方公共団体は、家庭教育の自主性を尊重しつつ、保護者に対する学習の機会及び情報の提供その他の家庭教育を支援するために必要な施策を講ずるよう努めなければばならない」とされた。つまり国および地方公共団体は、家庭教育の「支援」を行う努力義務が明記された。

一九四七年制定教育基本法においては、「第七条（社会教育）家庭教育及び勤労の場所その他社会において行われる教育は、国及び地方公共団体によって奨励されなければならない」となっており、「支援」ではなく、「奨励」という言葉で使用されていた。つまり一九四七年から二〇〇六年改正において、家庭教育奨励から家庭教育支援へと用語の変更がなされたのである。この改正に伴い、二〇〇八年改正社会教育法においても第三条国及び地方公共団体の任務として家庭教育の向上に資すること、第五条では市町村教育委員会の事務として、家庭教育関係の情報提供を行うことが明記された。

（二）社会教育行政による家庭教育の教化・奨励・支援

社会教育行政と家庭教育との関係は、今に始まったわけではない。社会教育行政の家庭教育への関与の歴史は、大正時代末期にさかのぼる。大正末期から昭和にかけて、家庭における子どもの教育の不徹底、家庭教育指導の欠如が行政上の課題とされた。そのため、家庭教育の振興施策として一九三〇年文部省訓令第一八号「家庭教育振興ニ関スル件」が出された。『家庭教育指導事典』（一九六九）によると、当時の成人教育課長小尾範治は「今日子女の教育は学校まかせで、家庭の知ったことでないかのような誤解をする向きもあるが、学校では知識技能の教育はできても精神人格の陶冶の面ではじゅうぶんに目的を達することはできない。これは、家庭がうけもつべきもので、ことに幼児期の指導訓育が基本になる[13]」と述べている。このことについて山住は、「ここには四〇年来の教育政策の矛盾があらわれていた[14]」という。教育勅語体制下、「子どもにとっては家風より校風になじむ方が将来の生活にとって有利[15]」であったため、親達は、子どもの教育を学校に一任する、あるいは学校教育の方針に従って家庭教育を行うようになった。そして家風は衰退し、家庭の教育力は無くなっていった、という[16]。この家庭教育の振興施策は、翌年の満州事変、一九三八年の日中戦争、同年国民精神総動員令閣議決定等の流れの中で、母親への教化運動となっていった[17]。

さて、宮原誠一は、社会教育の本質を理解するために、その発達形態を、近代的学校制度に相対するものとして学校教育の「①補足」「②拡張」「③以外の教育的要求として」の三つに整理し、家庭教育に関するものを三つ目の「生活改善」の分類に位置づけた。その中で、このような家庭教育振興策について教化運動の母親版と指摘した。だが一方で日中戦争開始後、農繁期の共同炊事や共同託児所の開設など、充実した社会教育活動も行われていたことに着目した[18]。

しかし、一九四三年開設された「母親学級」は、戦争に協力する母親づくりの一役を担った。敗戦後一九四五年文部省社会教育局の復活とともに開設されたが、CIEから民主主義教育に反するとして一九四七年「両親学級」等に改組された。一九六四年には文部省補助事業として「家庭教育学級」が開設、一九七五年度「乳幼児学級」、一九八一年度「明日の親のための学級」など行政の呼びかけにより多様な講座が開設された。ここでは行政主導ではなく、親達の教育要求をどのように自覚化させ、学習に結びつけるかが課題とされた[19]。

この課題を克服する実践モデルとして、後章で述べる、一九八八年大阪府貝塚市貝塚公民館事業として誕生した「貝塚子育てネットワークの会」[20]、埼玉県新座市の公民館等による支援によって誕生した「新座子育てネットワーク」[21]が注目を浴びる。

つまり社会教育行政と家庭教育の関係は、戦前の国家体制の型にはめるための教化、家庭教育の価値を認め行政が条件整備を行う奨励、行政主導ではなく家庭や親自身が持っている力を発揮できるよう関わっていく支援へと発展してきたのである。

一方、社会教育行政とは離れたところで、子育てや家庭教育をよりよくするために、社会を変えていこうとする母親達の草の根の社会教育活動（運動）が展開されてきたことも押さえておく必要がある。例えば、一九五五年から始まった母親大会、一九七〇年代以降の共同保育所づくり運動、生活共同組合や親子劇場などの地域子育て協同の運動など、さまざまな民主的運動が展開された。これらは、運動や活動のプロセスにおいて、子育てを始めたばかりの親達をつなぎ、文化としての子育ての方法や思想を形成させる役割を担い、地域を子どもの育つ環境として再構築する取り組みが行われていった。

他方、福祉や保健分野における昨今の動向では、家庭教育の私事性を尊重しながらも、子どもの権利を守るための社会的養護問題も含めて、ソーシャルワーカーが社会的資源を利用しながらどのように支援していくか、親も支援者もどのようにネットワークを構築していくかが議論されている。

三「子育て支援」「子育ち・子育て支援」と社会教育

（一）「子育て支援」と社会教育

「子育て支援」という用語は、「家庭教育支援」と比較すると、社会保障財源・経済・労働問題の見通しを含めた少子化対策や、福祉、保健、医療、保育など、教育分野だけでない幅広い分野を含めて使われることが多い。

特に、一九九四年に少子化対策として出されたエンゼルプラン前後から、「子育て支援」という用語は多く登場し始めた。山縣文治は、新聞記事検索調査から「一九九〇後半から子育て支援の関連記事が急激に増加した」[22]と指摘している。エンゼルプランとは、一九九四年、文部、厚生、労働、建設の四大臣合意で策定された「今後の子育て支援のための施策の基本的方向について」のことである。一九九〇年、合計特殊出生率が一・五七となり、過去最低の数値を下回った。それまでの過去最低の数値である一・五八は、一九六六年「ひのえうま」時で、迷信によって出産を控えたためと言われていたが、これを下回り大きな衝撃となったため一・五七ショックといわれた。これをきっかけとして、年金や高齢者介護を含めた社会保障財源問題、労働力不足問題、経済の縮小など、少子化が日本の国家運営に大きな影響を与える重要な政策課題として議論されはじめた。つまり「子育て支援」は、純粋に、子どもの発達保障のために政策課題となった、あるいは社会的関心ごととなった、とは言えないのである。

さて、エンゼルプランは一九九九年度を目途に事業整備がすすめられ、その後に新エンゼルプラン[23]（二〇〇〇〜〇四年度）、子ども・子育て応援プラン（二〇〇五〜〇九年度）、子ども・子育てビジョン（二〇一〇年度）と続き、二〇一〇年度からは「子ども・子育て新システム検討会議」が設置され、二〇一二年同基本制度案が閣議決定されるなどさまざまな政策が展開されている。[24]注意しておかなければならないことは、子どもの発達保障を中心に据えていない少子化対策としての子育て支援は、子ども側の論理ではなく、おとな側の論理からつくられる。例えば、保育の分野から言えば、子どもの権利を保障する保育・教育の質は担保されないまま、量的拡大が進められている。親の厳しい労働条件によって、乳児保育や、延長保育、一時的保育サービスが拡充され、乳幼児が家庭外で生活する時間が無配慮に増大している。しかしそのための保育環境・条件の向上は手がつけられておらず、一九八〇年代のベビーホテル問題に類似した企業経営の保育ビジネスに委ねられ問題となるケースも後をたたない。学童保育にいたっても、質を担保するための政策は講じられておらず、子どもの発達とよりよい教育環境を支えるのは、指導者の努力に委ねられている。各地の子育て支援活動は、先進的な実践者の地道な努力によって支えられているが、政策として抜本的な解決策は見出されていない。

（二）「子育て支援」から「子育ち支援」へ

このような状況の一方で、日本は一九九四年に「児童の権利に関する条約」を批准した。これは、一九八九年国連総会において採択され、日本は一五八番目に批准した。アメリカを除いた先進国の中で、は最も遅い批准である。本条約は、「児童」という言葉を使っているが、小学校就学後の子どものためだけのものではない。出生前後から一八歳未満のすべての子どもに適用される。本条約では「すべての児童が生命に対する固有の権利を有することを認め（第六条）」、おとなやあらゆる機関の子どもへの関わり方および措置として「児童の最善の利益が主として考慮される（第三条）」べきことが述べられている。そして教育は「児童の人格、才能並びに精神的及び身体的な能力をその可能な最大限度まで発達させること（第二九条）」が目的であると述べている。つまり乳幼児を、単に「保護の対象」ととらえるのではなく、自分の可能性が最大限に引き出されるために、自分の「興味・関心」に合う教育を受ける権利をもつ、「権利の主体」としてとらえることが求められている。

そしてこの観点から、小木美代子や上杉孝實、立柳聡、姥貝荘一他らの研究運動によって、子育て支援という名称の頭に「子育ち」という子どもの権利保障を中心に据える言葉がつき、「子育ち・子育て支援」という名称が用いられるようになった[25]。これは、社会保障財源・経済・労働問題を中心に考えられた「子育て支援」政策や事業が、子どもの権利を保障する保育・教育の質を担保していない状況において、重要な指摘であった。

四　子育て困難を乗り越える社会教育の視点

（一）　家庭教育支援の具体的な方向性

ここまで「家庭教育支援」と「子育て支援」について説明してきたが、双方ともに、現代的課題を乗り越えるために、どのような社会教育的視点をもつ必要があるのだろうか。

文部科学省は、二〇一一年五月に「家庭教育支援の推進に関する検討委員会」を設置し、家庭教育をめぐる現状と課題の整理と、今後の支援のあり方等について検討を行い、二〇一二年三月に報告書「つながりが創る豊かな家庭教育～親子が元気になる家庭教育支援を目指して～」をとりまとめた。本報告書は、表に掲載されている通り、全国の先進的事例から、その実践のポイントを抽出し、整理したものである。そこでは、家庭教育支援が取り組むべき課題を、①子の誕生から自立までの切れ目のない支援、②届ける支援（アウトリーチ）と福祉等との連携、③多様な世代が関わり合う社会で、子どもの育ちを支える、④地域の取り組みの活性化、と整理した。また推進方策について①親の育ちを応援する学びの機会の充実、②親子と地域のつながりをつくる取り組みの推進、③支援のネットワークをつくる体制づくり、④子どもからおとなまでの生活習慣づくり、という四つの柱を立て具体的に述べている。以下、表1、2には、文部科学省報告書「つながりが創る豊かな家庭教育」より引用し、ポイントをまとめた。

（二）現代的課題を乗り越える社会教育実践とは

先述した文部科学省の報告書には、家庭教育支援および子育て支援における基本的な視点が端的に整理されている。しかし、子育てや教育に対する考え方や実践の方法は、画一的ではなく、地域の生活文化やそこに集まる人々によって多様である。したがって、各地域の特性を活かし、どのように実践できるかが最も難しい点である。では、ここまで整理してきた現代的課題を乗り越えるためには、どのような社会教育実践を展開することが求められているのだろうか。

一つは、社会教育実践としての家庭教育支援および子育て支援が、親の共同学習を援助する仕組みを持つこと

基本的な方向性	・親の育ちを応援する ・家庭のネットワークを広げる ・支援のネットワークを広げる
重要な視点	・親の主体性を尊重し、支援の循環を生み出す ・子どもも家庭や社会の一員として役割を持つ ・子育て家庭を支える人間関係とシステムを持つ地域づくり

表１　家庭教育支援の基本的な方向性と重要な視点

①親の育ちを応援する学びの機会の充実	〈親の育ちを応援する学習プログラムの充実〉 ・親育ちのための学習プログラムの充実 ・社会的課題に対応した学習内容の充実 〈多様な場を活用した学習機会の提供〉 ・乳幼児期の子育て支援の充実 ・親の学び合い・共同学習の推進 ・職場での学びの機会の提供 〈将来親になる中高生の子育て理解学習の推進〉 ・将来親になる中高生の子育て理解学習の推進
②親子と地域のつながりをつくる取組の推進	〈家庭を開き、地域とのつながりをつくる＞ 〈学校・家庭・地域の連携した活動の推進＞
③支援のネットワークをつくる体制づくり	〈地域人材による家庭教育支援チーム型支援の普及〉 ・家庭教育支援チーム型支援の普及 ・チームの活動を支えるための環境づくり ・家庭教育支援活動と主任児童委員・児童委員との連携の推進 〈課題を抱える家庭に対する学校と連携した支援の仕組みづくり〉 ・家庭教育支援活動と学校との連携の推進 ・スクールカウンセラー・スクールソーシャルワーカーとの連携 ・高校中退者の家庭に対する支援 〈人材養成と社会全体の子育て理解の推進〉 ・人材養成の推進 ・子育て理解の推進 ・企業による家庭教育支援の推進
④子どもから大人までの生活習慣づくり	・企業と連携した生活習慣づくりの推進 ・中高生向けの生活習慣づくりの推進

表２　家庭教育支援の具体的方策
（表１、２共に文部科学省報告書「つながりが創る豊かな家庭教育」より引用）

である。共同学習[26]とは、単に一緒に学習することだけを意味するものではない。親が他者の前で、どのようなことでどのように感じる（感じた）かを、自分の頭で考え、自分の言葉で語り、そのことを他者と共有し、他者の言葉を聞き、さらにお互いが語り合い、その事柄を社会的背景との関係を含め、より客観的・科学的なものへと深めていく学習である。そのプロセスの中で、親は自身の悩みや子育ての不安などを他者と共有し考え合い、自分の力を発揮できる主体として成長していくのである。

これは、山本健慈や村田和子などの貝塚市公民館やそこでの社会教育実践に関する研究成果[27]から学ぶことができる。山本は、社会教育を次のように定義する。社会教育は、「共同学習を援助するシステムであり、社会教育労働とは、現代の市民が、孤立して抱え込んでいるようにみえる疑問や不安、苦悩の共有から共同の学習課題を見つけだし、共同学習に取り組み始める過程を援助する営み[28]」である。村田は、貝塚子育てネットワークにおいて、公民館職員が果たした役割を「①人と人がふれあい、本音を話すことが出来る場を積極的につくりだす、②不安や疑問について一緒に考え、話し合うと同時に科学的に学ぶ、③おとなが人間関係を訓練するしくみをつくる、④共同の取り組みを通じて共感関係をつくる～市民同士、市民と行政～、⑤子ども達にはいろいろなおとなに、おとな・高齢者にはいろいろな子どもに出会わせる、⑥子どももおとなも、男も女も、地域の中での出番と居場所をつくる」の六つに整理した。

共同学習は、人とのつながりをつくり、自分の殻だけに閉じこもる孤立を防ぎ、虐待予防の一つにもなると考えられる。しかし職場や学校などあらゆる生活場面における人間疎外、そして個人情報保護の観点から、自分の生活を語る経験をほとんどしなくなった今日において、自分を語ることは誰でも容易にできることではない。それができる場の生成は、そこに関わる支援者の高い専門性と実践の蓄積の上においてのみ可能である。そしてその力は、カウンセラー等の資格者だけができるようになるのではなく、そこに関わる誰でもが共同学習を生み出す力量をつけ、考え合うことによって、子どもの育つ地域を豊かにしていくのである。社会教育の視点から、家庭教育支援と子育て支援を考える必要性はここにある。

　そして二つ目の視点は、子育て支援に関わる地域の人々を組織化していき、専門家と連携しながら、親へアウトリーチして（届けて）いくことである。そこで届けるものは、「人を信頼し頼ることができることを学習する経験」である。社会教育実践は、公民館講座がそうであるように、自主的な参加を中心とすることがほとんどであるため「子育てサークルや公民館講座などに出てくる人はまだ安心だが、家庭に閉じこもっている人が心配である」という課題が常に付きまとう。だが地域に孤立した人々が多い今日的な状況において、まずは第一歩として、安心できる人が近くに住んでいるという情報や、人を信頼できるきっかけを、親に経験させることが必要となっている。しかし一九七〇年代の親子劇場などが、近隣の家のドアをたたいて親を誘っていったような取り組みは、社会に不審な事件が多い現状において受け入れるのは難しいと考える人が多い。そのため例えば、沖縄県等のファミリー・サポート・センター（地域住民による有償託児ボランティア）の事例[29]のように、親が生活上の必要性から求めてきたサービスを、近隣住民が誠意を持って提供し、親に地域の人を信じて頼って良い、という経験をさせることが重要な意味を持っている。他にも乳児健診や、乳児家庭全戸訪問事業[30]での専門家ではない地域の子育て経験者等の関わりなど、その役割は今後発展が期待できる可能性を持っており、一方で課題の検証が必要となっている事業である。先に述べた共同学習の視点から比べると、主体的な関わりではない受け身の姿勢に感じられるかもしれないが、地域における子育て家庭の孤立は、そこまで進行していると考えることが必要であろう。

注

1　雇用均等・児童家庭局総務課「平成二五年度の児童相談所での児童虐待相談対応件数等」平成二六年八月一〇日。

2　警察庁生活安全局少年課「児童虐待及び福祉犯の検挙状況等（平成二五年一～一二月）」。

3　親が親権者になれない場合には、その他親族が親権者となり、養護施設入所の場合には、管理責任者が後見人となる。

4　江馬三枝子「飛騨の女たち」『飛騨白川村』未来社、一九七五年、一七六―一八五頁参照。宍戸建夫『保育の森―子育ての歴史を訪ねて―』あゆみ出版、一九九四年、一二―一三頁参照。

5　大藤ゆき『民俗民芸双書26　児やらい』岩崎美術社、一九六七年、一九三―一九四頁参照。

6　小川太郎『日本の子ども』新評論、一九七七年、一五九―一八八頁参照。

7　堀尾輝久・兼子仁『教育と人権』岩波書店、一九七七年、八二―八七頁、八―九行参照。

8　「労働力調査（詳細集計）平成二五年平均（速報）」平成二六年二月一八日。

9　厚生労働省ＨＰ「『非正規雇用』の現状と課題」。http://http://www.mhlw.go.jp/stf/seisakunitsuite/bunya/0000046231.html

10　厚生労働省「平成二五年の国民生活基礎調査の概況」平成二六年七月一五日。

11　岩川直樹は、子どもの貧困は経済的問題だけでなく「複合的剥奪」と「重層的傷つきとしての子どもの貧困」があるという。子どもの貧困白書編集委員会編『子どもの貧困白書』明石書店、二〇〇九年参照。

12　内閣府共生社会政策統括官発行『平成二三年版　子ども・若者白書』参照。

13　村上俊亮ほか編『家庭教育指導事典』帝国地方行政学会、一九六九年、五七四―五七五頁、二五―三〇行参照。

14　山住正巳『日本教育小史』岩波新書、一九八七年、一一八頁一六行引用。

15　同右、一一九頁二行引用。

16　同右、一一八―一一九頁参照。

17　一九四三年「母親学級」は戦争に協力する母親づくりの一役を担い、敗戦後一九四五年文部省社会教育局の復活とともに開設された。同右書、五七四―五七五頁参照。

18　宮原誠一『社会教育論（現代教育一〇一選）』国土社、一九九〇年、二一―二二頁参照。浅野俊和「東京帝国大学セツルメント託児部の子ども観と保育実践」『現代日本社会教育史論』日本図書センター、二〇〇二年、二二七―二四二頁等参照。

19　井上恵美子「母親学級」「家庭教育学級」、青木一他編著『［現代］教育学事典』労働旬報社、一九八八年、一二五頁、六二八頁参照。

20　貝塚子育てネットワークの会の詳細は、山縣文治監修・貝塚子育てネットワークの会編著『うちの子よその子みんなの子　本音の付き合い、だから二〇年続いている　』ミネルヴァ書房、二〇〇九年に詳しい。

21　坂本純子「地域の子育て支援センター新座子育てネットワーク（特集 次世代育成支援と子どもの未来）」『住民と自治』四九八号、自治体研究社、二〇〇四年一〇月、一八―二一頁参照。

22　山縣文治監修・貝塚子育てネットワークの会編著『うちの子よその子みんなの子―本音の付き合い、だから二〇年続いている―』前掲、一九二頁参照。

23　この間、二〇〇三年に地方公共団体および事業主が、次世代育成支援のための取り組みを促進するために、それぞれ行動計画を策定し、実施していくことをねらいとした「次世代育成支援対策推進法」および「少子化社会対策基本法」が制定された。

24　内閣府共生社会生活統括官発行『平成二三年版　子ども・子育て白書』二〇一一年参照。

25　姥貝荘一・立柳聡編著『未来を拓く子どもの社会教育』学文社、二〇〇九年等参照。

26　矢口悦子・柳沢昌一は、共同学習を、戦後社会に民主主義を根づかせることを求めて展開された公民館における学習活動（二二三頁）として「第三部公民館における学習文化の創造　第一章　共同学習の展開」において説明している。日本社会教育学会特別年報編集委員会編『現代公民館の創造　公民館五〇年の歩みと展望』東洋館出版社、一九九九年、二二二―二三三頁等参照。

27　山本健慈・村田和子著「第九章　地域生涯学習の組織化」日本社会教育学会編『講座 現代社会教育の理論Ⅲ　成人の学習

と生涯学習の組織化』東洋館出版社、二〇〇四年、一五九―一七五頁参照、および村田和子「貝塚市における社会教育主事の専門性形成のあゆみ」『月刊 社会教育』七月号、国土社、二〇〇七年、四―一三頁等参照。

28　同右、一七三頁、二一―二四行引用。

29　筆者「地域の住民による一時保育と親の学習　ファミリー・サポート・センター事業の全国調査を通して」『日本社会教育学会紀要』四五号、二〇〇九年、二一―二九頁、筆者「地域の子育て支援におけるコーディネーターの専門性と課題：ファミリー・サポート・センター事業に着目して」『佐賀女子短期大学研究紀要』四四号、二〇一〇年、七一―八三頁等参照。

30　乳児家庭全戸訪問事業とは、厚生労働省の事業であり、「乳児家庭全戸訪問事業ガイドライン」によると、すべての乳児のいる家庭を訪問し、子育ての孤立化を防ぐために、その居宅においてさまざまな不安や悩みを聞き、子育て支援に関する必要な情報提供を行うとともに、支援が必要な家庭に対しては適切なサービス提供に結びつけることにより、地域の中で子どもが健やかに育成できる環境整備を図ることを目的とした、広く一般を対象とした子育て支援事業である。

第二章　子どもの社会教育

一　地域における教育

日本の社会教育研究者が集う日本社会教育学会は、その英語名を'The Japan Society for the Study of Adult and Community Education'としている。これを文字通り訳すならば、「成人とコミュニティーの教育に関する学会」となろう。ここから、日本の社会教育とは、成人に対する教育活動と、コミュニティーにおける教育活動の総体であるという理解が想定できる。コミュニティーの定義は容易ではないが、本稿では地域住民の普段の行動範囲を示す「地域」、あるいは「生活圏」と考えたい。そうすることで、'Community Education'を「地域教育」と表現できる。

このとき、成人ではない子どもは、地域社会における教育を受けると考えることになる。子どもにとっての地域教育は、子どもの生活圏内における教育的営みである。もちろん、就学前、小学校低学年、小学校高学年、中学校、高等学校といったそれぞれの段階で、子どもの生活圏は広がっていく。[1]その地域＝生活圏内における教育的営みが地域教育であり、それを子どもにとっての社会教育だと考えたい。

例えば、就学前には幼稚園や保育園と家の中、せいぜい家の前の道や近所の公園を主な遊び場としていた子どもが、小学校に入学すると近所の習い事に一人で通うようになり、高学年になると小学校の校区外にある学習塾に通うことがある。中学生になると行動範囲はさらに広くなり、高校生になると市町村外の学校や予備校に通うことも珍しくない。このような範囲の拡大に伴って、子ども達が受ける地域における社会教育が、広域にわたることになる。

本章は、子どもを対象とした地域社会における教育的な営みについて、その枠組みと実践事例について検討することを目的とする。

二　子どもの社会教育と学校外教育

近代において学校教育制度が導入されてからも、若者組や子供組などを通して、地域で子どもを育てる習慣は残り続けた。[2] 大正期に入って、少年団という地域における子どもの組織が各地で発足し始める。[3]

近世より続く子どもに関する地域の伝統や習慣に対して、地域社会における教育的な営みだという枠組みを与えたとしても、そのことを当の子どもや地域住民達が受け入れたとは考えにくい。例えば、地域に伝わる祭りに取り組む中で、おとなは子ども達に祭りの由来や、祭りにおける役割分担を教える。「向こう三軒両隣」で子どもを育てている意識を共有している地域において、路上でケガを伴うような危険な遊びをしている子どもがいたら、地域住民は注意をしてその遊びを止めさせる。これらの営みについて、当のおとなはそれが社会教育であるとわざわざ認識しているとは考えにくい。おそらく当人は、「先祖から伝わる祭りを子どもに教えている」や、「危ないから注意した」と答えるにとどまるであろう。

戦前の英国に起源を持つボーイスカウトの影響を受けた少年団は、大正から昭和戦前期において、自らの教育を「スカウト訓練」、「少年団教育」、「健児教育」などと表現していた[4]。もちろん、少年団の活動は社会教育の一部を構成するものという認識はあった。しかしそれよりも、自らの活動に独自の用語を当てはめることで、社会教育という一般的な用語の中に埋没することを避けたと考えられる。少年団における独自の教育論であることを、積極的に主張していたとも考えられる。

昭和戦前期、子どもの社会教育に対して「校外教育」という認識を広めたのが、松永健哉による『校外教育十講』である[5]。松永はここで校外教育の四分野として、「放課後及び休日の生活指導」、「いはゆる課外教育として正課の不足を補ふ」、「児童の団体訓練、奉仕作業等を組織的にする」、「学校を卒業した後」を提示する。いずれの分野においても、学校や教師が校外の子どもに関わりを持つべきことを主張した議論である。

学校や教師が学校教育以外でも子どもの保護や指導をするべきだという松永の主張は興味深い。子どもの社会教育を校外教育と表現することは、一九八〇年代ぐらいまで子どもの社会教育を語る上で前提となる発想であった。それは日本社会教育学会編『地域の子どもと学校外教育』（一九七八年）、吉田昇編『講座・現代社会教育Ⅶ学校外教育』（一九七九年）などのタイトルに見られるとおりである[6]。

その後、増山均は『子ども研究と社会教育』（一九八九年）において、この時までの子どもの社会教育や学校外教育に関する論争を整理したことについて、「あとがき」の中で、「『生涯学習体系への移行』がさけばれ、『社会教育』の用語と社会教育行政の存立自体が問い直されているとき、『社会教育』の用語と概念をより深化させ発展させるためにも、〈子ども〉の問題を社会教育の範疇にとらえ直すことから再出発してみた」と述べている。増山は子どもの社会教育を「学校外教育」として理解するのではなく、あくまで「子どもの社会教育」として理解するための試みを提示した。これは、青年や成人の教育を中心に据えていた社会教育に対する問題提起であり、教育全体から学校教育を除外した残りの教育という消極的な発想ではなく、子どもの社会教育をそれとしてとらえようとする積極的な発想である。

一九八〇年代半ば以降、社会教育に代わって「生涯学習」という用語が頻繁に用いられ始めた。社会教育と生涯学習はその概念が異なっているのにもかかわらず、文部省や都道府県・市町村の教育委員会では社会教育担当部署の名称が、社会教育から生涯学習へと次第に代わっていく。生涯学習という概念は人間の生涯にわたる学習活動に着目しており、その主な対象は成人である。[7]

教育には学校教育、家庭教育、社会教育の三つの領域がある。今、その中の「社会教育」が、「生涯学習」に取って代わられようとしている。社会教育主事や学芸員などの養成課程における「社会教育概論」が「生涯学習概論」になったのは、その例である。

三　子どもの社会教育と参画論・居場所論

二一世紀が間近に近づいてきた頃から、子どもの「参画」や「居場所」に関する議論が活発になった。例えばその成果として、日本社会教育学会が『子ども・若者と社会教育』（二〇〇二年）を編集している。ここには、これらをテーマとする新しい子どもの社会教育に関する研究である参画や居場所に関する論考が収められている。[8]

これら子どもの参画論や居場所論は独自の視点で、より積極的に地域社会における子どもの活動の様子をとらえようとしている。このような子どもの参画論や居場所論の登場は、社会教育から生涯学習への変化と同調していると考えられる。

「教育」とは、知識や技術をより多くもつ人が、より少ない人に伝えるという営みだと考えることができる。

教える側は、教えられる側の学習到達度を点検・評価して、次の段階に進む。このとき、教えられる側は教える側の意図に沿うことが期待され、この意味で受け身の状態を強いられる。ところが「学習」という概念は、学ぶ側の主体性に着目しており、学ぶ側が積極的に行動すること、学ぶ側が自らの学習を評価することを期待している。このように、教育と学習では、その行為の主体が異なっている。このことが、学校外教育という教育をする側と教育を受ける側という立場関係、そして子どもが常に受け身になる概念から、子どもが自発的に行動することを期待する参画論や居場所論への転換にも通底する。

四　学校教育や家庭教育との比較

学校教育とは、学校の敷地内にある校舎や体育館、グラウンド、プールなどを含めた場所において行われる教育的な営みと考えることができる。教育をする教師と教育を受ける子どもという役割が固定しており、本来的にこの両者が逆転することはない。また、教育課程（カリキュラム）が設定されており、ほとんど同じ年齢の子どもが教室で机を並べている。曜日ごとの時間割がほぼ固定されている。社会見学や遠足、修学旅行として、学校の敷地から外に出ることもあるが、それは学校教育としての目的を達成するためである。

家庭教育とは、家庭の中、あるいは家族で外出中に行われる、各家庭における親や祖父母、あるいはそれに代わる者からの教育である。学校教育のように組織的にあるいは計画的に教育を行うというよりも、保護者が育てている少数の子どもに対して、日々の生活の中で教育している。

以上二つの教育の領域は、学校や家といった教育の場が設定されている。ところが、もう一つの教育の領域である社会教育は、学校教育や家庭教育のように教育の場が明確に設定されていない。もちろん、社会教育施設として公民館や図書館、博物館、美術館、科学館、文学館、動物園、水族館、植物園がある。さらに少年自然の家やキャンプ場など、社会教育が行われる場として考えられる施設や設備がある。放課後や休日の校庭も、社会教育の場として使われることがある。あるいは、児童福祉施設としての児童館も、子どもの社会教育の場として想定できる。

社会教育が行われる場所において、そこに個人教授の習い事などを除いて一人だけが参加することは稀で、普通は複数人から数十名以上の子どもが、集団で社会教育活動に参加する。また、その社会教育活動を展開する側も、あらかじめ計画を立て、準備している。この点で、社会教育は組織的であり計画的である。

その一方で、すでに検討したように、子どもの社会教育としての地域教育は、地域における個別の非組織的な教育的営みを含めて考えることもできる。弱い者いじめをしている子どもを、地域のおじさんやおじいさんが叱る、あるいは子ども達が地域の活動に参加したことについて地域のおばさんやおばあさんから褒められるというものである。

五　子どもの社会教育の団体や組織

ここで子どもの社会教育の団体や組織について考えよう。その代表的なものとして多くの人が思いつくのが、子供会であろう。子供会活動は多くの場合、子どもが居住する町内を一つの単位として結成されているため、子どもの生活圏における組織的な教育活動といえる。社会教育関係団体で子どもの生活圏に応じて組織しているものは、ほとんどこの子供会に限られる。

子どもを対象とした社会教育としては他にも、公民館や主宰者の自宅などで行われる書道教室や珠算教室、お茶やお花の教室、バレエ教室、スイミングスクールなどにおける教育を想定できる。いわゆる、習い事である。習い事はもちろん、学校や家庭の外における教育的な営みであり、地域社会における教育であるといえよう。このように考えると、学習塾や予備校も、地域社会における教育としてとらえることに何ら違和感はない。

子どもの社会教育関係団体としては、全国規模の団体として、ガールスカウト、ボーイスカウト、海洋少年団、青少年赤十字、緑の少年団、スポーツ少年団といった全国規模の団体がある。他にも、全国に点在しているが、数としては比較的少ない航空少年団、宇宙少年団、鉄道少年団、交通少年団などがある。これらの団体は、子どもの生活圏に即した地域の組織というよりも、同じような興味関心を持つ子どもの組織である。スポーツ少年団のように地域を単位としている組織もあろうが、その前提として、同じ興味関心を共有していることを想定している。

六　子どもの社会教育の四類型

子どもの社会教育は、学校や家庭以外の場における子どもに対する教育的営みである。これまでの議論を踏まえ、ここで、子どもの地域社会における教育的な営みを四つに整理してみたい。

(一) 学校教育における「勉強」を補完する教育

第一に、学習塾や予備校など、学校教育における主要教科の教育、誤解を恐れず言うと「勉強」の側面を補完する教育である。全国規模の学習塾や予備校から個人経営のものまで、あるいは進学志向の受験対策を目的とするものから学校の授業の補完を目的とするものまで、そして集団を対象とするクラス単位での指導から個別指導まで、さまざまな形態で、子ども達に教育を行っている。

現在では小学生から高校生に至るまで、半数かそれ以上の子ども達が学習塾や予備校を利用している。それにもかかわらず、これまで、教育学の研究対象として学習塾や予備校を扱ってこなかった。企業経営や個人経営の事例研究として経済学や経営学の研究対象となることもほとんどなく、学問的には未開拓の領域であるといえよう。

(二) 余暇の教育的な活動

ここでは、放課後や休日に子どもが参加する水泳やダンス、サッカー、音楽などの習い事などを想定している。これらは地域におけるスポーツ少年団、サッカーなどのクラブチームがもつジュニアのチームやスポーツ教室、あるいは個人宅や公民館で行われているピアノやバイオリンなどの音楽教室や書道教室などである。茶道や華道の教室、バレエ教室、そろばん教室も含める。休日や長期休暇には、子供会やボーイスカウトなどの組織的な活動に参加することもある。野外に出かけてのハイキングやキャンプ、飯ごう炊さん、社会見学を行う。教育委員会や公民館などが、数日間にわたるキャンプを主催することもある。博物館や動物園、少年自然の家などにおける、子ども向けの講座や教室が行われるのも、週末であり長期休暇中である。

子供会やスポーツ少年団、そして公民館の教室や講座は、小学校区や中学校区などある程度の地域を限定した組織である。その一方で、水泳や個人宅でのレッスン、社会教育施設が主催する行事などは地域の枠が比較的緩やかであり、電車やバスを乗り継いで遠方から参加する子どもも少なくない。

子供会活動は近世以来の子供組に由来する、地域の子どもを網羅する地縁集団である。その地域に住んでいる子どもは基本的に地元の子供会に参加することになっている。もっとも、近年ではこのような強制的な参加形態に異を唱え、子供会に参加しない子どもが増加し、場所によっては子供会が解散する例もある。

ここに該当する社会教育はおおむね、その子どもや家庭にある程度の余裕があることが前提となる。それは保護者の時間的余裕に加えて、経済的な余裕が大きな部分を占めている。それ以外にも、各地で行われているさまざまな子どもの社会教育に関する情報を入手する手段を持つという余裕を含めて考えることもできる。

現実的には、子供会の年会費や行事に参加する費用が払えないという家庭も、少なくない。経済的な理由から、水泳教室やピアノなど音楽のレッスンなどに通わせることができない家庭もある。スポーツ少年団などのように、保護者にある程度の参加を求める活動も、ひとり親家庭や共働きをせざるを得ない家庭にとって大きな負担となり、子どもを参加させない原因の一つと考えられる。塾にしても予備校にしても、家庭教師にしても相応の経済的な余裕がなければ、子ども達は利用できないのが現実である。

(三) 学校に通えない子どもの教育

第三に、学校に通うことのできない子どもに対する教育・学習権保障のための教育的な活動である。病気のために入院しているか、虐待や非行など子ども本人や家庭などに起因する何らかの理由のために児童相談所一時保護所に保護され、あるいは少年院に入院している子どもをここでは想定している。これらの子どもは学校教育がその対象としていないため、公的な教育を受ける権利の保障を社会教育が代替すると考える。院内学級として公教育を保障している病院がある一方で、児童相談所一時保護所や少年鑑別所、そして少年院では、学校の教員に代わって、教員免許を持つ職員が中心となって、子どもの教科教育や学習指導に携わっている。[9]

教育現場における福祉的な問題、あるいは福祉現場における教育的な問題については、社会教育学において一九七〇年代から取り組まれてきた。具体的には、経済的に困窮している家庭への教育扶助、障がい児の通学、僻地教育や夜間中学、児童養護施設に入所している子どもの高校進学率の低さなどである。現在では、学童保育や幼保一元化、施設入所児童の高校や大学への進学率の低さ、子どもの貧困といった課題がある。前二者については、子ども・子育て支援新制度によって、[10]また後二者については、子どもの貧困対策の推進に関する法律と、これに基づく子供《ママ》の貧困対策に関する大綱によって、[11]それぞれ、政府としての具体的な取り組みが示されている。ただし、これらの課題あるいは政府の施策に対して、保育学、（児童）福祉学、（教育）社会学、あるいは経済学における議論は盛んである一方、社会教育学あるいは教育福祉論としての学術的な貢献度は低調である。

（四）地域社会における子どもへの教育的関わり

第四に、上記第一から第三のような組織的あるいは計画的な教育活動とは別の社会教育的な営みとして、地域社会における子どもへの教育的関わりがある。悪さをする子どもに注意をするという、おとなによる関わりである。子どもの時に、家の近所で何か悪さをして近隣住民に怒られた経験がある人は多い。地域の子ども達は地域のおとなが育てるという意識に基づく、地域社会における教育的な営みであり、立派な社会教育である。

最近では、子ども達が地域の公園や路上で遊ぶ姿はほとんど見られなくなった。民家のインターホンを押して走り去る「ピンポンダッシュ」や、路上でボール遊びをしていてボールが民家の窓ガラスを割ってしまうこと、民家の庭に実っている柿などの果物を取ることなどは、いずれも地域住民から叱られ、諭される対象となる子どもの遊びである。このような場面における地域住民による教育的な営みが必要となる行為を、子ども達がしなくなったとも言えよう。

その一方で、子どもの登下校中の安全を見守る地域住民の活動や、公民館などで寝泊まりしながら学校に通う「通学合宿」の一環として地域住民の家のお風呂をもらう取り組みなどが各地から報告されるようになり、新しい地域社会のつながりが模索され始めている。[12]

もちろんここには、地域社会に伝わる祭りなどの行事における、おとなから子どもへの教育的な関わりも含めることができる。例えば、地域の神社における祭りに必要なしめ縄を作るに当たって、おとなは子どもに稲わらの結い方を教える。それに関連して、祭りの由来や役割分担を教える。子どもはこのようなおとなの姿と、自分の将来を重ねて見ることがあるかもしれない。

社会教育の団体や組織のように、確立された制度による社会教育の他にも、地域社会におけるさまざまな場面でおとなは子どもに教育的な関わりを持っている。

七　全国規模の社会教育の例

次に、全国規模の社会教育の例として、ボーイスカウトに着目する。ボーイスカウトは一九〇七年の英国に起源を持ち、現在では世界中のほとんど全ての国や地域に加盟員がいる組織である。日本でも、第二次世界大戦前に英国から輸入された書籍を読んだ篤志家や、在日外国人らが活動を始めた[13]。

現在、ボーイスカウトの組織は五つの部門からなっている。小学校入学前の九月から加入できる「ビーバースカウト隊」、小学校二年生からの「カブスカウト隊」、小学校五年生の九月からの「ボーイスカウト隊」、高校生年代の「ベンチャースカウト隊」、大学生年代の「ローバースカウト隊」である。大学生になると社会人と共に各部門の指導者になれる。子どもの発達段階に合わせて部門を区切り、プログラムを立案、実施している。特にカブスカウトとボーイスカウトでは、異年齢からなる少人数集団を組織し、活動の基本としている。

各部門では、習得した知識や技術によって進級する制度がある。カブスカウトでは「うさぎ」、「しか」、「くま」の順に進級し、ボーイスカウトでは「初級」、「二級」、「一級」、「菊」という段階を進む。それぞれの段階を示す記章を制服に貼り付け、自他共に知識や技術の程度を確認できるようになっている。子どもの知識や技術を評価するのは、指導者である。項目によっては保護者や子ども同士が評価することもある。

これら全員が取り組むべき知識や技術の他に、各人の興味に沿って取り組むことが期待される制度もある。それをカブスカウトでは「チャレンジ章」、ボーイスカウトでは「ターゲットバッジ」という。[14] さらにボーイスカウトとベンチャースカウトに共通する「技能章」もある。[15] 各部門において基本的な内容と応用的な内容を組み合わせ、それぞれの知識や技術を習得したことを示す記章を身につけることで、子どもの好奇心や意欲を育むことが期待できる。指導者の他に、ボーイスカウト関係者以外に指導や評価を依頼することもある。

以上のような組織論や方法論は、全国的な統一基準であり、北海道から沖縄まで、子どもの制服に示される記章を確認すれば、所属する組織、知識や技術の習得状況などが一目瞭然となっている。

八　地域規模の社会教育の例

ここでは、地域において独自の活動を行っている組織に着目する。このような組織の場合、一年を通して子どもの構成員が変わらないような組織もあれば、毎回の活動ごとに参加を希望する子どもを募るような組織もある。活動の拠点は公民館などの社会教育施設、児童館、あるいはその活動に専用の場所を用意していることが多いようである。子どもを対象に公民館で開催する講座の例として、書道、華道、茶道、演劇、料理などがある。ボランティアによる絵本の読み聞かせを定期的に行っているところも少なくない。子ども達は放課後や休日に、公民館で受講する。以下で、具体的な活動を紹介する。[16]

学校の週休二日が始まった頃から、休みとなった土曜日を公民館で過ごしてもらおうと、子どもの遊びを中心とするプログラムを実施する公民館がある。例えば北九州市の穴生市民センターで実施している「あそびの学校」

は、一九九五年に始まる取り組みである。[17] 年間行事計画に基づき、キャンプや季節の行事を通して、自然の中で遊び、社会性を身につけることを目指していた。二〇〇九年度をもって活動を終えたと聞き及んでいるが、その活動実績から考えると大変残念である。

奈良市の南部公民館では、小学生を対象とした「なんなん?おもしろ体験隊」という事業を展開している。[18] 中学校区を地域の規模に設定し、その中にある小学校区それぞれから子どもを募り、学校や学年を解体して班を編制し活動する。中学校進学を前に仲間をつくることが目的である。実際には、夜間ハイキング、餅つきやウインナーづくり、手打ちうどん、創作演劇、合唱、ダンスといった活動を展開している。年間目標や月間目標を明確にして、活動の後には必ず振り返りの時間を取って活動の概要と感想を記入するという工夫もしている。年間の活動を通して子どもの育ちに貢献するという。

社会教育施設としての博物館が、地域の子どもを対象にした活動を行っている例もある。沖縄県石垣市にある市立八重山博物館では、一九八三年から「こども博物館教室」を開催し、小学五年生を対象とした活動を行っている。[19] 史跡巡りや年中行事の学習、動植物の観察、陶芸、篆刻、和紙づくりなど多彩な行事を行っているようである。地域における子どもの活動の拠点として、児童館がある。[20] 児童館には図書室、パソコン室、工作室、音楽スタジオ、講堂や体育館、乳幼児のための部屋、学童保育の部屋などがある。平日昼間には乳幼児とその保護者を対象とした子育てに関する行事を主催し、放課後や休日には学童を含めた子どもを対象とする活動を行っている。学童保育や、遊びの教室、季節の行事を児童館として主催することもあれば、子どもが自由に集まって好きな遊びをすることもある。公民館のように、行事や講座に参加する子どもと、単に遊びに来る子どもの両方が児童館に集まる。

野外に専用の土地を持ち、そこで子どもが飯ごう炊さん、泥遊び、木登り、竹細工、どろんこ遊びなど自由に過ごす取り組みが、日本各地に広がっている。「プレイパーク（冒険遊び場）」である。遊びを指導し、安全を確保するため「プレイリーダー」というおとなが関わるが、活動の主体は子どもであり、ケガをしてもそれは子どもの自己責任だと考えている。計画的な遊びもあれば、子どもの自主性に基づく遊びもある。いずれにしても、子どもが思い思いに野山を駆け回っている。このプレイパークの取り組みで注目を集めているのが、大阪府の北部で実施している「ひと山まるごとプレイパーク」である。[21]私有地である山林（一四四〇平方メートル）をプレイパークとして、子どもに開放している。斜面、平地、雑木林、小川などの自然環境を利用して、子どもが遊ぶ取り組みである。[22]

九　子どもの社会教育の事例研究

本章で見てきた通り、子どもの社会教育を考えるときには、近世以来の子供組の流れを受け継ぐ子供会、近代に入って各地で組織された少年団、そして現代ではこれら以外にもスポーツや文化活動、けいこごと、学習塾や予備校など、さまざまな活動が視野に入ることになる。児童相談所一時保護所や少年院などの公的な施設では、学校教育を受けることができない子どもに対して職員が教育を行っている。また地域社会では、地域住民が危険回避や悪い行いを正すために、子どもに注意や指導をすることがある。学校教育や家庭教育とは違い、さまざまな場面で、さまざまな立場のおとなが、さまざまな教育的な意図を持って、子どもの社会教育に携わっている。

これらを一律に、子どもの社会教育として論ずることには無理がある。学校教育の方法論を論じるように、社会教育の方法論を論じることはできない。そうであるならば、それぞれの社会教育が、それぞれ独自の方法論を持ち、独自の目標を設定して、独自の活動を展開していることの事例研究を、丁寧に積み重ねて論じる努力が求められる。このように指摘を受けるまでもなく、それぞれの音楽教室なりの目標や指導方法論を確立しており、それぞれのスポーツ少年団なりのそれらを持っている。本章でも指摘した通り、戦前の少年団や現在のボーイスカウトのように、明文化され、加盟員に共有化された教育課程や目標、方法論を設定する作業は、規模の大小はあるにしても、どの社会教育活動でも取り組んでいる。もちろん、地域住民が子どもの行いを注意したり指導したりという教育的営みも、それぞれの住民の中で経験を積み重ね、地域社会で育てる子どもとしての意識を持っている。このように、社会教育は学校教育に引けを取らない教育理論を構築し、実践してきた。

しかし、これらの教育方法論や理論は、それぞれの組織等の中で蓄積し、共有するに止まっている場合が多い。そこで、子どもの社会教育に携わる様々な立場の指導者が、あるいは組織が、自分たちの持っている知識や技術、経験を互いに交流させる機会がこれから必要になるだろう。その際、社会教育学がこれらの事例研究を積み重ねることで、その仲介役を担うことができる。ある組織に有用な方法論は、他の組織にとっても必ず参考になる。そして、教育活動の標準化を期待することもできる。[23]

子どもの社会教育はとても魅力的である。日本各地で独自の活動を展開する社会教育があれば、日本全国共通のプログラムをもって活動する社会教育もある。学校に通えない子どもの社会教育もあれば、地域住民による社会教育もある。どの社会教育にも共通しているのは、子どもの心身の健全な発達であり、将来を担う子どもの成長のための活動であるという点である。

注

1　増山均『子ども研究と社会教育』青木書店、一九八九年、三四―四一頁。

2　田中治彦『学校外教育論』学陽書房、一九八八年、二九―五四頁。

3　上平泰博・田中治彦・中島純『少年団の歴史』萌文社、一九九六年。田中治彦『少年団運動の成立と展開』九州大学出版会、一九九九年。矢口徹也『女子補導団』成文堂、二〇〇八年。圓入智仁『海洋少年団の組織と活動』九州大学出版会、二〇一一年。

4　圓入智仁「戦前の少年団における社会教育と学校教育の関係論」『社会教育思想研究』第四号、九州大学大学院人間環境学府教育システム専攻社会教育思想論研究室、二〇〇八年、一―一二頁。

5　松永健哉『校外教育十講』第一書房、一九三七年。

6　酒匂一雄編『地域の子どもと学校外教育』東洋館出版社、一九七八年。吉田昇編『講座・現代社会教育Ⅶ　学校外教育』亜紀書房、一九七九年。

7　だからこそ、「子どもの生涯学習」という表現は一般には使われていない。

8　久保田邦明編著『子どもと若者の居場所』萌文社、二〇〇〇年。ロジャー・ハート『子どもの参画』萌文社、二〇〇〇年。日本社会学会年報編集委員会編『子ども・若者と社会教育』日本の社会教育第46集、東洋館出版社、二〇〇二年。子どもの参画情報センター編『子ども・若者の参画』萌文社、二〇〇二年。

9　圓入智仁「児童相談所一時保護所における学習権保障の問題」『日本社会教育学会紀要』No.41、二〇〇五年、一―一〇頁。

10　子ども・子育て支援新制度とは、子ども・子育て支援法、認定こども園法の一部改正、子ども・子育て支援法及び認定こども園法の一部改正法の施行に伴う関係法律の整備などに関する法律の、いわゆる子ども・子育て関連三法（二〇一二年八月二二日成立）に基づく制度のことをいう。ここでは、放課後児童クラブの充実や、認定こども園制度の改善などが示されている。

11　同法は二〇一三年六月二六日成立、二〇一四年一月一七日施行。子どもの将来がその生まれ育った環境によって左右されることのないよう、貧困の状況にある子どもが健やかに育成される環境を整備するとともに、教育の機会均等を図るため、子どもの貧困対策に関し、基本理念を定め、国等の責務を明らかにし、及び子どもの貧困対策の基本となる事項を定めることにより、子どもの貧困対策を総合的に推進することを目的としている。その上で、子ども等に対する教育の支援、生活の支援、就労の支援、経済的支援等の施策を推進することを求めている。

12　高見啓一・小林理恵「地域オリジナルの通学合宿が育む、子どもとおとなの自己形成」立柳聡・姥貝荘一編著『未来を拓く子どもの社会教育』学文社、二〇〇九年、二八八—三〇三頁。

13　田中『少年団運動の成立と展開』（前掲）。田中治彦『ボーイスカウト』中央公論新社、一九九五年。

14　チャレンジ章には、「社会生活」（国際、市民、友情、動物愛護、案内、自然保護、手伝い、災害救助員）、「自然と野外活動」（天文学者、自然観察官、ハイカー、キャンパー、地質学者、気象学者、探検家）、「技術」（写真博士、コンピュータ博士、自転車博士、工作博士、通信博士、修理博士、乗り物博士、技術博士、救急博士、特技博士）、「スポーツ」（水泳選手、運動選手、チームスポーツ選手、スキー選手、アイススケート選手）、「文化・趣味」（収集家、画家、音楽家、料理家、フィッシャーマン、旅行家、園芸家、演劇家、マジシャン）が設定されている。

ターゲットバッジには、「スカウト精神」（メンバーシップ、家庭、地域社会、公民、郷土文化、世界友情、地球市民、ＢＰ、リーダーシップ）、「健康と発達」（健康、安全、水泳、運動能力、救護、クラブ活動、外国語、情報処理、マネジメント）、「スカウト技能・ハイキング」（ハイキング企画、読図、記録、写真、自転車、オリエンテーリング）、「スカウト技能・追跡」（観察、計測、通信、森林、野生生物、気象観測、天体宇宙）、「スカウト技能・キャンピング」（キャンプ企画、野外料理、キャンプクラフト、燃料、ロープ結び、たき火、キャンプマネジメント）、「スカウト技能・冒険」（食料、キャンプファイア、サバイバル、フィッシング、パイオニアリング、ウォーターアドベンチャー、スカウトソング）、「社会生活」（自然愛護、デンコーチ、近隣奉仕、環境保護、伝統工芸、防災、リサイクル、ガイド）が設定されている。なお「Ｂ—Ｐ」とは、ボーイスカウトの創始者であるベーデン・パウエルを指す。「デンコーチ」とは、カブスカウト隊への援助協力を行う者である。

15　技能章には、野営・野営管理・炊事・救急・案内・エネルギー・介護・看護・手話・世界友情・通訳・点字・園芸・演劇・音楽・絵画・華道・書道・水泳・竹細工・伝統芸能・文化財保護・木工・安全・沿岸視察・家庭修理・環境衛生・コンピュータ・裁縫・搾乳・自動車・事務・珠算・消防・信号・森林愛護・洗濯・測量・測候・鳥類保護・釣り・溺者救助・電気・天文・土壌・農機具・農業経営・簿記・無線通信・有線通信・養鶏・養豚・ラジオ・わら工・アーチェリー・オリエンテーリング・カヌー・自転車・スキー・スケート・漕艇・登山・馬事・パワーボート・ヨット・武道武術がある。

16　立柳ら編著『未来を拓く子どもの社会教育』（前掲）。久田邦明編著『子どもと若者の居場所』（前掲）。小木美代子・立柳聡・深作拓郎編著『子育ち学へのアプローチ』エイデル研究所、二〇〇〇年。

17　「あそびの学校」〈http://www.ktqc01.net/nisi/ancc/katudou/asobi/index.html〉、（二〇一一年一〇二月一四日アクセス）。

18　佐野万里子「子育ち・子育てと公民館―『なんなん？おもしろ体験隊』から―」立柳ら編著『未来を拓く子どもの社会教育』前掲、一一四―一二五頁。

19　寄川和彦「在地の自然と文化に根ざし学ぶ」小木ら編著『子育ち学へのアプローチ』（前出）、九〇―九七頁。

20　厳密には、児童館は社会教育の施設ではなく、保育所や児童養護施設などと並ぶ児童福祉施設であり、厚生労働省が管轄する施設である。このことは一般にほとんど認識されておらず、社会教育学でも児童館を公民館など社会教育施設に準じる施設としてとらえることがある。

21　立石麻衣子「自然のなかでの子どもの活動―一人ひとりの存在を認める『ひと山まるごとプレイパーク』―」立柳ら編著『未来を拓く子どもの社会教育』前掲、八三―九三頁。特定非営利活動法人北摂こども文化協会編『実践報告書　ひと山まるごとプレイパーク』シイーム（出版部）、二〇〇五年。

22　二〇〇四年の活動は餅つき、大縄、椅子と机づくり、長ツル飛び、雪遊び、お絵かき、棒取りゲーム、道づくり・道の開拓、火熾し、ものづくり、演奏、巨大迷路、看板づくり、木工ブロック遊び、机づくり、板ひき、お茶の葉摘み、山探検、山野植物撮影、ブランコの修理、本棚づくり、藪伐採、竹とんぼづくり、お話の読み聞かせ、自由遊び、ひと山運動会（どんぐり集めレース、どんぐり入れゲーム、綱引き、リレー）、薪ストーブ、焼き芋、焼き餅、はないちもんめ、テラスの手入れ、ハンモック、リースづくり、ツル籠編み、霜取り、ススキの箒づくり、新しい広場開拓、網焼き、ひなたぼっこであった。

23　子どもの社会教育における学習過程や経営管理等の標準化について、例えば、学習塾や英会話教室など学習サービスを提供する企業の中は、ノン・フォーマル教育・訓練の国際規格であるISO29990を取得することを議論しているところもある。

第三章　青年期の課題と現代社会教育の役割

一　子ども・若者関連諸法制と社会教育へのインパクト

内閣府の発行した『平成二五年版　子ども・若者白書』によると、一歳から一〇代までの死因の第一位が「不慮の事故」であるのに対し、二〇代では「自殺」となるという。こうした構造を生み出す日本社会の置かれた文脈とは、一体どのようなものとして捉えることができるのだろうか。また、二〇代の若者の置かれた状況が「自殺」へと行きつくような社会とならないために、なにをどのように考えぬく必要があるのだろうか。事態が進行する以上、社会教育実践、研究、活動においても、この問いは深められる必要がある。「自殺」はやはり悲しい出来事である。そして、それだけにとどまらず深刻な事態であることを改めて受け止めなおす必要があろう。

二〇〇六年に公布・施行された自殺対策基本法の第四条には「地方公共団体の責務」が示されており、「地方公共団体は、基本理念にのっとり、自殺対策について、国と協力しつつ、当該地域の状況に応じた施策を策定し、及び実施する責務を有する」と述べられている。これに基づき、二〇〇七年六月には「自殺総合対策大綱」が閣議決定され、二〇〇八年の一部改正を経て、二〇一二年には全体的な見直しを進め「自殺総合対策大綱～誰も自殺に追い込まれることのない社会の実現を目指して〜」も閣議決定された。内閣府によれば大綱の見直しでは、①「誰も自殺に追い込まれることのない社会の実現」を目指すことを、大綱副題及び冒頭で明示、②地域レベルの実践的な取組を中心とする自殺対策への転換を図る必要性、③具体的施策として、若年層向けの対策や、自殺未遂者向けの対策を充実すること、④国、地方公共団体、関係団体及び民間団体等の取組相互の連携・協力を推進することの諸点が掲げられ、とりわけ具体的な施策として、若年層向けの対策や、自殺未遂者向けの対策の充実が示されたことを確認しておこう。また、この間、たとえば、子どもの貧困対策の推進に関する法律（二〇一三年成立、二〇一四年施行）をはじめ、子どもや若者を取り巻く諸法制の成立が進んでいるが、この国策として取り組まれているという事実からはこれまでの歴史上にない新たな事態が進展しているということを読み取っておく必要があるだろう。

本章の基調ともなるが、青年が社会＝生理的に「新しい社会」の基本的な問題状況を集約的に体現するという認識に依拠するとすれば[1]、関連諸法制の成立という事態から現代社会の再編の有り様を、これにともなう社会教育実践・活動自体の再編の有り様を鋭く読み取っていく必要がある。子ども・若者関連諸法制の成立という同時代的文脈から、社会教育実践・活動は逃れられることはできず、しかしそうであるがゆえに、現代社会教育の真価が問われてくるのも確かなのである[2]。

二〇〇九年七月一日、子ども・若者育成支援推進法（以下、育成支援法とする）が成立し、二〇一〇年四月に施行され、「青少年育成施策大綱」を廃止した上で、「子ども・若者ビジョン」が策定された。この「子ども・若者ビジョン」では、困難を抱えている具体的な状況が想定され、①ニート、ひきこもり、不登校の場合、②障害のある場合、③非行・犯罪に陥った場合、④貧困にある場合、⑤児童養護施設で生活する場合、⑥外国人である場合、⑦性同一性障害である場合、⑧一〇代で親になっている場合、⑨嫡出でない子である場合などの、子ども・若者が抱え得るだろう困難の諸相が示され、それへの対応について言及されていた。こうした困難は国内に局所的に生起するものとは言い難く、広く地域社会一般でもみられる現象であり、支援をする、関与する、教育機会を保障するという場面では、一定の判断基準として機能してきたのではないかと思われる。当事者が抱える困難は重層的で、複雑に絡み合っている場合も少なくなく、また、状態やケースを想定することによって関与する側の権力性を強化する場合もあるが、抱え得る困難を想起させるという点において意味はあったとみるべきであろう。

こうした一連の動向に対しては、若者に対する支援に関する根拠法がなかった日本において、大きな意味があると認識されていた。この法律には当時、大きく二つの目的があるとされた。一つは、教育、福祉、雇用などの関連分野における子ども・若者育成支援施策の総合的推進であり、もう一つはニートやひきこもりなどの困難を抱える若者への支援をするための地域ネットワークづくりの推進である。これは、ニートやひきこもりを含んだ子ども・若者全体の支援についての根拠法令が定められたことを意味した。また、本法に基づいて地方自治体に設置される支援ネットワークである子ども・若者支援地域協議会の役割は、社会生活への適応支援を基礎に福祉、保健・医療、教育、雇用などの各分野の支援機関をネットワーク化することで、個人が修学や就業などの自立した社会生活を営めるようにすることであった。ここには、不登校、非行、摂食障害、適応障害などの問題に起因して、就業や修学状態にありながら社会生活を円滑に営む上で困難を有するものも含まれていた。また、本法ではアウトリーチ（訪問支援）を実施することについて明記したという特徴もあり、より積極的な支援手段として、子ども・若者の自宅に訪問し、本人への直接的な働きかけに関する規定が本法によって定められた。[3] それから四年が経過しているが、この間どのような変化があったのだろうか。

当時、社会教育学者の大串隆吉は、育成支援法にある各法の活動の概念が、教育、雇用、福祉、更生保護というように、一般的過ぎる点を批判し、職業能力開発、児童福祉、社会教育などの個別法に対応した用語が明示されておらず、関連する法に育成支援法との関係が書き込まれていない点を問題視していたが、[4] 社会学者の宮本みち子は、二〇〇〇年代に顕在化した諸問題に対して、国と地方公共団体と民間が連携して取り組むための基本的理念を打ち立てたと評価していた。宮本が評価した理由は、地域における若者のニーズに対応する専門機関・団体の活動が機能別に独立し、相互の関係が十分ではなく、成人に達する年齢層の若者を対象とするサービスが未発達だったという日本の歴史的特質を踏まえたものであった。育成支援法では包括的自立支援体制が求められたが、この構想はイギリスのコネクションズ・サービスをはじめとした海外の実践が参考にされたといわれる。それらに共通する手法は、個々の若者を十分に把握し、地域の連携体制によって自立のための包括的・継続的な支援を個人ベースでおこなうというものであり、宮本はこうした実践の展開を日本の課題として認識し、育成支援法に可能性をみていたのであった。[5]

二〇一四年、この子ども・若者育成支援推進法は見直しを迫られようとしており、当初の理念から大きく後退するのではないかという憶測も広がっている。矢継ぎ早な法改正は実践現場の混乱を招くのみならず、長期的な支援や教育機会の保障が必須な取り組みに影響を与えるばかりか、困難を抱える子ども・若者当事者の困難を一層深めることにもなりかねない。法の制定を一度は歓迎した社会に生きる以上、限界を見据えながらも、工夫を凝らしつつより良い状態の構築に向けて粘り強く向き合う必要がある。

育成支援法の成立・施行のように二〇〇〇年代、さらに二〇一〇年代に入ってから若者・青年期をめぐる社会の動きは、めまぐるしい。こうしたなか、青年期の課題に対して、現代的に担うべき、また担うことができる社会教育に固有の役割とはなんであろうか。あるとすればそれは、誰がどこで実施し、いかなる実践の形態をとりうるものなのか。この問いを改めて深めてみたい。本章では、青年期に関する学説を概観したのち、現代的に生起する青年の発達をめぐる問題を整理したうえで、青年に対する支援実践の現状や課題を踏まえ、社会教育の果たし得る役割について考察していく。

二　青年期とはなにか

青年期は一九世紀から二〇世紀初頭にかけて、ヨーロッパ近代の成立とともに生まれた概念であり、ルソーは(J. J. Rousseau)『エミール』(一七六二)で、青年期を児童期と成人期の間の固有の時期として見出し、この期間を通じて社会の担い手としての第二の誕生を遂げるとした。青年期の発見以降、二〇世紀にはいると青年期に関する様々な研究がなされるようになった。

たとえば、心理学者のホール(G. S. Hall)は、青年期を身体の急激な変化による不安と動揺の時期とし、「疾風怒濤」の時期と表現した。また、エリクソン(E. H. Erikson)は、青年期をアイデンティティの確立を模索する心理的モラトリアムの時期とし、オーズベル(D. P. Ausubel)は、生物的かつ社会的地位の変化が大きい、パーソナリティが再構成される時期であると定義した。青年期とは、子ども時代とは異なり、身体も心も劇的に変化する時期であり、自己が再構成される変容の時期なのである。[6] また、ハヴィガースト(R. J. Havigurst)は青年期の発達課題を、①同じ世代の同性または異性同士で新しいより成熟した関係を築くこと、②男性的または女性的な社会的役割を達成すること、③自分の身体を受け入れ、自分の身体を効果的に使うこと、④両親や他の友人たちから情緒的に独立すること、⑤結婚や家族生活の準備をすること、⑥経済的キャリアに向けた準備をおこなうこと、⑦行動の指標としての価値観や倫理的システムをものにすること：イデオロギーを発展させること、⑧社会的に責任のある行動を望み、達成すること、の八点を示した。これらは、ヘテロセクシャルの視点に立つものであるものの、青年期という子どもから大人への移行期での達成が期待される、現代的な課題もある程度反映したものであったといえよう。[7] このように、青年期の捉えられ方を、西洋世界の理論に大きく依拠する心理学に関する入門書などを参考に辿ってみると、二〇〇〇年代に入って刊行された書籍においても大きな変化があるとはいえない。

しかしながら、近年の社会動向を踏まえると、たとえば男性や女性の社会的役割とはいったいなんなのか、結婚や家族生活こそが標準的な生活様式なのか（そもそも達成可能な課題なのか）など、ハヴィガーストの主張には疑問を持たずに考えられない点がないわけではない。社会学者の鈴木謙介は、青年という言葉を使わずに、若者という言葉を使いながら、日本の若者のアイデンティティに関して、独自の考察を進めるなかで、この間の日本社会では、個人消費を前提にした「消費による自己実現」という考え方から労働の場に存在論的な安心の基盤すらも求める「労働による自己実現」という考え方へ若者の自己認識の契機が推移してきており、新たなメディアの登場が「承認による自己実現」の場もたらす可能性があるのではないかと論じている。[8] こうした認識は社会学者ならではの秀逸な分析ともいえるが、学術領域によって青年期の捉え方や青年という言葉の使い方が異なり、近年の社会教学研究の領域においても、青年か若者かという語法をめぐっては微妙な揺れがあるように思われる。

とはいえ、まずはつぎの諸点を確認しておきたい。第一に、青年期を期間として捉えるとき、そのはじまりがいつであり、終わりがいつなのかを考えることは、青年期を理解するための第一歩となる。第二に、青年期は思春期を入り口に、成人前期段階までを含み、成人期の規定によってその時期が左右されることから、社会の文化的影響を受けて流動的に変化する。第三に、思春期が生物学的な要素から理解できるのに対して、青年期は心理的かつ社会的な要素から理解されねばならないという特徴を持つ、といったような心理学上の認識は改めて想起されておいてよい。

社会教育学者の宮崎隆志の研究には、青年という言葉ではなく、若者という言葉を意識的に用いた論考がある。[9] 宮崎によれば、一般的に若者とは、子どもから「一人前の大人」になる過程にある年齢層を指すが、若者という言葉が世代循環の視点から見た新参者を意味する点を踏まえれば、それは社会的な空間において周辺に位置する新参者として理解される必要があるのだと指摘する。[10] これに対して、日本の青年概念とは明治期に入ってから、主体的なアイデンティティを称揚するものとして登場したという学説に依拠しながら、その後青年概念が国家的に統制されていったことに触れ、「これは、その概念が社会的空間の周辺に位置するが故の批判と統制の現象と見てよいように思われる」[11]と宮崎は述べている。宮崎はこの研究で、若者概念と青年概念を同義に扱うとしながらも、若者概念を多用する理由を、①現在の若者問題群が年齢では三〇歳代を超える世代までをも含みつつ語られるという社会的実態を意識するためであると同時に、②この世代を青年と呼ぶことも可能であるが、一九八〇年代に至るまでは青年概念と青春概念の適用範囲に関する乖離がそれほど大きくなかったために、現在でも日常的に青年概念の方が年代に関しては限定的に使用される傾向があり、日常的傾向を踏まえると、その年代が青年と呼びづらいからであると説明している。[12]

社会教育学者の宮原誠一の著書に代表されるように[13]、戦後の社会教育学研究においては「青年団」や「青年学級」という象徴的な活動とともに、青年という語が頻出してきたという歴史がある。[14] 他方、近年では、子ども・若者育成支援推進法のように、従来の認識枠組みとしての青年以外にも若者という言葉が世代や文化を摑む上で多用されるようになっている。本章では、従来の社会教育学研究や実践領域との連続性を意識しながら、「青年」という言葉を使用するが、「若者」という言葉も併用する。また、「青年」という語の内実は「若者」という語と同義であり、両者ともに子どもと大人の間に位置する同年齢集団というイメージで使用している。

三　青年期の教育をめぐる問題

戦後の日本社会において、青年労働と教育の再編成問題が教育改革の前面に据えられたのは、高度経済成長期であった。若者の進路選択と就職の問題をめぐり、青年期の教育問題があらためて国民的課題となった。現代のニートやフリーター、ひきこもりなどの問題も青年労働と教育の再編成問題として把握することが可能であり、今日進展する学校から職場への若者の移行支援なども、高度経済成長期以降続く日本的課題の特質を示すものである。

とはいえ、青年期の教育問題をニートやフリーター、ひきこもりなどの問題に限定して考えるべきではない。それは、青年が青年たる所以が、学生であれ、就職しているもの／いないものであれ、彼らが社会＝生理的に「新しい社会」の基本的な問題状況を集約的に体現する点にあるからである。[15]

かつて社会教育学者の小川利夫が、青年期教育の問題状況は部分的にではなく構造的かつ統一的に、どのように受け止めていくべきかを基本視点に据えなければならないと論じたが、現代社会教育実践の展開においては、こうした青年を統一的に見通す視点が求められているのである。また、宮崎隆志も指摘するように、「…若者問題とは、当該社会の構造が変動し、新参者たる若者の社会空間上の位置と意味が不連続に変化することによって生じる問題」[16]であり、また「…転換点に立つ社会の構造的矛盾の集中的現象形態として把握すべき問題であり、決して若者に閉鎖的に生じる問題でも、ましてや個々人の何らかの「欠損」（deficit）によって生じる問題でもない」[17]という点は強く意識されておいてよい。

確認したように、青年期の定義は論者により異なるが、今日いわれる青年期の問題が顕在化するのは、基本的に義務教育段階終了後から安定した就職を果たすまでの時期であると考えてよい。近年では、パラサイトシングルなど二〇代後半以降も自立できない若者群の発達課題が指摘されるが、時代の経過とともに青年期の定義自体は変化することがある。

小学校の六年間、中学校の三年間を経て、高校、大学、専門学校へと進学し就職するもの、果ては大学院にまで進学するものなど、教育制度を軸に見るだけでも青年期の過ごし方は多様化している。一方で、教育制度から排除されてしまう青年層がいることは青年期の教育をめぐる大きな問題の一つである。ジョック・ヤングは現代先進諸国で観察される現象形態を、「包摂社会」から「排除型社会」への変化として記述したが、この排除の現象は青年層では特に顕著である。なんらかのきっかけから不適応が生じ、そのまま学校に通学できなくなるいわゆるひきこもりの問題や出稼ぎ家族にともなわれ来日した外国籍の青年層、不安定就労を余儀なくされるワーキングプアの若者たちは明らかに教育制度からの排除を経験しており（もちろん例外もある）、当該時代の青年はまさに「新しい時代」の問題状況を集約的に体現しているといえる。ここでは、青年の実像をそれぞれの特殊性においてとらえながらも、同時にその特殊性のなかに青年期特有な共有性を注意深く発見していくことも必要となる。[18]

一方で、排除される青年層はしばしばそうした状況を招来する社会に対して抵抗行動を示すという特徴もある。たとえば、二〇〇六年頃から、「ニート」、「フリーター」に対して「若年ホームレス」、「プレカリアート」（不安定なという意味のプレカオスとプロレタリアートを合わせた造語）、「ワーキングプア」といった言葉が排除された青年層の側から提起され、複数のユニオンが成り立つ現状があるが、教育社会学者の本田由紀はこうした現象を、自らに与えられた外部からの定義に抵抗し、自分たちの言葉で状況を定義し直そうとしているのだと評価している点は見過ごせない。[19]

青年期の固有の生活課題に対して、社会教育が現代的に担い得る役割とはなにかを考えるためには、現在生起している青年期をめぐる問題状況を理解しておかねばならない。以下では、小川利夫の指摘を今日的に継承すべく、青年期教育の問題状況を部分的にではなく構造的かつ統一的に受けとめていくために、現代社会の青年期においていかなる生活課題が潜在しているのかをいくつかの象徴的な現象からとらえていきたい。そのために、①移行問題、②生きづらさ、③外国籍・移民青年の発達保障の三つの視点から、現代青年が抱える固有の課題を検討し、社会教育の果たし得る役割について考察していくことにしたい。

（一）移行問題

青年期において近年大きな比重を占めつつある課題が、青年の移行をめぐる問題である。こうした状況は先進諸国に共通の現象であり、学校から仕事への移行過程が変容するにつれ、青年は不安定な状態に置かれるようになっている。近代化の進行とともに、学校から安定した労働市場への移行を可能にし、標準化してきた先進諸国では、移行問題が新たな青年期の教育上の課題として浮上するようになった。

アンドレア・ワルツァーらは、若者の移行過程を①「標準的人生経路（normal biography）」、②「選択的人生経路（choice biography）」、③「危機的人生経路（risk biography）」の三つのタイプに類型化した。[20] ①のタイプでは、従来通りの比較的スムーズな学校から仕事への移行をたどり、②のタイプでは比較的豊富な利用可能な資源に依拠しつつ、起業などの積極的かつ創造的な移行過程をたどるが、それらに対して③のタイプでは、利用可能な資源が限定されてしまい、安定した地位にたどりつけないまま停滞してしまう。

教育社会学者の乾彰夫はこうした状況を、移行過程の流動化・不安定化は、利用可能な資源が豊富な比較的富裕層の若者たちのなかにも、資源が限られた停滞せざるを得ない困難層の若者たちのなかにも、同時に生じているとして、フリーターやニートらに代表される非直線的移行グループには不安定層と富裕層の青年たちという二つの層が含みこまれていると指摘する。[21]

日本の場合、ヨーロッパが職業訓練や社会保障制度などの福祉国家体制が青年期に影響を及ぼしたのに対して、学校制度を除いて国家の直接関与がほとんどなく、もっぱら学校と「企業社会」（雇用・訓練）、「企業社会」の「支配・保護」下にあった家族の三者関係のなかで青年期が成り立ってきた歴史があり、学校の紹介での新規学卒採用という若年雇用慣行によって、学校から雇用への移行が可能となってきた。[22]

そのため日本の戦後の青年期は、学校から（正規）雇用への移行過程で滞ることを想定せず、例外的に滞るものが生じてもそれに公的に対応する制度はほとんどなく、もっぱら家族の責任において私的に引き受けられてきた。さらには、学校から雇用へのスムーズな移行が困難になるなかで、職業訓練や若年雇用支援など国家対応に迫られたヨーロッパ諸国に比べて、日本はこうした方向に進むことはなかった。戦後の日本社会の制度設計が欧米型を標榜したにもかかわらず、こと青年期の対応に関しては家族責任の枠内に収め、青年期の移行支援が後手に回っていた点が、今日の移行支援の困難を増幅させているのである。

近年、公民館や社会教育施設では、移行に躓いた青年たちに対する直接的支援に向けて、世間の目を気にしながら日々を過ごしている家族が、少しでも生きやすい社会になることを目指して、「ひきこもり連続セミナー」などの実践がおこなわれている。こうした場所には、ひきこもり当事者も少なからず参加することがあり、家族と当事者がともに状況を学び、ひきこもりという生活課題の解決に向けた糸口をつかむ場合も少なくない。[23] 首都圏青年ユニオンの武田敦は、個人が抱えている問題を多面的に理解し、それを通じて求めている支援を提供することが公民館に求められる。公民館に聞けばいろんな状況や支援実態がわかるようになって欲しいという提起をおこなっている。[24]

一方で、若者の居場所づくりに参入するNPOなどの実践の蓄積も進みつつあることは見逃してはならない。たとえば、山形市を拠点に活動している若者支援NPO「ぷらっとほーむ」は、孤立しがちな子ども・若者たちの居場所づくりを目的に二〇〇三年四月に創設された。若者向けフリースペースの開設・運営のほか、ワークショップの開催などの学習機会の提供、若者向け情報誌、参加型ミニコミ誌の発行などの活動を続けている。[25] このNPOでは「就労」を直接の目的とせず、多様な社会参加に向けてチャレンジできるような社会空間を提供することを目的に運営されており、①「居場所づくり」、②「学びの場づくり」の二つの柱を立て活動していることからも、移行問題への現代的応答の一つのかたちである。また、より体系化された形式を持ち、不登校運動を源流とするフリースクールである東京シューレを母体として誕生した「シューレ大学」の事例も見過ごせない。フリースクールである以上、移行支援組織とみるのか、学校組織とみるのか、広義の社会教育団体組織とみるのか、論者によってその把握の仕方は異なるだろうが、この取り組みは移行問題への積極的な応答過程とみなすことができる。大学設置基準を満たす文部科学省が認可するような大学ではないため、卒業しても大卒資格は得られないものの、学生の発案による講座やプロジェクトを通じてそれぞれが学ぶという点、学生自身が「運営会議」を通じて運営に関する意思決定に携わる点など、活動内容の自由度は高い。[26]「シューレ大学」では、不登校運動の戦略が若者就労の文脈に応用された際の可能性と課題を考察した貴戸理恵によれば、「シューレ大学」を事例に、「この社会」のオルタナティブはあり得るかという挑戦的な問いが探究されていくのだという。[27]こうした発想は、就労支援のオルタナティブという文脈から先の「ぷらっとほーむ」の事例を検討した論考の方向性とも類似している。

このようにみてみると、移行問題に取り組む組織や団体には明確に現状のオルタナティブを志向する場合があることがわかるが、こうした要素を先述の公民館活動や社会教育実践・活動に見出すことが可能なのかどうか、あるいはより根本的に、そもそも見出す必要があるのかどうかなど今後問うていくべきことは多い。社会教育の固有の場で、いかに移行問題への応答を果たすのかはこれからの課題ともいえる。

青年期の移行問題に対して単一で取り組むことは困難も多いが、一方で公民館や社会教育施設の可能性を最大限に引き出し、移行支援の現場の要請に積極的に応え、青年の移行を支える連携体制の構築に向けたて動き出すことは、そのまま現代公民館や社会教育施設の可能性ともなり得る。真に変革が必要な個人のために学習環境を整備し、学びを支援することが社会教育施設の本来的な役割であるとすれば、現代の青年の移行問題は公民館や社会教育施設の今日的役割を構想するうえで、きわめて大きな意味を持つのである。

（二）生きづらさ

つぎにみてみたいのは、青年期の多様な個人で共有されていると考えられる「生きづらさ」をめぐる問題である。たとえば、「就活自殺」[28]や「全身就活」[29]などのキーワードから連想されるように、就活に向けて全身を組織していかねばならないような生を強いられる状態とは、「生きづらさ」を感じること以外のなにものでもない。個人差はあることとはいえ、就職や正規就労への圧力は、労働市場の再編期にあっては「生きづらさ」を生み出す源泉として機能する。また、高度に発達した携帯電話の通信機能には、既に読まれたメッセージを「既読」として送り手側に示すなどの付随機能も登場しており、常に他者の視線を意識しなければならない間断なきコミュニケーションを昼夜問わず強いられるという状況も到来している。社会環境の変化や身近な道具の進化は、「生きづらさ」の共有感覚の広がりとともに進んでいるようにも思われる。

ロスジェネ世代の雨宮処凛は「生きさせろ！」をキーワードとし、「無条件の生存肯定」をスローガンに掲げ、これまでプレカリアート運動を展開してきた。これは、条件を付けられて生存を肯定されることや、生きることが競争に勝ち抜いた人へのご褒美のようになっている状況に異議を唱える運動でもあった。この運動では、競争ベースではない、信頼ベースの人間関係をつくることが目指されてきたことから、運動そのものが青年期の主体形成を図る現代的社会教育実践の場として機能してきたともいえる。雨宮は、社会問題に対して怒らないという若者批判に対して、自分を含めた若い人たちは、怒っていないのではなくて、純度の高い怒りを抱え込むことで、それが自分や家族に向かい、本当は社会構造の問題や政治の問題だったりすることを「自己責任」や「親の教育が悪い」という形で、家庭内に社会の矛盾を凝縮させてしまったがために、怒りが自傷行為や自殺、家庭内暴力などの社会から見えないようにされてきたのだと、青年を取り巻く環境の問題点を指摘している。[30]こうした生きづらさはもはやある特定の青年層に例外的な状況ではなく、青年期の只中にある大学生の間にも浸透しつつある。

精神科医の鈴木國文はつぎのようなある国立大学の学生支援プログラムの事例を紹介している。これは常勤専従のオーガナイザーを三人配置し、多様な「馬鹿馬鹿しい」会をつくるというものである。具体的には、コレクション自慢の会、海岸生物を見る会、街のなかで化石を探す会、美男子写真コレクション自慢の会など、無意味な会を開くことで、大学から足が遠のいていた学生も参加するようになったという。

会の一部は大学、企業と連携するビルの会議室でもおこなわれ、ただ「おもしろいね」と言い合って帰るだけで、原則として競争もなく、意味もなく、学問的である必要もない。これらをすべて常勤のオーガナイザーが用意することで、大学から足が遠のいていた学生が顔をだし、大学に来るようになり、集団で話すようになったという。そして、一連の活動がインターネット上で把握可能なように、SNS（ソーシャル・ネットワーク・サービス）をつくり、本当に来ない人が外部からアクセスできようにも工夫された。鈴木は、この現象を「自身の馬鹿馬鹿しい欲望に他人の目が入る、そして、それがある種の承認を受ける。それだけで、止まっていた欲望の連鎖に動きが現れる」のだと分析し、「コレクション自慢の会でも、自分だけでやっている間は、ただきりなく集めているだけで、ちょっと恥ずかしいし、親にも笑われる。しかし、会に持ってきて人前に出すと、少し色あせると同時に、何かに承認される。『それって僕のこれとこうだね』なんて言われる。そのときにやっとある種の社会性みたいなものがそこに宿る。いままでただ集めていたものが社会的なコレクションとどう繋がっているかみたいなことに、構造的に変えられてしまう。『博物館にあるのもあなたのコレクションと近いんだよ』みたいな話に持っていかれると、もう学問の真ん中とそれほど遠くない。そうしたことが、欲望を新たに動かすために、意外と機能する」ことに気づかされたと述べている。[31]

この一連の取り組みは、青年の今日的なたまり場／居場所の機能の重要性と共同学習をベースにした現代的社会教育実践の必要性を示すものであると理解することができる。大学生であるのに大学に来ない学生に働きかけることは一見不思議な現象のように見えるが、大学に来ない学生も実際に多く存在する。こうした事実を事実として受け止めて展開された実践であることは、新たな学習の可能性を拓くという点において注目される。こうした取り組みから明らかなように、青年を取り巻く今日的な環境はますます多様化している。そうであるがゆえに、青年が集う場にはいかなる学習的側面があるのかを丹念に観察し、その学ぶことの意味が丁寧に吟味されねばならない。公的社会教育や既存の組織に依らない青年の学習をどのように捉えていくのかは、増々重要な課題になりつつあるのである。

そして、そうした学びがいつ、どこで、どのように生起するのかを冷静に見つめ、未だ学習の必要性に気付かない／気付けない青年にとっての条件整備がいったいどのように進められるのかを真剣に問うていく必要がある。

(三) 外国籍・移民青年の問題

グローバリズムの進展が人の往来を盛んにし、外国で生活する人々が増加するにつれ、母国語ではない状況で生活を営まざるを得ない状況が出てきた。このことは青年期の問題を考えるうえで重要な点であるし、また、避けては通ることのできない点でもある。

戦後日本には、周知のように、植民地の歴史を引きずるかたちで、在日朝鮮・韓国人の人々が生活してきたことから、彼／彼女らの学習や発達の問題を視野に入れた研究が存在する。たとえば、成玟美は、戦後日本社会において、朝鮮人としてのアイデンティティを構築する場が、学校教育以外の、ノンフォーマルな機会へと求められたことの具体的な取り組みとして、在日同胞青年組織の存在を指摘している。成によれば、在日朝鮮・韓国人のための生活相談組織である、朝鮮総聯（以下、総聯）や在日本居留民団（以下、民団）が、それぞれ青年会や学生会などの組織をもち、地域支部を通じて会員を動員してきた歴史があり、また、一九五〇年代に誕生した学生組織としての在日韓国学生同盟（韓学同）や在日朝鮮留学生同盟（留学同）、大学における韓国文化研究会（韓文研）、朝鮮文化研究会（朝文研）などの組織で自主的な交流・学習活動を展開してきたという。さらに、総聯や民団の共同組織である「朝鮮奨学会」や関係運動組織が、事業の一環として青年教育を位置づけているという。[32]このように在日朝鮮・韓国人青年の学習運動の取り組みは長い歴史を持ち、ある程度の組織化に成功してきた点に特徴がある。しかし、近年では、少子化や民族学校離れなど、原因は様々であるが、青年の組織活動が必ずしも順調ではないことをしばしば耳にする。

他方、一九九〇年代に入ってから、日本で向き合わなくてはならなくなった重要な課題として、南米から来日した日系人の青年の教育問題がある。在日朝鮮・韓国人青年と異なり、ニューカマーである日系人青年は、日本語をうまく話せないことや生活相談組織も極めて脆弱なかで生きることを強いられる。山本薫子はこうした青年たちのことをかつて「ディアスポラの子どもたち」と呼んだ。[33]

山本は、「自らが日本人であることに露も疑いを抱かず日本社会で生きる人々」のなかにも、大きな葛藤を抱えて生きている人がいるが、「自らが日本人ではないこと」の自覚を保ちながら日本社会で生きることを余儀なくされた人々が、与えられた状況下において周囲との関係を形成し、日本社会で生き抜こうとする中での葛藤は、質の異なるものであると述べている。こうした条件は外国籍・移民青年の問題を考えるときぴたりと当てはまる。特にこうした問題は、一九九〇年の改正入管法施行以来、関東や東海地方に急増したブラジル人人口のなかに多数の未成年者が含まれていたことから、日本の青年期問題との関わりでいえば、新たな青年カテゴリーを登場させたことになる。それが、「ディアスポラの子どもたち（青年たち）」である。[34]

日本社会で暮らす移民の子どもたちは、自分たちの失敗や逸脱が自分だけのものとしてみなされないことを知っており、日常のなかで、どれほど周囲の日本人と変わらないと自負していても、いったん「トラブル」として社会に認知されたとき、否応なく行動は「外国人」のせいとみなされ、扱われる。世間はもはや個人をみるのではなくて、彼／彼女らを通じて、「外国人」というカテゴリーに自分たちが与えた負の記号を再確認することになるのである。[35] このように外国籍・移民青年の問題は日本でも大きな課題になりつつあり、発達や学習を支えるための適切な他者の働きかけをいかに増幅させ、制度・体系化の方向を目指すのかが問われている。こうした問題を考える際、ドイツの青少年社会福祉援助活動（ユース・ソーシャルワーク）の取り組みは参考になる。これは外国人をはじめとする社会的不利益青少年のための社会的統合支援として位置づけられており、対象は、エスニック・マイノリティに止まらず、低学歴層、生活保護などの公的扶助受給者、女性、障害者なども含まれている。[36] 根深い移民問題を抱えるヨーロッパの事例は青年期の教育問題を考えるうえで非常に示唆的である。これらを参考に、公民館や社会教育施設において、いかに外国籍・移民青年の発達を支え、学習環境づくりに取り組んでいくのかはこれからの日本社会において一層重要な課題となる。学習の意欲や要求に止まらない、「必要」に根ざした学習の組織化の役割が、あらためて現代の社会教育実践には求められているのである。[37]

外国籍・移民青年の問題とは、特定の国家を出自とする青年と日本の法体系や制度との間に生じるような、あるいは今日発見したから明日には解消できるというような、単なる外在的な問題なのではなく、グローバル化という条件下では、もはや国内に固有の内在的な問題として立ち現われてくるものである。たとえば、中央であれ、地方都市であれ繁華街にいけばフィリピンや南米、東ヨーロッパ、中国、韓国から来日した人々のうち必ず誰かと遭遇できるといっても過言ではない二〇一〇年代の現実を生きているのである。こうした現実の重みを受け止め、多様な青年層の生活現実に思いを馳せ、共に悩み、状況をつくり変えていくことは今後重要性を増してくることになろう。

四　青年期の課題に対する現代社会教育の挑戦

社会教育学者の高橋満は、戦後の子ども・若者関連諸施策の検証を通じて、日本の子ども・若者はつねに政策・施策の対象として重要な位置を占めつづけてきたと論じ、このことの推移を分析し、特徴を端的に描き出しながら、若者の社会参加のポリティクスに関する考察を進めている。これまでの少なくない研究が[38]、戦後日本における若者政策・立法の存在を指摘してきたわけであるけれども、高橋の論調は少し異なっている。高橋の議論と分析が意味しているのは、社会教育学研究を踏まえた側からみた子ども・若者関連諸施策の検証であり、一歩踏み込んだ議論を展開しているということになろう。高橋が分析する主要なものを年代順に示せば、青少年問題審議会「青少年に関する行政施策の基本的な考え方」（一九七二）、社会教育審議会建議「在学青少年に対する社会教育の在り方について」（一九七四）、青少年問題審議会「青少年と社会参加」（一九七九）、社会教育審議会答申「青少年の特性と社会教育」（一九八一）、青少年問題審議会答申「『戦後』を超えて―青少年の自立と大人社会の責任」（一九九九）、「若者自立・挑戦プラン」（二〇〇三）という流れになる。

高橋によれば、①一九六〇年代から七〇年代にかけては層としての青少年の社会統合の視点から諸集団への参加と社会化論として、②一九八〇年代から九〇年代には「道徳的に堕落した」若者への社会秩序政策としての社会参加論として、③二〇一〇年代には社会的に排除された「弱者」への支援として政策がつくられてきたのだと指摘する[39]。そして、「その都度、若者たちはジャーナリズムや研究者がつくりあげた言説により構築され、消費され、政治化され、そして施策の対象とされつづけてきた」[40]とシニカルに述べている。実践、研究、行政、政治、ジャーナリズムに携わるいかなるものであれ、言説の構築には一定の役割を果たしうる以上、青年期の課題や問題を見つめるときには、この指摘の重みを必ず考慮しておく必要がある。また、後述するように、高橋は政策主導の若者の参加論を批判的にみており、これに対置するかたちで社会教育学の側から考えるべき参加論の在り方について持論を展開している。高橋の研究は、批判的な言説研究を踏まえた[41]、現代的な参加論の構築という意味を有するものである。そうだとしても、高橋の言説に関する指摘はなぜ重要といえるのだろうか。以下この点について考えてみたい。

構築された言説によるイメージのなかにある青年期像／青年像を堅持することが、時に実践において有効性を発揮することはあるかもしれないが、そのイメージゆえに実践の奥行きと広がりを逆に喪失させることにつながることもあるのではないだろうか。たとえば、都市部から遠く離れた地域には、決して外国籍・移民青年はいないと決めてかかることはないだろうか。この場合、仮に存在したときであっても、地域社会においてそうした可能性があることが想定されていなければ、存在自体が少数のため顕在化されることもなく、結果的にニーズが発掘されず対応できない、必要な参加の場が保障されないということが起こり得るかもしれない。当事者はそこにいるのに永遠に必要な場にいくことが叶わない、という状態である。また別の場合には、青年が困難を抱えているのは事実だったとしても、それを直ちに解決したいのか、あるいは単に受け止めてもらいたいだけなのか、当事者の思いには微妙な差があるはずである。青年は困っているのだから、困っている青年を救わなければならない、支援しなければならないという実践側の圧力は、軽度の困りや軽い悩みとしか認識できない青年層をその場から逆に排除しかねない。さらにその結果、体系性を保った支援の拡充が進む一方で、当事者の中間的な参加の機会を奪う可能性もあろう。その意味では、言説によって構築されたイメージからさえも一定程度自由である必要があろうし、誰にとっても気軽に参加できる、普遍的な実践を構想する上では不可欠な視点ともなる。このことを通して、実践の奥行きと広がりは担保されるのではないだろうか。

高橋の議論の基調には、参加の場の拡充という考え方があり[42]、それは上述の通り政策的に先導されてきたような参加の文脈とは異なるものである。さらにいえば、現行の移行支援や若者支援の文脈で強調される、雇用や就労に直接つながるような能力の養成をめぐる議論を組み立てている訳ではない。高橋が重視する参加の在り方とは、多様な社会的課題をめぐって自発的かつ自主的な活動によって課題を解決するのにとどまらず、実践のなかで仲間や市民との対話をとおして信頼関係をつくり、さらに、新しい考え方、知識、価値を学んでいく過程への参加である。ゆえに、この場合に必要な支援とは、スポーツ・文化領域の活動への参加を含む、場合によっては世代を超えた広がりを持つ実践への参加を地域でつくるコミュニティ・アプローチをとった組織的・教育的な働きかけとなるのである[43]。論点は①基本とすべきは、地域ベースの、労働の文脈とは異なった社会空間をいかに生み出すのかというものであり、②社会教育固有の論理で貫かれた空間を保障したうえで、若者の参加の場を確保すること、というふうに理解できるのではないだろうか。

構築された若者言説を注視しつつ、そこから積極的かつ時に批判的に若者の現在を学びとりながら、労働の場の論理とは異なる、社会教育に固有の論理に媒介された空間を創造し、参加の場を拡充していくことが求められている。この場合、社会教育に固有の論理とは、労働観や勤労観に必ずしも依拠しない、地域の現実や歴史的課題に裏打ちされて構成されるべきものであろう。かつて地域に存在した実践のなかにその論理は発見できる場合もあろうし、また徹底した現状分析、当該地域の社会教育職員の働きの来し方の検証をとおして、新たに構築する可能性も場合によってはあるだろう。それぞれの地域において歩んできた社会教育の歴史と今ある現実の丹念な検証を通じて、その論理は解明されるはずである。

一方、宮崎隆志は、若者問題が要請している新たな社会教育像とはなにかについて検討を進めるなかで、労働世界と生活世界の間の中間地帯を再建する学習とその組織化・支援が現代の社会教育実践には求められていると論じている。[44]宮崎は、①既存の意味や価値が括弧に入れられ、非決定状態に置かれた状態としての意味の交渉空間の創出機能の必要性、②その際の意味の交渉が新たな意味の生成につながる必要性と、そのための条件として意味がリアリティとアクチュアリティを有することの必要性を指摘し、中間地帯の再建に向けた学習が進む場の備えるべき機能について述べる。さらに、③リアルな意味の生成が、真空中で進むものでない以上、自由な意味生成に向けては自らが位置する社会空間の対象化が不可欠となり、そのための学習集団の経験を媒介した理論的分析やそれを支える方法についての学習が求められる、と条件整備をする側の問題を論じている。そして、以上を踏まえ、④こうした活動のためには、多様なアクターと共に多重的・複合的なコンテクストを生み出す場としての社会教育施設を生み出すことが必要となり、職員は多様なアクターと学習者が織りなす活動の編集者として機能するのだと、施設論と職員論の観点から結論している。

注目しておきたいのは、最後の職員の機能についてである。宮崎にとっての社会教育職員をめぐる認識とは「…経済や政治や文化の諸機能にも内在しつつ、そこで生じている必要を主体化・人間化する過程を支援する教育専門職員」[45]というものである。これは、職員は多様なアクターと学習者が織りなす活動の編集者である以前に、「生じている必要を主体化・人間化する過程を支援する」ことが役割の基底にあるという指摘であろう。そして、実際に活動に携わる人々は、チューターの役割も担うが、それは学習者とともに新たな意味を創出するデザイン・マスターといえるとも述べている。

ここでの論点を整理してみると、中間地帯の再建に向けた学習とその組織化・支援においては、新たな意味の創出空間が必要であり、この場合に社会教育施設の社会教育職員は①多様なアクターと学習者が織りなす活動の編集者として機能しつつ、②実践場面では、チューターの役割を担いながらも、学習者とともに新たな意味を創出するデザイン・マスターとしても振る舞い、③基底には「生じている必要を主体化・人間化する過程を支援する」ことが据えられる、というふうになろう。

このように、二〇一〇年代以降の社会教育学研究者の間には、現代的な危機意識から青年・若者問題の現状の分析を進め、理論的な提起をおこなおうとする挑戦的こころみも積み重ねられつつある。

とはいえ、そこでは今後一層追求されるべき課題がないわけではない。最後に、この点について述べ、社会教育に固有の役割とはなにかを示したうえで、本章を終えることとしたい。

第一に、ジェンダーや性の視点を青年期の問題や社会教育実践を考え、捉える時にいかにくぐらせていくかというものである。仁藤夢乃はJKリフレ（女子高生によるリフレクソロジー＝個室でのマッサージ）やJKお散歩（女子高生と客のデート）でアルバイトをする女子高生（中退者を含む）たちを指して、彼女たちが「関係性の貧困」のなかで生きているのだと指摘している。[46] その上で、「少女たちに必要なのは、特別な支援ではなく、「困ったときに相談できる、信頼できる大人との関係性」である。少女たちは「縁」を、「出会い」を求めている。彼女たち一人ひとりの背景を知り、それぞれが自立して生きていくための伴走を、大人がしなければならない」[47]と真剣に述べているが、これまでの青年期の社会教育や移行支援の文脈において、支援される対象を主として案に男性を想定し、実践場面をイメージすることで、こうした狭間に生きる生を等閑視してきたきらいはなかっただろうか。[48] さらにいえば、先述した就活自殺についても男性の方が多いという指摘があることからも、[49] しばしば青年の深刻さ＝若年男性の苦悩という図式で捉えがちで、女性にも同様に生起する問題として青年期の問題を考えることの必要性や、若年女性の学びの場としての社会教育実践を構想し、充実化することの必要性を自覚化してこなかった、ということはなかっただろうか。伊田久美子が指摘する通り、女性が戦後一貫して不安定な就労状態に置かれてきたことを直視するならば、[50] ジェンダーや性の視点を踏まえない青年期の社会教育の在り方は今後再編成される必要があるはずである。高山智樹が概括的に述べているように、多くの「青年／若者」研究が、主に男性若年層を念頭に置き議論をおこなうことで、実質的に女性若年層を排除してきたのだという指摘[51]は想起されておく必要があろう。

高校卒業後五年間（高校三年次、卒後一年目、三年目、五年目）の継続的インタビュー調査を通じて、若者の移行における困難の複雑性に関する調査研究をおこなった児島功和らの研究報告によれば、①底辺校出身の若者が離職、転職、無職を繰り返す不安定な働きを強いられており、②友人を中心とするインフォーマル・ネットワークと自立の契機が一定の関わりを持っていたことを明らかにしている。[52]ここで注目すべきなのは、主として言及され、検討される三つの事例がすべて女性であるという事実である。こうした事実は他の事例研究にもみられる。たとえば、関東で若者支援を展開するＮＰＯである、文化学習共同ネットワークの実践について考察した高橋薫は、みたか若者サポートステーションに来初したＥさんという人物の事例研究をもとに、その場での経験をとおして変容し、成長していく過程について丹念な検討をくわえているが、この人物も女性である。[53]また、ある県の若者サポートステーションで行われている「若者ミーティング」という活動プログラムに関する事例研究をおこなった山尾貴則は、参加者が孤立した状態からいかに回復を果たすのかという過程の考察を進めているが、ここで分析される事例に登場する人物も同様に女性なのである。[54]これを単なる偶然だといえばそれまでだが、当人の人生としてそこにある事実を重視すれば、やはり性やジェンダーという視角からも青年期の問題に迫る必要性があるし、若年女性にとって社会教育実践や活動がどのような固有の役割を担い得るのかという問いが深められてよい。

青砥恭は高校中退者のライフストーリーを丹念に検証しているが、このなかの事例では男女ともにバランスよく参照されており、高校中退が男女ともに生起する問題であることが理解できる。[55]その一方で、飯島裕子によって著された若者ホームレスのルポルタージュで考察されているのは、全て男性ホームレスの事例であり、本人も指摘しているとおり、女性の置かれている状況についてのさらなる調査と分析が求められるわけではあるが[56]、それでは、高校を中退した女性たちは社会のどこへ行き、地域のどんなところで暮らし、学んでいるのだろうか。伊田久美子が指摘しているように、「「一人前」でない働き方がむしろ拡大している今日、「女」と定義される者が生物学的に女と分類されている者以外にも増加している」[57]のだとすれば、ジェンダーや性の視角抜きに、青年期の社会教育の果たすべき役割を問うことはもはやできない状況にあるといえる。ともに、性にはグラデーションがあるのだということも前提に、異性愛主義に依拠しない思考の定着化が望まれるとともに、性的な少数者にとっての有意味な社会教育空間の在り方が問われるところであろう。

第二に、関連諸法制にもとづく諸実践の展開状況をどのように視野に収めながら、社会教育実践・活動領域の固有性を担保し、機能を拡充していくかという点である。南出吉祥が述べているように、二〇〇〇年代に入ってからの若者支援諸施策の展開状況ですら、総合的に把握するのが困難であるばかりか[58]、すでに、社会教育の実践領域として、青年を対象とする活動を具体的に想起し、誰が、どこで、どのような内容をといった共通イメージを構成していくには困難な時代を生きている。若者向けの取り組みの多くが、労働・就労への志向性を持ったり、担い手についてはＮＰＯなどの民間ベースの支援であったりと、現代的青年期教育の文脈では、そもそも社会教育の領域に固有の青年・若者の学習の場というべきものがあるのかどうかも、わかりにくい状況になっている。必要なのは、頑なに社会教育に固有の領域確定を迫っていくというような作業ではなく、多様な青年の発達と自己形成の場、参加の場のメカニズムをトータルに分析し、そこで得られた知見をより広い地域、行政部門、学術領域に還元し、新たな実践を構想するための歩みとしていくことといえる。

第三に、二点目ともかかわるが、仕事や労働の場、職場での力量形成のような点を問うことのない職場外／非職業教育としての固有の領域[59]を歴史的に担保してきた、地域での学びをいかに再創造していくかという社会教育に内在する問いをあたためつつ、インフォーマル・ノンフォーマルな若者の学習の分析を更に進め、それらと社会教育との関連交渉、架橋の可能性を探ることである。乾彰夫も指摘しているように[60]、社会教育学研究においては、青年学級や戦後のユースワークの蓄積やそのもたらした成果の探究が、積極的に研究課題として位置づけられていない状況があるわけであるが、乾のこの指摘が有する意味とは、戦後社会教育実践と研究そのものに対するエンパワーメントなのであり、この提起を積極的かつ肯定的に受け止めておく必要があろう。この指摘を追い風として、参加の場の確保と中間地帯を再建する学習の創造を積極的に推進し、地域の文脈性と歴史的歩みに即した実践創造のこれからを展望していくことが求められる。

まとめよう。青年期の課題に対して、現代的に担うべき、また担うことができる社会教育に固有の役割があるとすれば、それは就労に帰結する目標を定めない、青年の自己形成を支える学習の場を職場外／非職業教育として積極的に保障し、歴史的に生起した労働や就労と離れた場面に生じる学習のダイナミックさを取り戻していくことといえるのではないだろうか。それは高橋のいう参加の場として成り立つものであろうし、宮崎のいう労働世界と生活世界の間の中間地帯を再建する学習とも等価であるといえよう。であるとしても、果たしてそれらは、誰がどこで実施し、いかなる公的な保障をともなう実践の形態をとりうるのだろうか。これからの社会教育施設、社会教育職員の役割が問われてくる。

注

1　小川利夫『青年期教育の思想と構造』勁草書房、一九七八年。

2　たとえば、日本社会教育学会第六一回研究会大会（二〇一四年）では「子ども・若者支援専門職の必要性と資質に関する研究」というプロジェクト研究の第二回目の報告がなされたが、こうした動きは子ども・若者関連諸法制の成立に対する反応の一つであり、今後の成否如何によっては、青年期の社会教育の在り方は大きく変わる可能性もある。
3　久保田崇「ニート・ひきこもり等の現状と子ども・若者育成支援推進法の制定」『ジュリスト』No. 1388、有斐閣、二〇〇九年、二一三頁。
4　大串隆吉「社会教育法は総合法のなかでどのような位置をしめるか―子ども・若者育成支援推進法に着目して―」日本社会教育学会編『教育法体系の改編と社会教育・生涯学習』東洋館出版社、二〇一〇年、八三―九三頁。
5　宮本みち子「子ども・若者育成支援推進法とは何か」民主教育研究所編『人間と教育』六八号、旬報社、二〇一〇年、六三―六七頁。
6　伊藤美奈子編『思春期・青年期の心理学』朝倉書店、二〇〇八年、二頁。
7　D・C・キンメル、I・B・ワイナー『思春期・青年期の理論と実像』ブレーン出版、二〇〇二年、一八頁。
8　鈴木謙介「若者のアイデンティティ」小谷敏・土井隆義・芳賀学・浅野智彦編『若者の現在　文化』日本図書センター、二〇一二年、一三四頁。
9　宮崎隆志「中間集団の再建による社会空間の変容―「若者問題」が要請する新たな社会教育像―」日本社会教育学会60周年記念出版部会編『希望への社会教育』東洋館出版社、二〇一三年、九九―一一六頁。
10　同右。
11　同右。
12　同右。
13　宮原誠一『青年期の教育』岩波書店、一九六六年。
14　たとえば、橋本元「青年の学習活動について」（日本社会教育学会編『日本の社会教育』第五集、国土社、一九六〇年、二〇一―二〇五頁）などのほか、日本社会教育学会編『日本の社会教育』第六集（国土社、一九六一年）のタイトルは「農村の変貌と青年の学習」となっている点に注目しておきたい。
15　小川利夫、前掲書、一九七八年。

16　宮崎隆志、前掲書、一〇一頁。
17　同右。
18　小川利夫『小川利夫教育論集第四巻　学校の変革と社会教育―青年期教育改革論―』、亜紀書房、一九九五年、九三頁。
19　本田由紀『軋む社会』双風舎、二〇〇八年、一七一頁。
20　Walther, A., Sauber, B. & Pohl, A. (2005), Informal Networks in Youth Transitions in West Germany: Biographical Resource or Reproduction of Social Inequality?, Journal of Youth Studies,8 (2). 平塚真樹抄訳（二〇〇六年）「若者の移行期をめぐるインフォーマルなネットワーク―人生の経歴における資源か社会的不平等の再生産か？―」『教育』三月号、国土社、二〇〇六年、六九―七六頁。
21　乾彰夫「不安定化する若者をめぐる状況の性格と日本の特徴―失業・非正規雇用と労働市場規制―」東京都立大学教育学研究室編『教育科学研究』第二三号、二〇〇八年、三一―四一頁。
22　乾彰夫「青年期ルネッサンス？―若者・青年期研究をめぐる今日の問題点と課題―」東京都立大学人文学会編『人文学報』第四一号、二〇〇六年、三―三一。
23　佐伯千里「座間市ひきこもり連続セミナーを終えて」『月刊社会教育』一月号、国土社、二〇一〇年、二〇―二四頁。
24　「座談会　複合化が必要な若者支援」『月刊社会教育』一月号、国土社、二〇一〇年、一一頁。
25　滝口克典「就労支援のオルタナティブに向けて―若者支援NPOの市民教育実践より」『社会文化研究』編集委員会編『社会文化研究』第一六号、社会文化学会、二〇一三年、一六一―一八二。
26　貴戸理恵「「働かないことが苦しい」という「豊かさ」をめぐって」『現代思想』四月号、青土社、二〇一三年、一七〇―一七一頁。
27　同右、一七一頁。
28　橋口昌治「「就活自殺」とジェンダー構造」『現代思想』五月号、青土社、二〇一三年、一四〇―一四九頁。
29　大内裕和・竹信三恵子「「全身就活」から脱するために」『現代思想』四月号、青土社、二〇一三年、三八―六七頁。

30　雨宮処凛・中島岳志・宮本太郎・山口次郎・湯浅誠『脱「貧困」への政治』岩波書店、二〇〇九年、三九頁。
31　鈴木國文「「うつ」の味」『現代思想』二月号、青土社、二〇一一年、八六—八七頁。
32　成玖美「外国人の人権と文化的アイデンティティ」日本社会教育学会編『現代的人権と社会教育の価値』東洋館出版社、二〇〇四年、一七四頁。
33　山本薫子「ディアスポラの子どもたち」『現代思想』六月号、青土社、二〇〇七年、二四〇—二四八頁。
34　ドキュメンタリー映画『孤独なツバメたち』（二〇一三年）などを参照。
35　山本薫子、前掲書、二四四—二四五頁。
36　生田周二・大串隆吉・吉岡真佐樹『青少年育成・援助と教育』有信堂、二〇一一年、二一一—二一二頁。
37　大串隆吉、前掲書、九〇頁。
38　南出吉祥「若者支援関連施策の動向と課題—「若者自立・挑戦プラン」以降の8年間—」『岐阜大学地域科学部研究報告』vol.三〇、岐阜大学地域科学部、二〇一二年、一一七—一三三頁。
39　高橋満「若者の社会参加のポリティクス」『社会文化研究』編集委員会編『社会文化研究』第一五号、社会文化学会、二〇一二年、二二一—二三三頁。
40　同右、二三頁。
41　高橋が批判的な視点を維持する際に依拠するのは、宗像誠也の議論である。すなわち「かつて宗像誠也は、教育政策とは「権力によって支持された教育理念である」と述べ、さらに「権力はなぜある教育理念を支持し、そのような教育を実施しようとするのか」を問う必要性を指摘している。これは広く国家政策を理解する上でも欠かせない視点となろう」といった認識である（同右、一二頁）。
42　かつて新谷周平が指摘したように、高橋も単に参加すればよいというスタンスを取っているわけではない。新谷は青年の社会参加における危険性について、①意思決定への参加を伴わない活動への参加が強調されるとき、それは目的の問い直しを経ないため、大人側の「望ましさ」を共有しない青年層を遠ざけるか、強制的に参加させることに帰結する、②意思決定への参加を強調する場合でも、それを進めさえすれば一人ひとりの青年の実存に即した制度が構想できるわけではない、と述べている。さらに、参加する青年が常に一部でしかないこと、目的や「望ましさ」の問い直しが許容され、可能であったとしても、それが本当に実現されなければ「偽り」や「操り」の参加となる以上、経験に基づいた参加支援の方法論の蓄積が求められると論じていた（新谷周平「青年の視点から見た社会・制度―選択の解釈と支援の構想―」『教育社会学研究』第七六集、日本教育社会学会、二〇〇五年、一二二頁）。
43　高橋満、前掲書、二五頁。
44　宮崎隆志、前掲書、一一二頁。
45　同右。
46　仁藤夢乃『女子高生の裏社会』光文社、二〇一四年。
47　同右、二四二頁。
48　高山智樹が指摘するように、発達心理学の青年期研究、社会教育学の青年（期）教育研究、教育社会学による移行研究や青年集団論、社会学による「青年／若者（文化）」研究、労働社会学、家族社会学、社会政策などにおける若者研究などの一連の学術研究では、「青年／若者」研究の多くに共通してみられる問題の一つとして、青年／若者の社会的属性としての階層、地域、性別などを曖昧にしているという（高山智樹「「ノンエリート青年」という視角とその射程」中西新太郎・高山智樹編『ノンエリート青年の社会空間』大月書店、二〇〇九年、三四六―三四七頁）。無論、社会教育学研究において、女性の学習に着目することがなかったわけではないが、それらは婦人団体に注目した論考が中心であって、若年女性の学習や教育の問題とは青年期の問題の一部としてというよりもむしろ、青年期教育の問題とは別物としてみなされてきた経緯があったように思われる（宇佐川満「婦人団体」日本社会教育学会年報編集委員会編『日本の社会教育』第八集、東洋館出版社、一九六四年、八三―九一頁）。
49　橋口昌治、前掲書、一四五頁。
50　伊田久美子「女性の貧困はなぜ見えにくいのか」『現代思想』一一月号、青土社、二〇一二年、一〇〇頁。伊田は、二〇〇〇年代に入ってからの女性の貧困の社会問題化を指しながら「男性が困っている貧困とは、女性にとっては以前から存在していた当たり前の状況なのである」と指摘している。

51　高山智樹、前掲書、三四七頁。

52　児島功和・藤井（南出）吉祥・船山万里子・宮島基「若者の移行における困難の複雑性」『人文学報・教育学』第四五号、首都大学東京、二〇一〇年、四一頁。

53　高橋薫「関係性を回復する支援」竹内常一・佐藤洋作編著『教育と福祉の出会うところ』山吹書店、二〇一二年、一七〇―一八五頁。

54　山尾貴則「孤立化からの回復―ミーティングで変わる若者たち」村澤和多里・山尾貴則・村澤真保呂『ポストモラトリアム時代の若者たち』世界思想社、二〇一二年、九〇―一一六頁。

55　青砥恭『ドキュメント高校中退―いま、貧困がうまれる場所』筑摩書房、二〇〇九年。

56　飯島裕子／ビッグイシュー基金『ルポ若者ホームレス』筑摩書房、二〇一一年。

57　伊田久美子、前掲書、一一〇頁。

58　南出吉祥、前掲書、一一七頁。

59　ここで職場外教育というのは、乾彰夫が指摘するような「…就労に還元されない若者たち同士や若者と大人の間の結びつき」によって組織された、当事者たちの「居場所」となるようなコミュニティにおける教育の在り方をイメージしている（乾彰夫「労働・コミュニティからの排除と若者支援―社会教育へのひとつの問題提起」日本社会教育学会編『日本の社会教育』第五七集、東洋館出版社、二〇一三年、六六頁）。

60　同右、五六―六七頁。

第四章　現代の貧困と成人基礎教育

一　生涯学習社会ニッポンのもう一つの顔

(一)　基礎教育からの排除がもたらす不安定な生活

生涯学習社会を標榜する日本において、学齢期に基礎教育を十分に受けることができなかった人びとがいる。まずは、この事実を知ってほしい。

読み書き算や社会的スキルの習得機会を逸することは、生き方の幅、人生の選択肢を大きく狭めてしまうことになる。ある若者の例を紹介しよう。Aさん(二〇代前半・男性)は、中学時代、地元でも有名な「ワル」だった。そんな彼も、今では立派な社会人だ。仕事ぶりはまじめで、本人も上司も正社員になることを望んでいる。しかし、それが叶わない。正社員採用の条件として課されている職務上必要な最低限度の資格を持っていないからだ。何度も受験しているが、どうしても合格できない。なぜか。理由は、基礎の基礎でつまずいていたからだった。筆算の計算がおぼつかない。

さらに問題なのは、その負い目が、自らの能力や人生を過小評価させてしまうことにある。Aさんは「今」しか語らない。彼との会話には、未来の話はほとんどない。「今の給料では車なんて無理。車がないから彼女もできない。できても遊びにいく金がないけど。どうせ金がないからなにもできない。結婚なんて無理」。そして、過去を語るわけでもない。中学時代の「ワル」の武勇伝を誇らしげに聞かせてくれることもない。日常に対するあきらめが、未来をも曇らせ、彼の歩んできた過去にまで侵食している。彼と話しているとそういった印象を受ける。

基礎教育から排除されたままおとなになることは、非正規化が進む今日の労働市場において、最も不利な状況に立たされやすい。今では、パート、フリーター、契約社員、派遣社員など非正規労働者は、全労働者の三分の一に及び、若年層（一五～二四歳）にいたっては、四割半を超える。それでも、若いうちは職種や給与を選ばなければ、なんとか働き口は見つかる。しかし、四〇代頃になるとアルバイトでさえ面接ではねられるようになる。働く場から排除されてしまうことは、収入源を失うことだけでなく、雇用を軸とした社会保障や社会関係を失うことを意味する。

今日の日本は「すべり台社会」に向かっているという。[1]うっかり足をすべらせたら、どこにも引っかかることなく、最後まですべり落ちてしまう。反貧困を掲げ、現場から政策提言に関わる湯浅誠によると貧困状態に至る背景には、「五重の排除」があると指摘する。①教育課程からの排除、②企業福祉からの排除、③家族福祉からの排除、④公的福祉からの排除、⑤自分自身からの排除、である。第一から第四の排除を受け、しかもそれが自己責任であると片づけられ、当人もそれを内面化してしまう場合、人は自らの尊厳を守れずに生きる意味も夢も希望も持てなくなってしまうという。

（二）　関係的権利の剝奪がもたらす自分自身からの排除

ここで注意しておきたいことは、Aさんの学齢期における「学習意欲の不足」や「規範意識の欠如」は、厳しい生活基盤がもたらした関係的権利の剝奪の結果であるということである。子どもが主体性を発揮するためには、彼らを能動的な社会的主体として関わり合いを持ち続けるおとなの存在が不可欠である。[2] Aさんが育った家庭環境は、恵まれたものとは言い難いものであった。また、見守り、励ましてくれる地域のおとな達もいなかった。いわば、「関係的真空地帯」（岩川直樹）を生きたのである。[3]

関係的権利の剝奪は、子どもの意見表明・社会参画の阻害という側面もさることながら、人間として生きる上での基本的なつながりを欠いた人格形成をもたらす。極めて不安定でぜい弱な関係性しか与えられない場合、学びの土台となる身体や他者との関わりを築くことができない。そうした子ども達は、自分を他者の中に入れることも、他者を自分の中にいれることもできずに、からだを閉ざしてことばを失っていく。

Aさんのように、基礎教育の学習内容を習得しないままに卒業してしまうケースを「形式卒業」という。小中学校時代を思い出すと、授業に全くついていけず「お客さん」状態で椅子に座ったままの級友がいなかっただろうか。加えて、小中学校の不登校数は、約一一万五〇〇〇人（二〇一一年速報値）、高校中退者数が五万七〇〇〇人に及ぶ（二〇〇六年）。[4] 家庭や地域社会が子どもの関係的権利を担保できない場合、学校こそが最後の砦となる。しかし、いじめに代表されるように、最後の砦であるはずの学校が、人間に対する決定的な不信を植え付けてしまうことも少なくない。

学齢期に基礎教育から排除されたという経験は、基礎学力不足をもたらすだけでなく、深い傷として残っていく。Aさんが口癖のように発する「どうせ無理」ということばには、こうした背景を考慮しながら理解される必要がある。

（三）　外国人労働者とその子どもの学習権保障問題

現代日本における基礎教育からの排除問題としては、外国にルーツをもつ子ども達の教育問題も深刻である。[5]外国人集住地域を対象に行った調査では、不就学率の平均は二八・八％、最も高い自治体では五六・三％に及んだ。不就学率は、年齢が上がるにしたがって高くなる傾向がある。高校進学率についても、日本人が九割を超えるのに対して、外国にルーツをもつ子どもの場合は五割程度であると言われている。不就学になった子ども達は、毎日家の中でゲームやテレビを観て過ごしたり、幼いきょうだいの世話をする者もいれば、中学生の年頃では働きに就く者もいるという。また、公立学校に通ってはみたが、日本の学校文化になじめなかったり、授業についていけなかったりして、ドロップアウトしてしまうケースも多い。

なぜこうした事態が生じるのか。日本国籍の子どもについては、その親あるいは保護者に就学義務が法的に課せられている。しかし、外国籍の子どもの場合、親にそうした法的義務は生じないので、子どもを就学させるかどうかは親の意思として処理されてしまうからである。[6]

ここで注意しておきたいことは、不就学に陥る原因は、親の責任だけではないということである。親がそうした選択をせざるを得ない社会状況に目を向ける必要がある。

第一に、外国籍の親子に日本の学校への抵抗感があるとすれば、それは、規則が日本人を前提としてつくられ、異なる言語や文化で考え、表現する能力などを評価する教育が日本の学校に存在しないことが大きい。また、授業についていける日本語能力の習得を継続的にサポートする体制が整っていない。

第二に、ブラジル人学校のようなエスニック学校で基礎教育を受けさせたくても、授業料の問題がある。基礎教育カリキュラムをきちんと提供している朝鮮学校やブラジル人学校にさえ、わが国では財政的援助も寄付金に対する免税制度もとられていない。[7]その皺寄せは、結局、授業料へと反映されることになり、結果、間口を狭めることになる。

第三に、そもそも親自体が日本社会を生き抜くための日本語学習や生活スキルを習得する機会が公的に保障されていないという問題がある。外国人住民への成人基礎教育は、ボランティアまかせというのが、わが国の現状である。おとなの日本語学習機会は、社会的孤立状態から抜け出し、地域参加の足がかりとなる。地域の日本語教室は、仲間づくりや異文化を学び合う場にもなっている[8]。親の生活の質が向上し、人的ネットワークが拡大していくことは、子どもの育ちにもプラスの効果をもたらすだろう。

（四）成人基礎教育の未整備

すべての子ども達に最低基礎学力と関係的権利を保障すべく、学校制度と学校文化を改善していく必要がある。しかし、完全な制度や実践はあり得ない。学校教育現場が最善を尽くす一方で、そこから漏れ落ちる人々の存在を見越して、重層的に学びのセーフティーネットを用意する必要がある。

学齢期を過ぎた成人に対して、社会で生きていくための基礎的なスキルや知識を制度的に保障していくという発想は、日本ではなじみがないかもしれないが、欧米においては成人基礎教育（Adult Basic Education）として蓄積がある。成人基礎教育とは、自分の生活をコントロールし、変動社会の要求に適応する力と自由を与えるものとされ、具体的には、①衣食住の生活の在り方、②健康保持に関わる知識・技能、③社会生活を営む上で必要な知識・技能、④職業が保障されるための技能・知識、⑤育児とか家事を含めての家庭生活の知識・技術、などが学習内容となる[9]。つまり、教育・福祉・労働にまたがる成人が生きていくために最低限必要とする基礎的な学びの提供、それが成人基礎教育である。

成人基礎教育の中核的な目標は、「機能的リテラシー」の獲得にある。「機能的リテラシー」とは、狭義の読み書き算だけではなく、人々が社会の一員として基本的な生活能力を獲得したり社会参加を行ったりする上で必要不可欠とされる読み書き能力をさす。ここには、批判的に社会の情勢を読み解く力や図解の読解力、論理的思考力なども含まれる。

成人基礎教育に対するニーズは、いったいどれほどあるのか。実は、それを正確に把握する統計資料はない。参考になるものとして、国勢調査の最終学歴における「未就学」者の人数がある。直近の調査によると義務教育未就学者は全国で約一二万人（二〇一〇年現在）。ここでいう「未就学」とは「在学したことがない人又は小学校を中途退学した人」を意味するので、戦後の新制中学校を修了していない人は含まれていない。義務教育の未修了者はその一〇倍近いといわれている。さらに、形式卒業者の存在がある。

わが国において唯一、公的な成人基礎教育機関としてあげることができるのが公立夜間中学校である。この公立夜間中学校自体も、法に基づいて生まれた制度ではない。戦後の混乱期に昼間は働いて登校できない長欠生徒や不就学生徒を救うために、現場の教師達の行動から生まれたものである。公立夜間中学校は、不登校・ひきこもり、就学猶予を受けていた障がい者、中国帰国者、外国籍住民等、その時代時代の教育のひずみを引き受け、認め合い、支え合う人間回復の学びが展開されてきた[10]。

しかし、公立夜間中学校は、東京と大阪を中心に全国で三五校しかなく、北海道、東北、四国、九州にはゼロである。さらに、義務教育の二重支出になるとの理由から、Aさんのような形式卒業者の入学は認められていない。人生の早い段階で学びから排除されると二度と戻れない。生涯学習社会ニッポンのもう一つの現実である。

二　成人基礎教育の国際的到達点

（一）　基礎教育保障を求める国際的連帯と東アジアの動向

日本の遅れを確認すべく、世界の動向に目を向けることにしたい。成人基礎教育に関する議論は、すべての人々への基礎教育保障をめざす国際的な連帯の中で積み上げられてきた。基礎教育は、歴史的には、学校体系が未整備な国や地域において、初等教育を受けることができなかった人を対象とした教育活動をさす概念として登場した。「国際人権規約」（一九六六年）では、基礎教育は初等教育を受けられなかった人に対する教育とされており、成人教育・生涯学習の領域でも基本的な概念である。その理念と内実は、基本的人権や教育機会の均等の思想と結びついて国際的に明確にされている。「世界人権宣言」（一九四八年）と「国際人権規約」で、初等及び基礎的な教育は人類普遍の権利として無償提供されるべきことが確認された。「学習権宣言」（一九八五年）、「ハンブルク宣言」（一九九七年）では、基礎教育レベルの学習内容は、人類普遍の権利であることが確認された。「万人のための教育世界会議」（一九九〇年）では、基礎教育の保障に向けての具体的な指針と目標が示された。同年、「国際識字一〇年」もスタートする。進捗状況は、「世界教育フォーラム」（二〇〇〇年）で確認され、方針の再設定がなされた。

いずれも重要な文章であるが、なかでも特に共有しておきたいものが、「学習権宣言」である。[11]「学習権とは、読み書きを学ぶ権利であり、質問し、分析する権利であり、想像し、創造する権利であり、自分自身の世界を読みとり、歴史を書く権利であり、教育の機会に接する権利であり、個人的・集団的技術をのばす権利である」。ここに見る学習権の基調は、第一に、世界の最も貧しい人達を重視している点である。不利な立場の人達にこそ優先して学習機会が提供されるべきだとの考えである。第二に、主体的に生きるための基礎として学習権が保障されるべきだという主張である。学習活動は、あらゆる教育活動の中心に位置づけられ、人間をなりゆきまかせの客体から、自分達自身の手で歴史を創る主体へと変えていく。

さらに、こう続く。「学習権は未来のためにとっておかれるぜいたく品ではない。それは、生存の問題が決着したあとにのみ、与えられるものではない。それは、基礎的欲求が満たされたあとの段階で得られるものではない。学習権は、人が生きのびるのに、不可欠なものである。…略…すなわち、学習権は、今日の人類の深刻な問題を解決するのに、もっとも貢献できるもののひとつなのである」。私達人類は、戦争を避けるためにも、健康で文化的な生活を営むためにも、食糧生産、農業や工業の躍進、公衆衛生や学習条件の向上のためにも、学習権を持たなければならない。

今日、基礎教育は発展途上国の固有問題ではなくなっている。急速なグローバル化や社会的格差の拡大に伴い、学校制度が普及している先進諸国においても、その必要性が自覚されつつある。そうした動向を受けて東アジアでは、韓国や中国が基礎教育を国家的重要課題として位置づけ、政策化を進めている[12]。

韓国では、一九九〇年の「国際識字年」を契機に識字教育に相当する文解教育が再活性化していく。「疎外階層平生教育プログラム事業」(二〇〇一年)、「文解情報化事業」(二〇〇四年)等の国家政策として、識字教育保障が取り組まれていった。近年、韓国文解教育協会の役員が中心となって「文解基礎教育法案」制定をめざす機運が高まり、その成果は、二〇〇七年に改正された平生教育法に文解教育に関する条項を新たに設けることへとつながった。法的根拠が明確化したことにより、文解教育現場に多額の資金が投入され、もって人的配置は格段に改善されることになる。文解教育の実施機関は、約三五〇団体に急増した。

中国では、八〇年代後半以降、最も重要な政策目標の一つとして「非識字者の撲滅」を掲げ、国をあげてその実現にむけて動き出している。その結果、一九八二年から二〇〇〇年にかけて、一五歳以上の人口に占める非識字人口は二・三億人から八五〇〇万に、非識字率は三四・五％から九・一％に激減した。さらに、『非識字一掃を更に強化する意見』（二〇〇七年一二月）において、二〇一〇年までに成人非識字率を八％以下に減らす目標が示され、そのために識字教育経費を五〇〇〇万元以上確保することが明記された。

こうした東アジアの動向は、国力増進・経済発展を見越した人的資源への投資という側面もさることながら、先に見た人権としての基礎教育保障を求める国際的な潮流に、国家責任として応えたことが大きい。

（二）　人間解放のための成人基礎教育

国際的な議論の水準では、成人基礎教育は、社会への適応だけでなく、人間解放にむけて社会を創り変えていく学習活動として位置づけられている。こうした議論を牽引してきた論者として、次の二人は特に重要である。

一人目は、パウロ・フレイレである。一九六〇年代、ブラジル東北地方に暮らす住民の半数が非識字者であった。この状況をフレイレは、社会的抑圧の結果だと考えた。一握りの支配階級と非識字者を中心とする大多数の被抑圧者達。こうした社会構造をめぐる矛盾が、フレイレの識字教育論を生んだのである。その識字教育論は、今なお、いや今だからこそ、現代日本社会に重要な視座を提供してくれる[13]。

抑圧されてきた者は、「沈黙の文化」を生きる。彼らは、抑圧者の思考形態や価値体系を身体化しているために、自らその処遇を甘んじて受け入れ、声なき民と化す。フレイレは、こうした認識のもと、抑圧された者達がその矛盾や搾取の構造を読み解き、現実を変えていく批判的識字こそが必要であると主張した。フレイレは識字教育を単なる文字習得にむけた反復訓練ではなく、「対話」を通した「意識化」実践として位置づける。

フレイレ理論の最大の特徴は、その教育観と援助者の役割にある。フレイレは教育を知識の伝達行為ではなく、認識方法の習得を促す援助実践であると考えた。フレイレは知識の一方的な伝達行為、つめ込みによる教育を

「銀行型教育」とよんで強く批判する。知識をお金に例えて、それを学習者の頭に貯めたり、引き出したりするイメージである。こうした教育形態は、学習者の創造性や主体性を摘み取ってしまうだけでなく、抑圧者への同化を促し、結果、教育は抑圧的な社会の再生産に加担してしまう。

これに対して、フレイレは、「課題提起型教育」を主張する。学習者を取り巻く社会の矛盾構造や生活現実を「コード化」した教材が提示され、それを解読していく過程で、批判的思考を獲得していく。たとえば、スラム（FAVELA）という単語を用いた場合、絵や写真などのコード化されたものの中にスペルが表示される。それを題材に援助者と学習者との間で、住宅、食糧、衣服、保健、教育などのテーマに関する「対話」が交わされる。ここにおける援助者の役割は、学校の教師のようなものではなく、共同学習者であり、対話的な学習空間の調整者である。

二人目が、エットーレ・ジェルピである。フレイレと同様に、ジェルピは抑圧されてきた者の側にたった生涯教育論を展開した[14]。ジェルピは、生涯教育は政治的に中立ではないことを明言する。教育で不利益を受けている人々、抑圧され、排除され、搾取されている人々の要求に生涯教育は答えるべきだという立場である。もし、変動する社会への適応や順応としての側面のみを強調して生涯教育政策が推進されるならば、富める者はより裕福に、抑圧され搾取される層はその境遇に固定化されることになっていく。それに対して、ジェルピは、生涯教育の本質を「草の根からの活動の新しいシステムへの調整と文化運動を要求する闘争」として位置づける。

生涯教育が既成の秩序の強化の道具とならないためには、①自己決定学習、②個人のモチベーションに応えるもの、③新しい生活の方法の中で発展する学習のシステム、の三要素が不可欠であるという。生涯教育は、教育専門家にのみ任せてはならないし、教育制度の中にのみ限定されてはならない。ジェルピは、特に労働を大きく位置づける。労働の場の日常から、労働者が自らを創造していく教育活動の組織者になることを求める。

ジェルピの議論は、日本社会にどのような成人基礎教育をどのように求めていくのかを考える際の方法論としても参考になる。ジェルピは、弁証法的なアプローチから生涯教育の対象・内容・システムを論じていく。生涯教育を論じる際、ジェルピは、現代社会における教育的あるいは文化的要求に対する応答として理想的にとらえるのではなく、また、文化的支配や統治の新しい形態としてのみとらえるわけでもない。ジェルピは、これこそが唯一の解であるといった論法を用いない。二元論はむしろ議論を停滞、矮小化してしまうからである。社会のあり様についても同様である。しかし、かといって無秩序で暴力的な世界を擁護するわけでもない。現状で不利益を被る人達の権利擁護の観点から社会のあり様が問われ続け、その実現にむけた当事者を中心とした草の根レベルの連帯が立ちあがることを期待する。ジェルピの生涯教育論とは、人間的解放という立場から、社会を変革していく視座と方法について論じたものとしても読むことができる。

三　成人基礎教育保障にむけた実践の胎動

（一）　成人基礎教育保障にむけた市民的連帯の芽生え

話を再び足元に戻そう。成人基礎教育保障が制度化されていない日本において、九〇年代以降、公立夜間中学校の未設置地域を中心に、学び直しを支援するボランタリーな組織活動の設立が相次いでいる。こうした活動は、自主夜間中学と呼ばれており、二〇一一年一二月現在、全国で二七校確認できている。自主夜間中学は、地域や団体の実状に合わせて、さまざまな活動形態がとられている[15]。

公立夜間中学校と比べると、自主夜間中学は、設備や人員配置、予算の面で大きく劣る。しかし、公立ではないからこその強みもある。形式卒業者をはじめとして、基礎教育が必要な人すべてに門戸を広げることができる。また、目の前の学習者の現実から柔軟に学習内容や活動形態を変化させることもできる。今日、自主夜間中学の活動は、公立夜間中学校の未整備を補足する応急処置的なものに留まらない。公立夜間中学校から漏れ落ちる学習者の存在やニーズを可視化させ、実践を通して、新たな運動論を提示している。自主夜間中学の多様な展開は、「あるべき姿」や「答え」を決めつけることに対して、最大限に留保しつつ、当事者である学習者のニーズと現状の制約とを弁証法的に問い続ける中で、実践の方向性を見つけ出すという方法の現れといえよう。

こうした実践の胎動を受けて、二〇〇六年、日本弁護士連合会は、「学齢期に修学することのできなかった人々の教育を受ける権利の保障に関する意見書」を提出した。この意見書は、全国夜間中学校研究会が、自主夜間中学関係者の意見も組み入れながら行った約六年に及ぶ人権救済の申し立ての成果である。さらに、全国夜間中学校研究会は、翌年、意見書の具現化をめざし、『すべての人に義務教育を！21世紀プラン』を今後の指標として作成した(資料1)。

他方で、外国人住民の生活保障と学習権保障を求める市民的連帯や、ホームレスや生活困窮者の支援団体などの取り組みも活発化している。支援対象や領域を越えた横断的

1.「夜間中学校の広報」を行政施策として求めます。

夜間中学校の存在を知らない義務教育未修了者すべてに「教育を受ける権利があること、義務教育を必要とする人々のために夜間中学校があること」を知らせること

2.「公立夜間中学校の開設」を行政施策として求めます。

（1）全都道府県及び政令指定都市に最低1校以上の公立夜間中学校を開設すること

（2）公立夜間中学校開設を求める自主夜間中学のある自治体に公立夜間中学校を開設すること

3.「自主夜間中学等への援助」を行政施策として求めます。

行政に代わって義務教育未修了者の「教育保障」を担っている自主夜間中学への行政からの十分な施設提供や財政援助等の実施

4.「既存の学校での義務教育未修了者の受け入れ・通信制教育の拡充」

（1）小学校、中学校、特別支援学校等で、広く義務教育未修了者を受け入れること

（2）各都道府県での通信制教育の実施

（3）全国各地の通学困難な義務教育未修了者のための個人教師派遣

（4）その他、義務教育保障に必要なこと

資料1　すべての人々に義務教育を！21世紀プラン（抄録）

連帯を築けるかが、成人基礎教育保障に向けた次のステージへの鍵となろう。

（二）成人基礎教育保障にむけた取り組みの実践例

「くるかい」の理念と活動概要

筆者が設立から運営に関わっている取り組みを紹介しよう。釧路自主夜間中学「くるかい」（以下、「くるかい」）は、二〇〇九年五月に開校した。釧路市は人口約一八万七〇〇〇人、北海道の東部に位置する。基幹産業である水産業、石炭、パルプの斜陽に伴い、地域経済は極めて厳しい状況にある。開校当時の有効求人倍率は、〇・二六。生活保護の受給率は、全国平均の一三・〇‰をはるかにしのぐ四六・一‰であった（一〇‰＝一％）。実に釧路市民の二一人に一人が生活保護を受給している計算になる。加えて、子ども時代の基礎学力不足という問題も深刻である。北海道の学力は全国平均を下回る。釧路とその周辺地域は、さらに道内平均を大きく下回る。何かはじめようとする際に必要な最低限度の学力さえ十分に身につけていないままに社会に放り出される人が少なくないと予想できる。このような地域で自主夜間中学を開校するに際し、私達は次のような点を心がけてきた。

まず、「義務教育未修了者の学習権保障」から「成人の基礎教育保障」へと運動の力点と理念を移行した。この問題は、学校教育を享受できたか否かではなく、成人がその地域で生きていく上で必要な知識や技能の保障問題として議論されるべきであると考えた。「教育と福祉の間にある問題」（小川利夫）[16]に加えて、「教育と労働の間にある問題」も視野に入れる必要があることがわかってきた。成人基礎教育は、個人の就労権や生存権の保障と同時に、釧路という街の存続・復興を左右する労働力の問題と直結する。こうした課題意識を教育畑以外の人々にも共有していくことをめざした。

しかし、教育・福祉・労働にまたがる成人基礎教育問題を「くるかい」単体で背負うには荷が重すぎる。自主夜間中学であるので、ヒト、モノ、カネの面で、取り組めることには限界がある。ならば、地域総体として成人基礎教育保障に取り組む体制ができればよいのではないかと考えた。つまり、地域にある多様な機関や資源がつながり、互いの得意とする領域から成人基礎教育に相当するものを提供しあうシステムを地域に根づかせていくという展望である。そうした地域の成人基礎教育提供機関の一つとして、小中学校の教科学習の学び直しを中心とした学習支援組織として「くるかい」が地域に根づいていけばよい。できないことは、地域の他の機関につないでいく。それでも地域にないものは、知恵を出し合い新たに創りだせばよい。視野は広く、守備範囲は狭く。夢は大きく、活動は一歩ずつ。結果、図1のようなネットワークができた。

「くるかい」は、毎週火曜日の夕方、釧路市総合福祉センターを会場に活動している。現在、実質的な参加者は、学習者二五名、スタッフも同数である。学習は、休憩を取りながら九〇分間行う。国語、算数・数学、英語に分かれてグループをつくり、マンツーマン形式で学習

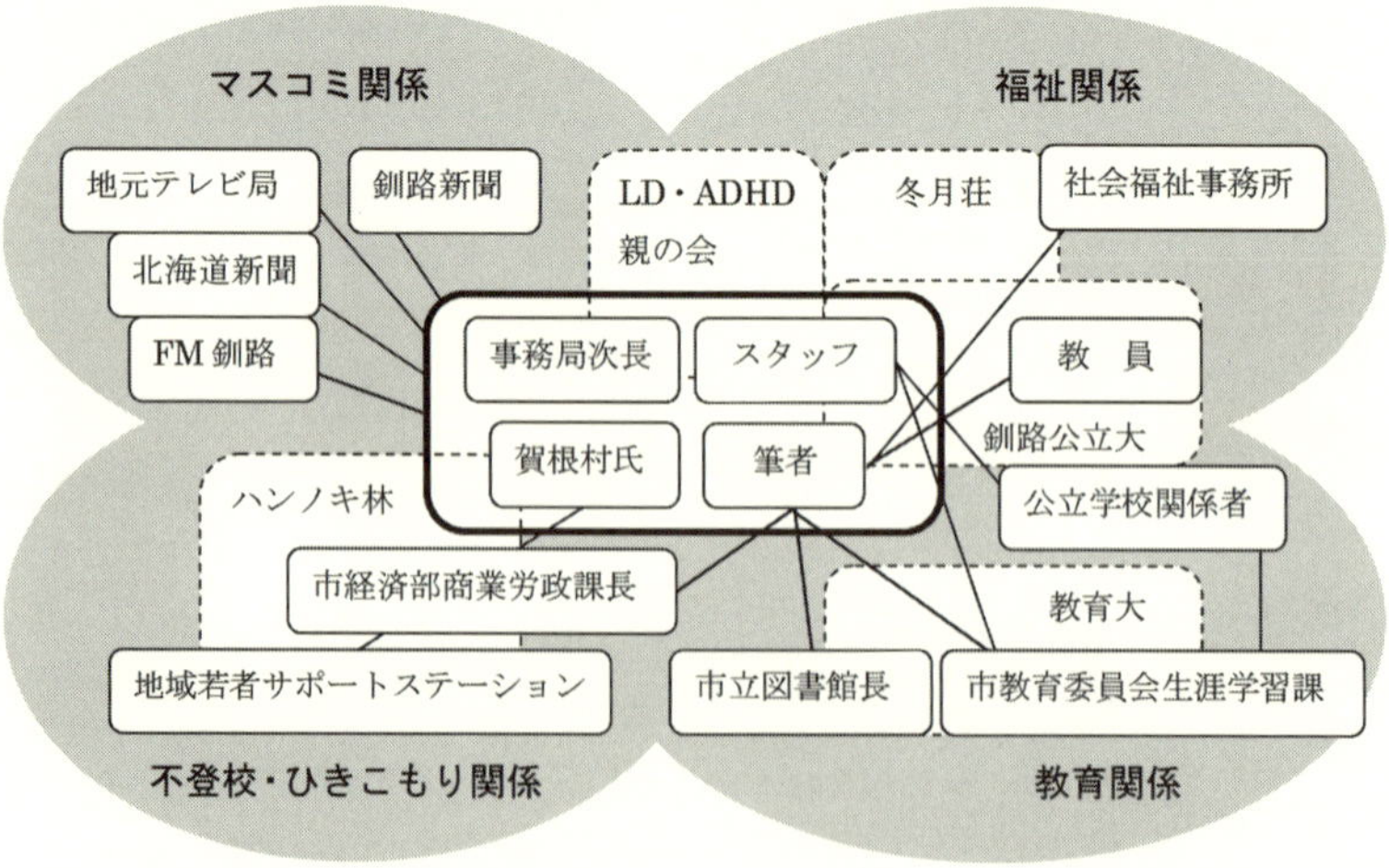

図1　「くるかい」の釧路におけるネットワーク（添田 2011）

支援が行われる（写真1）。

学習者の年齢層は、二〇代以下が一二％、三〇代〜四〇代が一五％、五〇代〜六〇代半ばが三八％、六〇代後半以降が三五％と幅広い。稼働年齢層が六割強を占めるのは、「くるかい」の特徴であり、福祉や労働との連携を意識してきた成果でもある。義務教育の未修了者は、二割強で、残りは形式卒業者である。スタッフも多様な人材が集っている。職歴の内訳は、現役教師（時間講師・再雇用含む）が一八％、教職退職者が一八％、大学生が二九％、公務員・会社員・自営業等が二五％、専業主婦やパート・求職者等が一〇％である。

日々の活動においては、学習者にとっても、スタッフにとっても、「くるかい」が生を支え合う場となることをめざしている。支え合い、学び合い、認め合う。そうした場づくりを意識した。そのために、一つには、スタッフは「教師」ではないという共通認識を設立当初より繰り返し確認している。フレイレのいう銀行型教育に陥らないためにも、スタッフには、おとなに対する礼節や敬意を忘れず、共に学ぶ仲間として学習支援にのぞむことを求めている。二つには、きめ細やかな学習支援ができるように、なるべくマンツーマンに近いスタッフ数の確保をめざした。三つには、懇親会やクリスマス・忘年会のような年中行事も企画することにした（写真2）。これは学習者同士の仲間づくりを促すほか、スタッフと学習者の関係性がよりフラットに、場面によっては反転することをねらってのことである。四つには、当事者である学習者の「声」を

写真1　学習の風景

写真2　湖畔散策後のバーベキュー

運営に反映すべく、学習者同士の話し合いを定期的にもつようにしている。今年実施した「修学旅行」は、そうした「声」を実現させたものである。

小さいけど、大きな変化　仲間と共に取り戻す学び

冒頭で紹介したAさんとは、実は、「くるかい」の学習者として出会った。彼は、仕事帰りに作業着のままやってくる。「こんなに勉強したのは生まれてはじめて。いつも試験ではえんぴつを転がして答えを決めてきた」。試験が近づくと「くるかい」の活動日以外にも、ペアのスタッフと毎日勉強するようになった。結果は、残念ながら不合格だったが、少し休んでまた挑戦するとのことである。

「くるかい」の活動を通してみえてきたことは、「機能的リテラシー」の習得は、その人をとりまくさまざまな関係性を再構築していくプロセスと同時に行われなければならないということである。学びから排除された人が新しい一歩をふみだすためには、他者との関係、社会との関係、そして自分との関係をもう一度編み直す必要がある。私達は関係性の中で傷つき、関係性の中で癒される。結局、ひとはひとの間でしか生きることはできない。しかし、否定され続けたひとが再び関係性の中に飛び込むには相当の勇気を必要とする。したがって、仲間と共に回復する学びは、独特の作法を求める。あなたにここに居て欲しいというメッセージを込めながら関わり続け、待ち続けなければならない。たとえ変わらなくてもいい、今のままでも十分だという含みを込めながら。

「くるかい」では、「する」ことに先立ち、「いる」ことに価値が置かれる。まず、大事なことは、あなたがここにいるということ。そうしたメッセージが響き合う中で生まれる仲間と共に取り戻す学び。そのドラマの一端をいくつか紹介しよう。

■柿田桃子さん（仮名・六〇代後半）

柿田さんは、中学校は卒業しているが読み書きに自信がなかった。そうした負い目から出かけることは少なく、自宅の庭で花いじりをして過ごす毎日だった。彼女が「くるかい」入学を決意したのは、遠方の大学に進学が決まった孫に手紙を書きたいと思ったからだ。

参加当初は、緊張で手をふるえながら書いていた。文章もつまりながら読んでいた。日常生活で頻出度の高い漢字の反復練習からはじめて、文章の書き方や表現方法を体系的に学んでいった。彼女は、参加一年目の文集にこう綴っている。「私は人とのつきあいも下手で、大勢の人の中に入ることが嫌でした。ところが少し変わってきたと思います。グループの皆さんともよく話をするようになりました。親しく話せる友もできました」（文集第1号）。

現在では、孫に月一回手紙を書いているという。さらに、彼女の生活にとって、大きな変化があった。ご近所さんに誘われて生涯学習講座に参加することにしたのだ。これまで何度も誘われたが「敷居が高すぎる」ので、理由をつけては断ってきたそうである。後日、講座の様子を自分から作文にして持参し、グループの仲間に披露してくれた。

■黒板純くん（仮名・一七歳）

小学校三年生から不登校の彼は、母、兄と三人家族。「くるかい」も「適当に流す」つもりだったという。対人関係に不安があるとのことで、母親同伴で、別室でのスタートだった。心と体をガチガチに緊張させながらの参加で、半年間は、声をかけても一言返事だった。

やがて、和室から大部屋に移動してくるようになった。笑顔を見せてくれるようになった。有志参加の登山にも連続参加している。ペアのスタッフと一緒に、合同学習会で堂々と報告者を務めた。生活も大きく変わった。漢字が書けるようになった。住所も覚える気がなかったのが、自宅でも学習するようになった。また、品物が見つからない時、店員さんに話かけることができるようになった。「人と話すのがめんどくさくなくなった」からだという。「くるかい」経由で募集していた赤い羽根街頭募金にも自ら手をあげてくれた。

そして、彼は、通信制高校生になった。「今の学校は楽しい」という。勉強もよくしているようだ。高校に提出する課題レポートで満点をとっていた。この夏からアルバイトもはじめた。

■海山通さん（仮名・六〇代前半）

彼は、「くるかい」最古参の一人だった。過去形なのは、今夏、亡くなったからだ。生活保護の職員のすすめで参加することになった。中学校は卒業しているが、読み書きに不自由していたからだ。参加当初、字を書くときは、その大きな体を丸くしながら、左腕でノートを隠しながら書いていた。

文集には、次のような一節がある。「私は自分と同じ考えをもっている仲間がいることがくるかいで一番楽しいです」。彼は行事や有志の登山も含めて皆勤だった。今年度の「くるかい」初日、年始のあいさつでのエピソード。学習者の代表は、「去年終わってから今日までまったく勉強してません。そしたら全部忘れちゃいました」。そしたら、海山さん「僕もそうだよ。みんなそうだよね」。会場は大爆笑。「そうよ」「私もよ」といった声が飛び交う。

彼の字の変化をみてほしい。1年目は丁寧でまとまった字だ（写真3）。しかし、その背後には、自信のなさがあったように思う。恰幅がよく、豪快に笑う彼らしい字を取り戻した（写真4）。私にはそう思える。身よりのない彼の最期は病院のベットだった。彼の住まいにはすぐに業者が入り、彼が生きてきた形跡はどこにもない。しかし、私達は彼のことを忘れない。

おわりに

貧困や排除ということばは、特定の個人や家庭を形容することばではなく、〈からだ・場・社会関係の織物〉が傷ついた社会のあり方そのものを名指すことばとして理解すべきである。[17] 貧困・格差問題は、経済的な貧困問題を中核として、不安定な衣食住、適切なケアの欠如、文化的資源の不足、基礎学力の不足、低い自己肯定感、社会や他者への不安感・不信感、孤立・排除などさまざまな複合的不利が網の目のように関連しあいながら成立している。[18]

しかし、だからこそ、どこか1ヶ所が変われば連鎖的に反応がおこり、全体として改善に向かうのではないか。そこに筆者は、現代の貧困に抗する成人基礎教育の可能性を見る。成人基礎教育を通した「機能的リテラシー」の習得は、自らの人生への欠落感を埋めていき、自己肯定感や生きる希望や意欲を回復していくプロセスでもある。社会参加や働くための第一歩とし

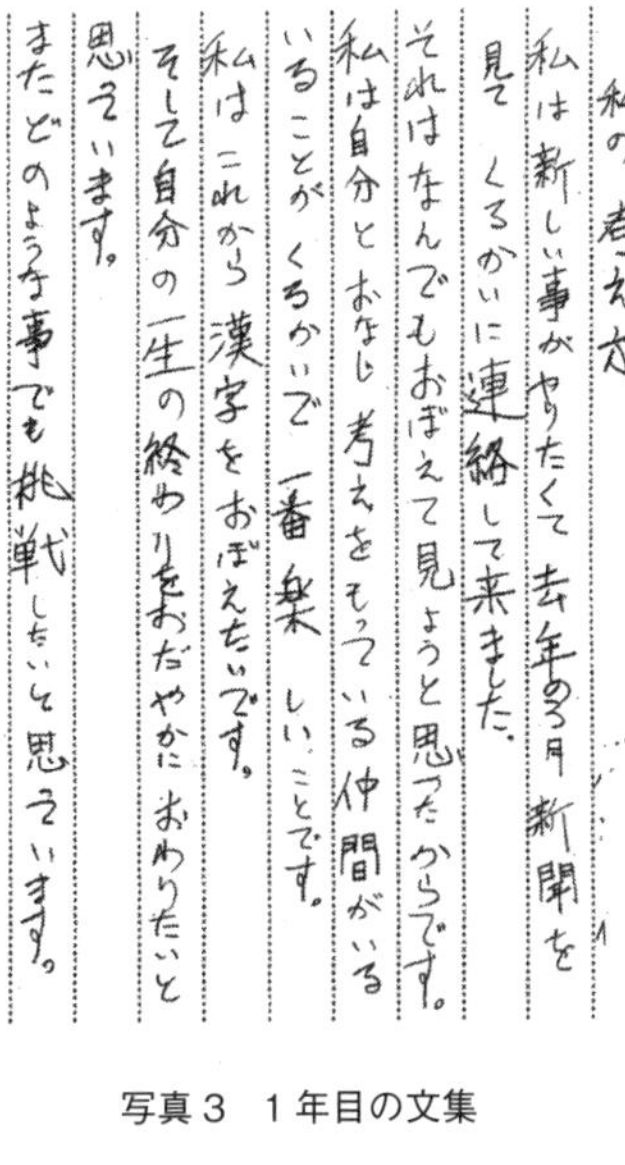
私の考え方
私は新しい事がやりたくて去年の3月新聞を
見てくるかいに連絡して来ました。
それはなんでもおぼえて見ようと思ったからです。
私は自分とおなじ考えをもっている仲間がいる
いることがくるかいで一番楽しいことです。
私はこれから漢字をおぼえたいです。
そして自分の一生の終わりをおだやかにおわりたいと
思っています。
またどのような事でも挑戦したいと思っています。

写真３　１年目の文集

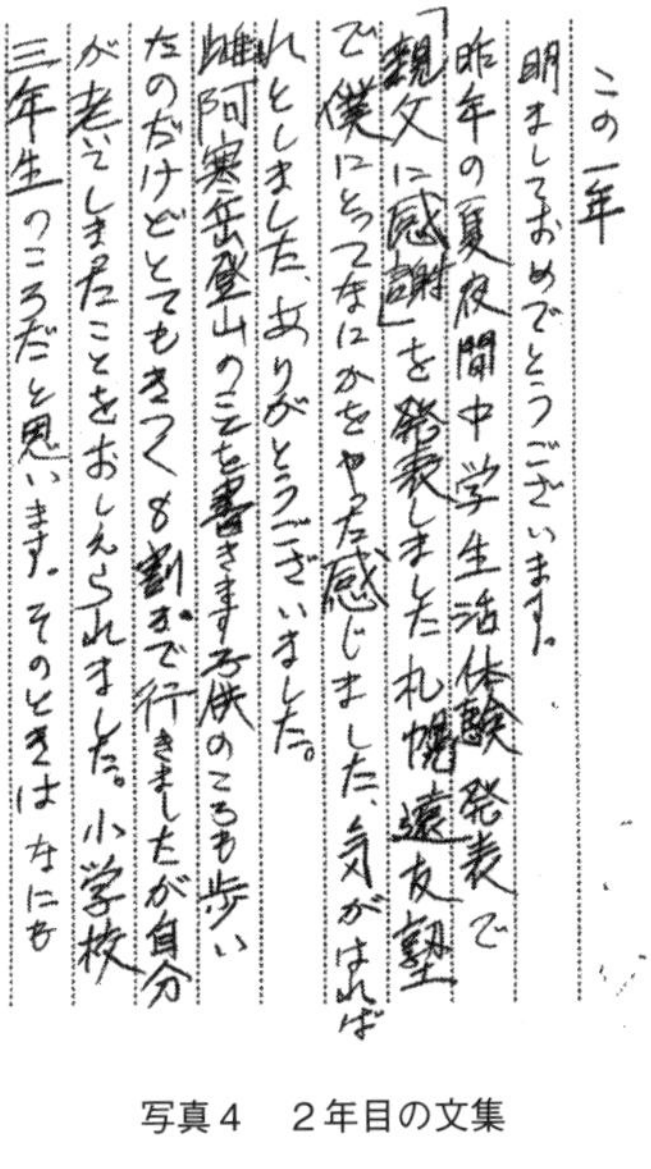
この一年
明ましておめでとうございます。
昨年の「夏夜間中学生活体験発表」で
「親父に感謝」を発表しました札幌遠友塾
で僕にとってはかなりやった感じました、気がはればれとしました、ありがとうございました。
雌阿寒岳登山のことを書きます子供のころも歩いたのだけどとてもきつく８割まで行きましたが自分が老てしまったことをおしえられました。小学校
三年生のころだと思います。そのときはなにも

写真４　２年目の文集

て、学び直しの場を必要とするひとは少なくない。日本社会においても、成人基礎教育を就労権や生存権の保障として明確に位置づけ、制度化していく必要がある。

「くるかい」に限らず、私達のすぐ隣でドラマは起こっている。まずは、そのことに気づいてほしい。そして、できる範囲で関わってほしい。きっと喜んで迎え入れられるだろう。そこで、あなたは今まで身に付けてきたものとは別様の学びのあり様にふれるだろう。お互いのかけがえのなさを体感しあう関係を基盤にして、学習者同士が、さらには彼・彼女達と伴走する「私」もまた変わっていく。そうした関係に、ぜひ身を置いてもらいたい。まずは、見学だけでもいい。成人基礎教育保障問題を「私たち」の問題として引き受け、必要な時に一緒に声をあげる仲間になってほしい。新しい学びの作法を身につけた人が増えていけば、社会はきっと変わっていく。

注

1 湯浅誠『反貧困—「すべり台社会」からの脱出』岩波新書、二〇〇八年

2 大江洋『関係的権利論—子どもの権利から権利の再構成へ』勁草書房、二〇〇四年

3 貧困や排除ということばは、特定の個人や家庭を形容することばではなく、〈からだ・場・社会関係の織物〉が気づいた社会のあり方そのものを名指すことばであるという岩川の見解は興味深い。岩川直樹「貧困と学力　状況への感受性と変革のヴィジョンを呼び覚ます」、岩川直樹・伊田広行編著『貧困と学力』明石書店、二〇〇七年

4 高校中退者のほとんどが、貧しい家庭に育ち、まともに勉強する機会も与えられずに、とりあえずいわゆる底辺校に入学し、やめていくという。青砥恭『ドキュメント高校中退—いま、貧困が生まれる場所』、ちくま新書、二〇〇九年。

5 野元弘幸「外国人の子どもたちの排除の構造と対抗的教育実践の原理—日系ブラジル人の子どもたちとブラジル学校を中心に—」日本社会教育学会編『社会的排除と社会教育』（日本の社会教育第50集）、東洋館出版社、二〇〇六年。

6 宮島喬・太田晴雄編『外国人の子どもと日本の教育—不就学問題と多文化共生の課題』東京大学出版会、二〇〇五年。

7　運営上の助成は、日本国政府からではなく、地方自治体の判断で行われている。

8　藤田美佳「日本語学習の場を足がかりとした外国人配偶者の地域参加―農村に嫁いだ韓国人高齢女性の生活を通して―」、日本社会教育学会編『成人の学習』（日本の社会教育第48集）、東洋館出版社、二〇〇四年。

9　上杉孝實「識字と成人基礎教育について」『こんな居場所をつくりたい』大阪府教育委員会、二〇〇一年。

10　公立夜間中学校で実際に起こったエピソードをもとに映画化したものに、山田洋次監督の映画『学校Ⅰ』がある。

11　学習権宣言の訳と解釈は、藤田秀雄編著『ユネスコ学習権宣言と基本的人権』教育史出版会、二〇〇一年によっている。

12　添田祥史「日本における識字実践・研究の潮流―東アジアと夜間中学増設運動」、『東アジア社会教育研究』、第16巻、TOAFAEC、二〇一一年。

13　パウロ・フレイレの邦訳著書には、主著『被抑圧者の教育学』のほか、『伝達か対話か』、『自由のための文化行動』、『希望の教育学』がある。また、フレイレの思想的特徴とその形成過程は、ガドッチによる『パウロ・フレイレを読む』に詳しい。

14　生涯教育論というとポール・ラングランの名前が真っ先にあがるが、ジェルピはその後任としてユネスコの生涯教育部門の責任者を務めた。エットーレ・ジェルピ『生涯教育　抑圧と解放の弁証法』（前平泰志訳）、東京創元社、一九八三。

15　なかには、沖縄のNPO法人「珊瑚舎スコーレ」のように、公立夜間中学校に準じたレベルの学習内容と開校日数を提供している団体もある。また、行政が市民団体に運営補助金と活動場所を支給し週五日間の学習機会を提供する「北九州方式」もある。

16　小川利夫『教育福祉の基本問題』勁草書房、一九八五年。その視座は今日なお示唆に富む。

17　岩川前掲書。

18　子どもの貧困白書編集委員会編『子どもの貧困白書』、明石書店、二〇〇九年

第五章　高齢者の教育・学習のまちづくり

一　今日の高齢者の学習

日本は、一九九四年には高齢社会[1]に突入した。二〇〇六年には六五歳以上は二六六〇万人になり、高齢化率は二〇％を超え、超高齢社会を迎え、五人に一人が高齢者の時代となった。近年では、一九四七年～一九四九年に生まれた「団塊の世代」と呼ばれる第一次ベビーブームの世代が六五歳に達する二〇一二年～二〇一四年にどのような対策を行うのかが問題視されていた。それは、この団塊世代が総人口の約五・三％という大規模集団であり、六五歳以上の高齢者が年に約一〇〇万人ずつ増加すると見込まれているからである。[2]二〇〇八年四月からは、高齢者にかかる社会保障費の増大を懸念し、長寿医療制度（後期高齢者医療制度）が開始された。これは、高齢者の医療費の実費負担を増加させる結果となり、多くの議論を呼んでいる。そして、今日、二〇一二年問題として取り上げられたように、団塊世代が退職をしたことで、これからの高齢者に対する問題がさまざまな形で検討されている。

このように日本において高齢化問題が叫ばれているが、そもそも高齢者対策とされている「高齢者」とはどのような人を対象としているのであろうか。ここでは、介護支援を必要とする実生活が不自由な高齢者を想定しているというよりも、いわゆる「退職者」として大量に排出される団塊世代を高齢者として想定している。このような日本社会の現状において、高齢者への教育・学習がいかに醸成される必要があるのかについて理解することが重要である。

二　これまでの高齢者への対策

高齢者への教育・学習が全国で展開していくきっかけとなったのは、一九六五年から一九七〇年にかけて、当時の文部省から高齢者学級開設委嘱が出されたことによる。そこでは、高齢者の教育・学習の場として「高齢者学級」が開設され、費用の一部を助成する事業が展開された[3]。それが「高齢者学級」として全国的に広がっていった。これまでに、「高齢者学級」「寿大学」「高年大学」「老人大学」などさまざまな呼び方がなされているが、高齢者の学習の中でも、学習を断片的ではなく、総体的に系統立てて組織的に行っている高齢者学級の総称としては、今日では「高齢者大学」と通俗的に呼ばれている。日本の高齢者の教育・学習は、この高齢者大学における学習活動とともに急速に展開していった。

当時の高齢者の教育・学習の環境醸成は、高度経済成長期の急速な社会の進展に適応することを目的として、高齢者が必要な教養・生活技術を習得することを目指したものであった。この時期の高齢者をめぐる社会的課題には、平均寿命の伸長と人口の高齢化、産業の近代化（工業化、高学歴化）にともなう高年層の就業の困難と定年退職問題、家族制度の変容・都市化・情報化・経済の高度成長・住宅の高層化などにともなう血縁・地縁の人間関係の困難化、健康管理・生活保障および教育開発による高齢者の生きがい追求といった点が掲げられていた。

また一九七一年の社会教育審議会答申「急激な社会構造の変化に対処する社会教育のあり方について」においても、政府答申として初めて「高齢者教育」の視点が社会教育の課題として示された。ここでの高齢者への教育・学習は、①健康問題、②学習機会、③生活保障、④生きがい獲得、⑤職業機会、⑥余暇活動、⑦世代間交流・次世代育成、⑧ボランティア活動などの視点からの学習課題であった。しかし、そのどれもがスローガンであり具体化的対策が掲げられているわけではなかった。まして、当時、高齢者が学習を行うことを想定していなかったため、学習目的となると、内容は散漫になり、内容紹介に留まっていた。

こうした高齢者へのイメージは、高度経済成長期の一九七〇年代当時の高齢者像を反映したものである。一方で、この時期は、「老人」という語に代わって「高齢者」という語が用いられた時期でもある。この時期を境に「老人」という語の使用が減少していくが、それは、「老」のもつネガティヴ・イメージを払拭するためだったのであろう。しかしそのことは、儒教思想における「老」＝経験のある敬うべき人という意味をも同時に消し去ったのであった。そのために、「高齢者」は曖昧な語へと転化していった。[4]

高齢者大学が全国に展開していった当初の高齢者への学習のイメージは、介護やケアの受け手である高齢者に対して、趣味・教養を施すことであった。したがって、高齢者への学習は、福祉サービス、特に健康問題の学習の提供であり、高齢者が主体的に学習を行うことを念頭においていなかった。これは、一九九〇年代後半まで続くのであるが、一方で、一九八〇年代以降に、高齢者のそれぞれの個を尊重した教育観が芽生えるようになり、生きがいの獲得を目的とした主体的な学習の必要性が謳われるようになる。そのことを契機として、自立した高齢者像を目指した一九九九年の国際高齢者年における国際的な動きと同調する形で高齢者教育が展開されていった。しかし、今日では、社会保障費の増大と高齢者の人口増により、国の財政負担が大きくなることによって、高齢者への対策が、生涯教育を目的とした福祉サービスとしての学習の提供から、退職年齢の引き上げ、高齢者の再雇用化、医療費軽減を目的とした健康増進へとシフトしている。

このような状況において、一九九五年一二月に高齢社会対策基本法が制定され、その後、一九九六年七月には、最初の高齢社会対策大綱が策定された。さらに、社会状況の変化にともない、二〇〇一年五月の高齢社会対策会議において、大綱の見直しと、新たな大綱の策定を行うことを決定した。これを受けて、同年六月から「高齢社会対策の推進の基本的在り方に関する有識者会議」を開催し、同年九月に高齢社会対策の推進の基本的在り方について議論を行い、報告を取りまとめた。この報告等を踏まえ、同年一二月二八日、高齢社会対策会議における案の作成を経て、高齢社会対策大綱が閣議決定された。この大綱では、今後、団塊世代が高齢期を迎え、本格的な高齢社会に移行することから、高齢社会対策の推進に当たっての基本姿勢を明確にするとともに、高齢社会対策の一層の推進を図るため、分野別の基本的施策の枠を越え、横断的に取り組む課題を設定し、関連施策の総合的な推進を図ることとしている。

高齢社会対策大綱の基本姿勢は、高齢社会対策基本法の基本理念をもとに推進したものである。この政策は、国および地方公共団体と、企業、地域社会、NPO、家庭、個人等の社会を構成するものが、相互に協力し合い、社会全体が支え合う体制を作ることを目的として、以下の五つの基本姿勢のもとに、高齢社会対策を推進している。①旧来の画一的な高齢者像の見直し、②予防・準備の重視、③地域社会の機能の活性化、④男女共同参画の視点、⑤医療・福祉、情報通信等に係る科学技術の活用、である。[5]

この大綱において注目すべき点は、高齢者がよりよく生活するための高齢者に対する認識のとらえ直しと、高齢者のライフスタイルの再検討であろう。そこで、高齢社会対策の一層の推進を図るため、横断的に取り組む課題として、①多様なライフスタイルを可能にする高齢期の自立支援、②年齢だけで高齢者を別扱いする制度、慣行等の見直し、③世代間の連帯強化、④地域社会への参画促進、の四つの取り組みを推進している。[6]この高齢社会対策大綱は、年齢にとらわれないライフスタイルを実践するために、地域社会の教育力を見直し、共生協働の観点から相互扶助の機能を活性化させ、条件整備を図り、また、高齢者の再雇用を促進し、社会活動への参加を促し、さらに、高齢者が快適に過ごすことができるユニバーサルデザインによりバリアフリーの普及とともに、社会保障制度の拡充を図ることを目指したものであると言える。

三　高齢者の学習の芽生え

高齢者教育の概念が日本において本格的に形成され始めたのは、一九五四年に長野県伊那市で小林文成によって開講された楽生学園の影響によるところが大きい。ここでは、高齢者の教育・学習が全国で展開する上で契機となった高齢者の学習の場であり、高齢者大学のモデルケースとなった、小林文成の楽生学園の実践をみることで、高齢者教育が芽生えた背景に迫る。

高齢者の教育・学習の実践の先駆者である小林文成（一九〇〇〜一九九五）は、高齢者の学習目的を生きがいの獲得であると位置づけ、社会参加の必要性を説いた人物である。まず、小林がどのように高齢者教育実践を行っていたのかについて明らかにするために、楽生学園創設の経緯を紹介する。

小林は、一九四八年三月に公民館長に就任し、公民館における学習活動を通して、社会教育を認識するようになる。小林は長野県の公民館長・主事の研究会において、戦後の民主化における青年教育、婦人教育について学習していたが、家庭という枠を想定すると、最終的には高齢者の民主化が達成できないかぎり、青年や婦人の教育実践は発展しないと考えていた。また、その当時の社会教育主事講習会で知り合った宮原誠一（当時、東京大学教育学部）の社会教育観の影響が大きく、さらに、伊那の青年運動も小林の高齢者教育活動の原動力として関係していたといえる。[7] この時期に、小林は地域の高齢者から学習の場をつくることを要求され、楽生学園を創設する計画を立てる。

小林の中で高齢者大学の構想が明確となったのは、一九五二年に、小林に男女七人の高齢者が学習の場をつくってほしいという提案を出したからである。[8] この高齢者達の提案に対して、小林は「老人は淋しいのだ、老人も勉強して若い人たちと、対等に話しあい、楽しい家庭生活が送りたい」[9] ととらえていた。この高齢者の提案を契機として、小林は高齢者の教育・学習の実践を試みるべく、楽生学園を創設するに至った。しかし、一九五一年、小林は公民館の館長時代、研究で知り合った朝日新聞の論説員の笠信太郎に、高齢者の学習活動の参考となる事例を調査してもらうが、当時では高齢者の学習実践は存在していなかったため、宮原誠一に、高齢者の社会教育実践の構想を説明し、協力を求めた。[10]

その後、一九五四年五月一〇日に光久寺を集まりの場として楽生学園は開始された。小林は、「日本も戦争にあけくれた明治・大正・昭和の暗い時代から解放されて、平和で楽しい生活ができるようになったのである。老人といえども戦争、戦争で苦しめられた時代を脱出して、楽しい生活を送りたい。どうすれば楽しい生活ができるかを学ぶ園」[11] を創設することができるのかと考え、『漢書刑法誌』にある「民亦新免兵革之禍、人有楽生之慮」から、戦争をやめて生活を楽しみ、話し合い学び合うという意味を込め、楽生学園と名づけた。

楽生学園の実践が開始された当初は、学習目標が作られていなかった。それは、小林の当初の高齢者教育思想が、「老人の欲求をみたし、レクリエーションをとおして、仲間と共同の学習をしよう」[12] と、高齢者の余暇活動の充足に重点をおいていたからである。また小林は、最初から規則が作られることが、高齢者の自己教育への妨げとなると考えていた。それは、小林が、学習目標は高齢者自身の欲求によって作られるものだと考えていたからである。小林は、学習目標設定の自主性が、民主主義社会における高齢者学級のあり方として重要であると考えていた[13]。

小林は、戦後の民主化の中で、高齢者が新しい高齢者像を模索することを念頭においた学習を考えていた。彼は、「老人たちが軍国主義に協力し、全体主義に盲従していた[14]」状況では、「老人が集まって学習する場合、まず考えておかなければならないことは、いかに軍国主義の時代とはいえ、そういうものに抵抗できなかった反省はしなくてはならない[15]」とした上で、「若い世代とも協力して、老後に不安のない社会をつくること[16]」が必要だと述べた。そして、「現在の老人は白紙ではない。いろいろな雑色がしみ込んでいるのだ。しかも、それは容易なことでは変えられない固まりとなっている。したがって、老人教育の場合はまず、その固まりをほぐすことからはじめなければならない」と指摘した[17]。

これは、それまでの価値観を再検討することが必要だという高齢者の学習の特異性なのだということである。

さらに、小林は「われわれ日本人のように、自己の権利を主張することや、権力にたいして抵抗することを罪悪と思いこまされている人間が、現代社会の一員としてみずからの幸福を獲得するいとなみをつづけていこうとするのは容易ではない。そんなことからも、老人も現代人となるための学習をおこたるわけにはいかない[18]」と考えていた。小林は、高齢者教育の目的を「現代人になるための学習[19]」であり、要求するところは「現代的福祉」の追求ととらえていた。彼は、高齢者の教育・学習を「現代人となる学習のほかに、老人福祉の獲得というか、老人福祉をみずからの手で築きあげていくもの」であり、「青年学級・婦人学級と交流し、共同学習もおこなえるもの」であると考えていた[20]。さらに、高齢者の教育・学習の実践である高齢者大学を「地域の老人が全員参加するものでなければならない」と、「老人はみなしあわせにならなくてはならないし、そのための学習と活動するところ」と定義している[21]。上記の小林の理念は、高齢者教育にとって学習と福祉の二つの課題が共存しなければならないことを意味している。小林は、戦後の民主主義社会において高齢者の生存権獲得を強く意識していた。

小林は、高齢者の学習には教育と福祉を両面から考えることが必要だと強く唱えていた。言い換えれば、小林は、すべての高齢者が主体的に高齢者自身の生存権獲得を意識化し、その生存権獲得のための学習を行うことの必要性を説いていたと考えられる。いわゆる「社会福祉教育」[22]の理念が高齢者教育には必要であると小林は考えていた。その理由は、社会を担う主体としての高齢者という自覚を持つことを小林が望んでいたからである。

この小林の考える高齢者教育の理念と楽生学園での実践活動が、日本の高齢者教育のモデルとなり、各地で展開されていった。

四　高齢者大学の実践

今日まで全国で展開している高齢者大学の内容を講座の形式に沿って分類すると、表1のように類型化できる。高齢者大学は、地方自治体による高齢者の学習環境の醸成を目的としてきたが、自治体の所管を教育行政か福祉行政のどちらに置かれているかによって、それぞれの自治体の活動の意図が分かれる。そのため、①福祉行政系広域型、②教育行政系広域型、③福祉行政系地域密着型、④教育行政系地域密着型、⑤地域密着型、の五つに分類できるといえよう。この表を踏まえて、それぞれの代表的な実践である高齢者大学について紹介をする。

(一)　福祉行政系広域型高齢者大学

全国のほとんどの自治体が福祉行政のなかに高齢者大学を位置づけている。その理由は、上述しているように、これまでの高齢者へのイメージが介護・ケアを受ける側であったことから、趣味や教養を施すことを目的とした高齢者教育実践が中心であったためである。福祉行政のなかでも広域で行っていることのメリットとしては、各

<table>
<tr><td>対象となる地域
行政との関係</td><td>広域型</td><td colspan="2">地域密着型</td></tr>
<tr><td rowspan="2">福祉行政系</td><td rowspan="2">①福祉行政系広域型
高齢者大学
（大阪府高齢者大学校、鹿児島県ねんりん大学など）</td><td rowspan="2">③福祉行政系
地域密着型
高齢者大学
（世田谷区生涯大学など）</td><td>民間主体活動</td></tr>
<tr><td rowspan="2">⑤地域密着型
高齢者大学
（エルダーホステル・高齢者就労支援・孫支援・楽生学園など）</td></tr>
<tr><td>教育行政系</td><td>②教育行政系
広域型高齢者大学
（いなみ野学園など）</td><td>④教育行政系
地域密着型
高齢者大学
（なかの生涯学習大学など）</td></tr>
</table>

表１：高齢者大学全体の類型[23]

都道府県全体の地域課題を広く解決するためのリーダーシップ力を養成することである。この代表的な実践として、ＮＰＯ法人大阪府高齢者大学校を挙げる。

大阪府における広域型の高齢者大学は、当初、大阪府老人大学として一九七九年に大阪府老人総合センター内に開校し、二〇〇七年からは、大阪府福祉館において大阪府高齢者大学校として、さらに、二〇〇九年三月で大阪府の財源再建を目的として廃止され、高齢者大学事業を請け負う形で大阪府高齢者大学校が始まった。

これまで大阪府の高齢者大学事業は、行政施策として大阪府高齢者大学校を運営していた当時、アクティブシニア講座とシルバーアドバイザー養成講座の二つの事業が行われていたが、大阪府高齢者大学校ではそれを統合する形で運営が行われている。この高齢者大学組織には、ＮＰＯ法人シニア自然大学校、ＮＰＯ法人ふれあいサポート、ＮＰＯ法人シルバーアドバイザー・ネット大阪など多くの高齢者学習支援組織が加盟している。現在では、約六〇講座、約二五〇〇人以上が受講している。また、二〇一三年度より大阪市内の各地域において、地域密着型の高齢者大学であるＮＰＯ法人大阪区民カレッジも開校された。地域は三箇所に分かれており、現在は南部カレッジ（天王寺区・阿倍野区・住吉区・生野区等）、東部カレッジ（城東区・鶴見区・東成区・旭区・生野区等）、西部カレッジ（西区・港区等）である。なお、この大阪区民カレッジは、③福祉行政系地域密着型高齢者大学に類型できる。

大阪府高齢者大学校の学習目的は、社会の各分野で活動してきたシニア世代が、本講座で仲間と共に、文化・芸術・スポーツ等の学習と体験、多世代交流、まちづくりや環境保全、人権擁護、男女共同参画、外国人・留学生との交流等の学習活動を行い、自ら考え、自ら社会参加することにより、健康で調和のある生活の保持・拡充を自らの生きがい作りとして実践し、また、行政・企業・NPO等との協働とサポートの活動を総合的に行うことにより、社会の広い分野での貢献である、としている。

講座内容は、歴史学科、語学交流学科、美術・芸術学科、運動・スポーツ学科など多岐にわたっており、約六〇講座がある。

（二）教育行政系広域型高齢者大学

教育行政系高齢者大学の特徴は、社会参画や地域貢献活動を目的とした高齢者の生涯学習活動である。特に、教育行政系広域型は、広い地域社会を念頭に置いた学習組織であるために、地域リーダーを養成することや、その各地域リーダーたちを組織するための仕組みがつくられている。

教育行政系広域型高齢者大学として代表されるのが、一九六九年、福智盛によって兵庫県加古川市で開校された、兵庫県いなみ野学園である。いなみ野学園は、行政政策として行われている高齢者大学の先駆けの実践である。そのため、多くの自治体がいなみ野学園をモデルとして参照している。

現在、いなみ野学園は、四年制の大学講座と二年制の大学院講座からなっている。いなみ野学園の設立趣旨は、高齢者が自ら仲間づくりの輪をひろげ、生涯学習を通して教養をより高めるとともに、自己の新しい生き方を創造し、地域社会に発展寄与できるよう総合的、体系的な学習機会を提供する、というものである。学習内容としては、園芸学科、健康づくり学科、文化学科、陶芸学科の四つの学科があり、定員は三四〇名である。また、課外学習として、囲碁、園芸、絵画、ゲートボール、コーラス、ゴルフ、茶道、探訪、詩吟、社交ダンス、テニス、能面などさまざまなクラブ活動が行われている。

大学院の趣旨としては、より専門性の高い実践的な学習を通じて、人生を深め、地域社会の課題解決を支えるリーダーとしての活躍が期待できる人材を養成することを目的としている。学科は、歴史・文化コース、健康福祉コース、地域活動コースに分かれており、定員は五〇名である。

この実践の基盤となった福智の高齢者教育理念は、P・ラングランの生涯教育論の影響が大きい。福智は、いなみ野学園の創設の目的を、「教養を重視し、生活や生産に関する学科にウエイトを置いて、教育老年論を単なる娯楽中心としていないのは農業高校のような産業教育的発想を生涯教育の場へ延長、拡大させることを意図した」[24]と述べている。さらに、福智は、高齢者大学で学ぶことによる教育効果について、「老人大学で高齢者の過去の経験や学習の積み重ねが新しい学習に対して好影響をもたらし、いわゆる結晶性能力の高まりをみることができる」[25]と述べ、生涯教育の一環として高齢期の学習をとらえ、高齢者が継続し学ぶことによって成長発達するという考えを持っていた。福智は、当時の老人クラブや老人福祉センターで行われていた介護・ケアを受ける側という認識においての慰安や余暇としての学習活動からの脱却をめざし、高齢者の教養ではなく、個人の潜在能力を引き出し、その成長過程を援助するという教育の視点で高齢者教育をとらえていた[26]。

（三）福祉行政系地域密着型高齢者大学

高齢者大学の大半は、市区町村の福祉行政で行われている福祉行政系地域密着型高齢者大学の実践であろう。

その理由は、社会福祉法にもとづいて設置されている各市区町村の社会福祉協議会や市区町村の福祉行政として、高齢者のために学習環境を醸成するというイメージを持つことは容易だからである。したがって、各市区町村は、それぞれの地域課題に即して、講座内容を変化させながら高齢者大学の運営を行っているといえる。

福祉行政系地域密着型高齢者大学の代表的実践として挙げられるのは、三浦文夫（日本社会事業大学名誉教授）を中心として作られた東京都世田谷区生涯大学である。世田谷区生涯大学は、高齢者福祉分野から生涯教育の視点を取り入れる理念で、一九七七年に開設された。また、二年制の「大学」の形態を取り、その教育方針や学習体型などは「世田谷方式」と呼ばれ、多くの高齢者大学の見本となった。

三浦は「老人福祉の増進と生涯教育の統合」[27]を唱えた。そして、「絶えざる自己啓発とコミュニティ形成を促進し、新しいうるおいのある文化と生活を創造する高齢者の総合センター」[28]を目指し、世田谷区生涯大学を設立した。

世田谷区生涯大学の学習目標は、①急激な社会構造の変化にも対応でき、社会の主人公としての位置と役割を担える力を身につけることができるような内容と方法にすること、②定年後の生活が文化的な、ゆとりあるものにするための文化活動を学び、身につけることができるようにすること、③学んだものを地域に還元し、コミュニティ形成に寄与できるようにすること、の三つである。そして、この三つを統合した「絶えざる自己啓発とコミュニティ形成を促進し、新しいうるおいある文化と生活を創造する高齢者総合センター」が老人大学であると考えた。世田谷区生涯大学では、高齢者の学習を地域における高齢者の生活と活動を豊かにしてゆくための場として位置づけたのである。

その理由は、当時、「地域青年自由大学構想」が持ち上がっていたからである。この自由大学構想とは、一九七〇年代に盛んであった「信濃自由大学」研究から生まれたものであり、勤労青年の自由大学での学習の機会を社会教育行政が担うように考えていた構想であるが、それに触発された三浦が、高齢者大学の基本的理念としたのである。これらを背景とした世田谷区生涯大学には、明確な教育課程と教育方法がある。それは、①少人数のコース制を採用し、学習動機、関心に即して、かつ主体的に学べる学習形態にすること、②コースには大学院で学んでいる新進気鋭の若手研究者や世田谷区の実状をよく理解している世田谷在住の社会教育に秀でたリーダー等をコースごとにチューターとして配置すること、③履修期間は二年とし、落ち着いて問題発見・問題解決型の学習に取り組めるようにすること、④その結果は卒業（修了）論文として自己表現すること、⑤コース制を取ることによって、学習が偏らないように、文化講演会や特別講義等を随時開催、履修させること、⑥大学の運営は学長の下に学生（履修者）参加の運営会議を開催し、民主的に、学生の主体性が発揮できるようにすることなど、綿密にカリキュラムが練られたものである。[29]

（四）教育行政系地域密着型高齢者大学

教育行政のなかでも地域密着型で行われている高齢者大学として代表的実践である東京都中野区で行われているなかの生涯学習大学を事例として説明をしよう。

上述した教育行政系広域型高齢者大学と同様に、高齢者の主体的な学習意欲に沿った講座内容で、地域リーダーを養成することを目的とした教育行政系高齢者大学である。特に、なかの生涯学習大学の特徴としては、細分化された地区ごとに課題を抽出し、各地区のグループごとに問題を明らかにする学習を行うことにある。

なかの生涯学習大学は、一九七三年に東京都中野区の社会教育行政で行われていた高齢者大学である。当時は、中野区ことぶき大学という名称であったが、社会教育行政から一般部局の健康福祉部健康・スポーツ分野生涯学習担当へと移管するとともに、なかの生涯学習大学へと名称も変更された。教育行政から福祉行政へと高齢者大学の所管は移動したが、それまでの社会教育主事が行ってきた専門的な高齢者教育実践は継承されて、学習活動が続いている。

なかの生涯学習大学の学習目的は、①自己啓発をとおして、生きがいをもち、地域の中で新しいライフスタイルを創造する、②自らの豊かな経験を活かして、共に学び合いながら、地域のために活動する意欲を培う、③地域で活躍できるよう、必要な知識・技術を高め、地域社会への主体的参加の促進を図る、である。入学資格要件は、他の高齢者大学との違いは見られないが、「社会情勢や地域での暮らし・活動に関心のある方」、「他の受講生と協力して運営に携わることができる方」という条件があり、地域社会への参画と、共生協働のまちづくりを積極的に行う事という、地域リーダーの資質が問われている。

なかの生涯学習大学は三学年制を取っており、さらに大学院が一年あり、学年ごとに学習内容が変化する。当初は一年制の高齢者大学で、一二〇名で開始されたが、現在では一学年二〇〇名の定員である。[30] 講座回数は、週一回の講義で、一年で二〇回ほどの講義が行われる。学習形態は、講義が中心であるが、学年が上がるにつれ、話し合いやグループ発表など主体的学習に内容が変化してゆく。また、青空教室として地域散策も行われている。

なかの生涯学習大学の特徴として、一九九〇年代中旬まで行っていた卒業論文の位置づけの自分史製作が挙げられる。また、自分史製作の指導員として、自分史の全国的普及に貢献した『あの日夕焼け』を記した鈴木政子も関わっている。ただし、今日では、自分史学習は経済的理由から廃止されている。そして、ことぶき大学卒業後の活動としては、地域組織と綿密な連携を取っている同期会へと活動が展開されている。

(五) 地域密着型高齢者大学

地域密着型高齢者大学は、行政との連携に捉われずに民間主導で行われていることにある。例えば、ユースホステルを参考にアメリカで始まった、高齢者を対象とした旅をしながら学習を行うエルダーホステル[31]や、父親の子育て支援から祖父世代への子育て支援である孫支援「イクジイ」と呼ばれる活動を行う組織、高齢者の就労支援事業、退職してからの第二の人生で新たな経営を行う高齢者向けの経営セミナーなど幅広い学習組織がある。第二次世界大戦直後に開始した楽生学園も、地域社会へ参画することを要望した地域の高齢者自身が主体的に活動を行った地域密着型高齢者大学である。

一方、民間主導の生涯学習大学としては、ＮＰＯ法人シブヤ大学が代表されるように、京都カラスマ大学や大ナゴヤ大学、サクラ島大学など、街全体を大学キャンパスに見立てたネットワークまちづくりプロジェクトが全国的に盛んであるが、学習者の年齢は、行政主導の生涯学習実践とは異なり、二〇歳代～五〇歳代が中心となっている。民間主体の生涯学習大学は高齢者も対象としているが、実際には利用者は少なく、現状では高齢期に特化した学習内容（たとえば、健康スポーツ、歴史散策など）の行政主導のシニア講座や高齢者大学を高齢者は利用している。[32]

地域密着型高齢者大学の特徴は、地域の高齢者のニーズに沿った学習内容であるために、高齢者の学習意識を共有することが容易なことである。特に、団塊世代の高齢者は、労働に関連した学習内容を要望する傾向がある。それは、社会参画・地域貢献をすることで、社会と関わりを持つことを目標とした自己実現をイメージした世代だからである。そこで、団塊世代が求めている学習内容である社会参画・地域貢献の具体的内実を類型化し実践した楽生学園について紹介する。

楽生学園の学習内容は、地域問題にとどまらず、民主主義社会における高齢者が知るべき問題として多岐に渡る講義内容を学習している。講座の方法としては、講演・話し合い・見学（修学旅行）等で、その内容も多岐にわたっている。また、特徴として挙げられるのは、話し合いが頻繁に行われていることである。これは、小林が高齢者の教育・学習の場において、意識の共有化を図ることが重要であると考えていたからである。

さらに、小林は、高齢者教育における学習内容を五つに分類した。それは、①高齢者問題、②家族問題、③道徳問題、④時事問題、⑤政治問題の五つである。

高齢者問題は、高齢者自身が知っておかなければならない自分達の現状把握に必要な、基本的な問題である。内容としては、「老人人口の推移の状態の把握」、「老人病問題」、「老人心理の問題」、「老人扶養の問題」、「老人の生きがい研究」等である。[33]

家族問題は、若い世代との間におこるトラブルを民法における家族法で理解し、恩給や年金問題の「不合理を指摘して、国や社会に向って、社会保障の拡充、老人福祉の増進をさせるための行動をおこすところまで、意識を向上させ[34]」て、その解決に至ろうとしている。

道徳問題は、高齢者に根付いている儒教道徳の考えから脱せない理由として「社会教育の活動の不足[35]」を挙げ、「真の道徳を高める[36]」ことを主眼としている。

時事問題については、「時代から遅れている老人に、現代人としての感覚を身につけ」させるために、新聞、雑誌、テレビの報道から問題相互に話し合い「現代に適応し、現代人としての老人の教育を推進する」ことに主眼を置いている。[37]

政治問題については、小林は、「老人が、政治に対して関心を深め、情実に流れたり、無責任な選挙をしないで、老人の人権をふまえて、政治を監視できるようにする[38]」ために、政治問題に関する学習は国民の義務であると考えている。

この五つの問題意識は「老人のかつて身につけた技術とか知恵とかいうものが、(中略)現代にも価値のある場合がある。こういう知恵、技術はそれぞれの地方で、伝承されている(中略)そういうものを生かしていくことも、老人でなければならない[39]」という「生きた教養」を再発見し、「新しい老人観[40]」を持つことを目標とするために必要な学習であった。

五　今日の高齢者教育の振興政策

今日の高齢者教育の振興の上で重要なテーマは、定年を迎え退職した団塊世代に対して日本社会がどのような対策を取るべきであるのかということにある。

団塊世代が退職を迎えたのは、二〇一二年から二〇一四年の三年間であるが、その間に一〇〇万人を超える数が「高齢者」となった。この急激に増加した高齢者への社会保障費の増大から再雇用化や在宅介護の充実など様々な対策が行われているが、その内実は、高齢者が社会において自立した生活を送るための政策といえよう。

団塊世代は、第一次ベビーブームと呼ばれた世代でもある。経済成長期を過ごした団塊世代の高等学校・大学への進学率は、団塊世代が学齢に達した頃に目立って上昇しており、五〇％程度であった高等学校の進学率が、団塊世代が高校に進学した一九六二年には、約六四％に達した[41]。その後も、高等学校・大学の進学率が上昇し続けたが、団塊世代はいわば高学歴化の象徴であったといえる。

この時期には、核家族化が急速に進むと同時に、賃金労働者であるサラリーマン化が定着するようになった。就業者に占める雇用者の割合は、団塊世代が生まれた当時の約三割から約七割へと増加した。そのことによって、家族形態を「サラリーマンの夫、専業主婦の妻と子供」というイメージを作った世代ともいえる[42]。人口流動については、団塊世代のうち、三大都市圏に居住する者は、団塊世代が生まれた一九五〇年ごろが約三割であったのに対し、進学時・就職時に都市へ移住し、ニュータウンと呼ばれる都市の郊外に賃貸型の公団住宅（団地）が乱立しはじめたことで、二〇〇五年までには約半数が三大都市圏に居住することとなった[43]。

このような時代を経験した団塊世代が定年を迎え、高齢者人口が大幅に増加することを見据えて、文部科学省は、二〇〇八年三月に「団塊世代等社会参加促進のための調査研究」、二〇〇九年三月に「社会教育施設等における団塊世代等の学習活動及び学習成果の活用に関する調査研究」という報告書が出された。これは、団塊世代の社会教育・生涯学習環境の拡充を目的としたものである。

特に、報告書の目的では、団塊世代を中心とした新たな高齢者層の力を活用し、地域を牽引するためのリーダーシップを養成することに力点が置かれている。それは、団塊世代の高齢者が地域づくりへの大きな力となることが期待されているからである。同時に、高齢者像について、従来のような福祉の対象であり、介護・ケアされる側としてのイメージからの変容を意識した報告書となっている。[44]

団塊世代の教育・学習は、定年後も隠居生活よりは、社会と積極的に関わっていきたいと「生涯現役」を志向する傾向がある。そのような旺盛な学習意欲・活動意欲を有している団塊世代が、新たな学習の機会を通じて、自分を高め、社会参画・地域貢献の役割を担っていくことが期待されている。

二〇一二年三月には、文部科学省の「超高齢社会における生涯学習の在り方に関する検討会」から「長寿社会における生涯学習の在り方について~人生一〇〇年　いくつになっても　学ぶ幸せ「幸齢社会」~」という報告書が出された。ここにおいて、新たな価値観や高齢者観の創造を目的として、生涯学習に従来の学習者が自発的に行う自由で広範な学習や趣味、教養だけではなく、社会との関わりを通して個人の生き方や考え方に変化をもたらすあらゆる活動を含むことが重要であるとしている。

特に重要なテーマとされているのは、社会的役割を担う存在としての高齢者の再創出である。高齢者が、それまでの長い人生の中で培ってきた豊かな知識・経験を活かせる居場所や出番を見出して、地域社会の担い手として活躍することは、高齢者の生きがいとなるだけでなく、地域社会が抱える課題の解決や活力ある社会の形成にもつながるものである。

そのために、高齢者が自ら有する能力を十分に活かすことができる環境づくりを進めるとともに、高齢者をこれまでのような社会的な弱者として保護される人という誤った見方から、地域社会の一員であるという見方へ、国民全体の意識を変える必要がある。また、高齢者が地域社会を支える一員として、豊かで活力ある地域社会の形成を図っていくためには、地域活動の役員は男性というような固定的な性別役割分担意識を改め、男女が互いに尊重し合うことも重要であると指摘している。

このような理念のもとに、長寿社会における高齢者教育の意義として以下に四つのテーマを掲げている。①生きがいの創出＝学習活動や地域活動を通じた生きがいの創出により、豊かな第二、第三の人生の実現、②地域が抱える課題の解決＝自立や協働の学びを通して地域が抱える課題解決の担い手として活躍することにより地域の活性化に寄与、③新たな縁・絆の構築＝学習活動や地域活動を通じて社会とのつながりを持ち、地域での社会的孤立を防止、④健康維持・介護予防＝体を動かすことで、健康維持・介護予防を行い、社会保障費の抑制に寄与、することである。[45]

この報告書において注目されるのは、生涯学習の目的として、人間関係の形成に関する知識や活動に関する知識など、習得の意図を持って行う学習活動だけではなく、社会参画や地域貢献活動の重要性を述べていることである。特に、二〇一一年三月に発生した東日本大震災時に、日頃の地域連携、住民相互の顔合わせ、交流等の度合いが高いほど、震災対応（特に避難所対応）が円滑であったことから、「地縁」や「血縁」に代替する新たな地域社会がお互いに支え合いながら共生する絆ある社会の構築の必要性を指摘していることである。

そのうえで、高齢者一人一人が、若者と同様に社会の重要な一員として共生する豊かで活力ある長寿社会を実現するためにも、新たな縁を形成しうる生涯学習の果たす役割は重要であり、学びの場から生まれる新たな同好の士のネットワークを通じた「地縁」の形成につながり、地域での高齢者の見守りシステムの構築も期待できると述べている。

さらに、今回の報告書では、高齢者教育についての基本的方向性と具体的方策が示されたことがこれまでにない特徴である。今後の方向性として以下の七つが挙げられた。①学習内容及び方法の工夫・充実として、学習者の参画による多様な学習機会の提供、②世代別の特性への配慮として、各世代や性別に応じたきめ細かな生涯学習、③学習が困難な者への支援として、アウトリーチ型による届ける生涯学習、④関係機関相互の連携の促進として、大学等との連携の促進や教育委員会と首長部局との連携の促進、地縁組織とＮＰＯ等との連携の促進、⑤学習成果の活用の促進・地域活動や就労など活躍する場の提供、⑥コーディネート機能の整備として専門人材が連携協働できる仕組みの構築、⑦世代間交流の促進として、知識・経験の伝承や高齢者の居場所づくり、が掲げられている。[46]

そして、この方向性をもとに具体的な方策として、四つのテーマが挙げられている。①高度化・多様化する学習ニーズに対応するため、学習者の参画による協働型学習プログラムの開発及び提供、②学習活動や地域活動に係る情報の収集・データベース化、ワンストップサービスの整備、③関係機関の連携の下、コーディネーター人材の養成・研修の充実、④人材バンクや学習ボランティア登録制度の充実、学校支援や子育て支援など高齢者の活躍の場の充実、である。[47]

六 「団塊の世代」を見据えた地域と連携した高齢者の学習の取り組み

団塊世代の高齢者の特性を生かした実践が各地で行われている。その代表的な事例を紹介する。

（一）教育サポーターとしての地域高齢者

二〇〇八年九月に文部科学省から「教育サポーター制度の普及に向けて～一人ひとりの経験と知が求められています～」というパンフレットが作成された。

この教育サポーターとは、団塊世代や高齢者等が、職業や日々の生活、学習等で得た知識や経験、技術等を活かし、学校の授業・活動の講師や社会教育施設の学級・講座の講師などとして「学習支援」を行う人のことである。この教育サポーター制度により、地域の人々、学校や社会教育施設等の教育関係機関、教育委員会等が連携して教育サポーターに関する取り組みを進めることにより、地域人材の発掘、人々の地域活動の活発化や活動内容の高度化、活動の場の創出等が図られ、地域の教育力の向上や生涯学習の推進につながることがねらいである。

教育サポーター制度に二つの特徴がある。①教育サポーターの研修・承認・登録による一定水準の確保、②コーディネート機能の活用による教育サポーターと受入側の的確なマッチングの実施、である。

この制度の特徴は、既に類似の人材登録制度を導入している地域や学校ボランティアとの連携を図っている地域などでは、既存の事業に取り入れることによって教育サポーター制度として展開することができることにある。たとえば、講師や指導者の登録や人材のマッチングなどを教育委員会にて実施することで、教育サポーターが使命感や責任感を持って積極的に活動ができたり、受入側にも安心して活動の依頼を行うことができたりするというメリットがある。

実施事例としては、愛媛県で行われた松山教育サポーター事業推進委員会の取り組みが挙げられる。この委員会は、団塊世代の退職教員や民間企業の退職者を対象とし、公共機関を活用したポスター、チラシによる教育サポーターの募集活動を行い、研修と登録を行い、放課後子ども教室等で実践研修を行った。二〇一二年には、「えひめ学校教育サポーター企業」の登録を開始し、データベース化を行い、各学校がその教育サポーターの教育支援を円滑に幅広く受けることができるシステムを作った。現在では、約一五〇以上の企業・団体が登録を行っている。

(二) 子育て支援としてのイクジイの役割

近年、育児を積極的に行う男性を意味する「イクメン」という言葉が浸透してきた。これまで日本の男性が、家事・育児に関わる時間が少なかったことから、二〇〇九年六月に育児・介護休業法が改正され、男性の育児休暇を取得しやすい環境づくりが推奨されるようになってきた。男性の仕事と生活の調和、いわゆる「ワーク・ライフ・バランス」の考え方が浸透することを目指して、二〇一〇年六月には、厚生労働省が「イクメンプロジェクト」を発足させている。

この父親支援の活動が全国的に広がりを見せるなかで、祖父や高齢の男性が孫世代の育児に関わる人のことを「イクジイ」と呼ばれ、孫支援施策が注目されている。

父親支援活動を中心とした組織であるＮＰＯ法人ファーザーリグ・ジャパンでは、二〇一一年四月より「イクジイプロジェクト」を立ち上げた。このプロジェクトは、孫の世話や遊び相手だけではなく、これまでの人生経験やキャリアを活かした支援を行っている。たとえば、①イマドキの子育て講座、②初孫講座（これから孫を迎える祖父母向けのカリキュラム）、③遊び講座（子どもの成長に必要不可欠である遊びについて学ぶカリキュラム）、④絵本講座、⑤イクジイスクール（講演・セミナー）、などが行われており、高齢者と核家族を強いられている子育て世代のマッチングを目的としている。そして、高齢者の多世代交流や地域デビュー、子育て支援活動など、地域社会への参画を推進している。

(三) 生涯スポーツリーダーの養成

団塊世代を中心に進められている高齢者の生涯学習施策として、一番に挙げられるのは健康・スポーツに関わる学習であろう。多くの市町村において、高齢者の健康・スポーツ施策が展開されている。

ここでは、地域の生涯スポーツリーダーを養成することを目的とした実践を紹介する。高齢者が主体的にスポーツに取り組む実践として、鹿児島市市民スポーツ課の行った「生き生き中高年者基礎トレーニング教室」を挙げたい。これは、鹿児島市によって学習プログラムが作られた。

この講座は、春季と秋季の二回、毎週一回で六回の講座である。この活動のプログラムは大きく三つの内容に分けられる。それは、①学習目的、内容の理解、②共同での学習活動、③学習のフィードバック、の三つである。この学習の目的は、中高年者が生活の中で運動が自在にできるようにするための、トレーニング方法の学習と、そのトレーニングの実技、そして、レクリエーションを身につけることである。そして、この健康学習を深めることによって、それぞれの地域で自主サークルを作って、広く健康学習を展開することを目標としている。受講した市民が、トレーニング場における運動だけが目的ではなく、そのトレーニング方法を学習し、さらに、実技を習得することで、地域のスポーツリーダーとして健康学習のサークル組織を形成することが求められている。

七　これからの高齢者の学びとまちづくり

日本の社会状況の変容とともに、高齢者への教育・学習は変容している。特に、今日では、団塊世代が退職を迎えたことで、これまでの高齢者政策では対応できない諸問題に直面しているといえる。

これまでの高齢者イメージは、介護・ケアされる福祉を受ける対象であった。しかし、これからは、団塊世代である新しい高齢者層に対して、地域社会を牽引するリーダーとなるための資質を養成することによって、高齢者自身が地域づくりへの大きな力となることが求められている。この社会状況に応じて、高齢者の教育・学習の内容は、社会参画や地域貢献といった高齢者が社会と関わりを持つことで自己実現を目指すものへとシフトしてきている。

そのためには、これまで縦割りであった高齢者政策に対して、教育や福祉だけでなく、労働や農業などの横の連携による高齢者施策が重要となる。また、高齢者による地域社会をつくるエンパワーメントを高めるためにも、高齢者組織の再構築は必要不可欠であろう。従来の高齢者組織である老人クラブや高齢者大学だけでなく、近年、シルバー人材センターや農業分野においても高齢者の主体的な学習が行われ、地域社会のリーダーシップを養成するようになってきた。また、高齢者自身がこれまでのキャリアを生かしたNPOやソーシャルビジネスといった新たな企業・団体の立ち上げなど、高齢者が社会参画・地域貢献するための組織形態の幅は広くなった。

このように多様化した高齢者組織に対して、活動の連携・統合が必要であろう。さらに、組織に関わる高齢者の情報の集約も重要である。まちづくりや地域づくりに着手する自治体が近年広がりを見せるが、教育サポーター制度のように、学校と地域との間で行われる学校支援活動のように、特定の分野でのみ行われており、広く高齢者の知識や経験といった能力が活用されづらい状況である。高齢者が学習によって得られた能力を発揮する機会、また、その能力を借りようとしている企業・団体の両方のマッチングがなされるような中間組織をつくる必要がある。そのためにも、社会へと積極的に関わる高齢者を支援するための環境醸成を、世代を越えて地域社会全体で考えていかなければならない。

注

1　高齢化率が七％を超えると「高齢化社会」、一四％を超えると「高齢社会」と呼ばれている。
2　国立社会保障・人口問題研究所編『日本の将来推計人口』国立社会保障・人口問題研究所、二〇〇七年。
3　総務庁行政監察局編『高齢者対策の現状と課題』大蔵省印刷局、一九八六年。
4　久保田治助「老人大学創設期における高齢者教育の動向」堀薫夫編著『教育老年学の展開』学文社、一五〇頁。
5　内閣府編『平成年度版高齢社会白書』二〇一一年、ぎょうせい、八二―八三頁。
6　同右、八三―八四頁。
7　小林文成『老後を変える』ミネルヴァ書房、一九七八年、一〇―一二頁。長野県下伊那郡青年団史編纂『下伊那青年運動史』国土社、一五七―一六九頁。
8　小林文成『老後を変える』前掲、一三―一四頁。
9　同右、一一頁。
10　小林文成『高齢者読本』日常出版、三二頁。
11　第一回目の受講参加者は八六名であった。参加者は前村長、村会議員のような村の古老や高齢女性が多数であった。会費については、自主的活動の趣旨を明確にするため自費で、月謝は一〇円であった（木下たかね『老人の学習権とその展開』日本女子大学社会福祉学科卒業論文、一九七六年。この論文は小林の著書『老後を変える』（前掲）に引用してあるのみで現存しているか定かではない）。
12　小林文成『老人は変わる』国土社、一九六一年、九四頁。
13　同右、一八六―一八七頁。
14　小林文成『老後を変える』前掲、一三頁。
15　同右、一三―一四頁。
16　同右、一四頁。

17 小林文成『高齢者読本』前掲、四四頁。
18 同右、二一三頁。
19 同右、二一四頁。
20 同右、二一五頁。
21 同右、二一四―二一五頁。
22 松田武雄『コミュニティ・ガバナンスと社会教育の再定義』福村出版、二〇一四年、三七―三九頁。
23 堀薫夫「老人大学の課題と展望」(大阪教育大学生涯教育計画論研究室『都市型老人大学受講者の実態と意識に関する調査研究』一九九九年、六三頁)をもとに筆者が作成。
24 福智盛『熟年は燃える』ミネルヴァ書房、一九八一年、四二頁。
25 同右、四三頁。
26 三浦文夫「わが国の老人大学の源流と系譜」(三浦文夫編著『老いて学ぶ老いて拓く』ミネルヴァ書房、一九九六年、四四頁)。
27 同右、五〇頁。
28 大橋謙策「世田谷区老人大学のあゆみ」(『老いて学ぶ老いて拓く』前掲、五六頁)。
29 三浦文夫「わが国の老人大学の源流と系譜」前掲、五〇頁。
30 中野区教育委員会『中野区ことぶき大学年誌年誌』一九八二年。『中野区ことぶき大学年誌』一九九三年。
31 日本では、NPO法人エルダーホステル協会が、二〇〇八年まで牽引していたが、民間企業など多くのところで宿泊型の生涯学習が行われるようになり解散した。なお、本協会から派生をしたNPO法人グローバルキャンパスなど幅広く活動が展開されている。
32 齊藤弘通「地域密着型「生涯学習大学」の事例研究~シブヤ大学」を事例として」法政大学地域センター『地域イノベーション』第三号、二〇一〇年、三五―四三頁。
33 小林文成『高齢者読本』前掲、五五頁。

34　同右、五六頁。
35　同右。
36　同右、五七頁。
37　同右。
38　同右。
39　同右、六六頁。
40　同右。
41　内閣府編『高齢社会白書』二〇〇七年、ぎょうせい、一七頁。
42　同右。
43　三同右、一八頁。
44　文部科学省『社会教育施設等における団塊世代等の学習活動及び学習成果の活用に関する調査研究』二〇〇九年三月。
45　同右、六―七頁。
46　同右、八―一七頁。
47　同右、一八―一九頁。

第六章　社会教育・生涯学習の施設・行政とボランティア活動

一　はじめに

二〇一一年三月一一日東日本大震災が起き、多くのボランティア活動が行われたことは記憶に新しい。全国社会福祉協議会・全国ボランティア・市民活動振興センターのホームページによると、二〇一一年三月一一日～二〇一二年三月一一日までの一年間に各市町村に設置されたボランティアセンターを経由して活動したボランティアの数は九五万三二〇〇人にのぼるという。[1] 専門性や経験を生かした活動もあれば、「何かやれないか」と、できることを探して活動を行っていくというものもあり、多彩なボランティア活動が繰り広げられてきた。ボランティアはそれぞれの「思い」をもとに、行政や企業とは違った論理で自由で自発的な活動ができるところにその特徴がある。

社会教育政策の中でボランティア活動が取り上げられるようになったのは、一九七一年の社会教育審議会答申「急激な社会構造の変化に対処する社会教育のありかたについて」が出されてからである。その後、一九八六年の社会教育審議会社会教育施設分科会報告「社会教育施設におけるボランティア活動の推進について」が出され、社会教育施設におけるボランティア活動が広がっていくことになる。

表1は昭和六二年度から平成二三年度の社会教育調査をもとに、ボランティア登録制度を導入している社会教育施設の数と割合をまとめたもので、グラフ1はそれをグラフ化したものである。施設の数の増減はあるものの、女性教育施設、社会体育・民間体育施設を除くと、ボランティア登録制度を導入している施設数の割合は少しずつ増加していることがわかる。館種ごとにみてみると、社会体育施設における制度導入の割合は小さいが、最新の調査では、図書館で約七割、博物館で約四割、その他の館で二〜三割の館で登録制度を有していることがわかる。一方、登録者数（表2）をみると、平成二三年度調査では社会教育施設全体では五五万二二三七人、最も登録者数の多い施設は公民館の一八万一九九八人となっている。公民館は登録制度導入の割合は少ないが、施設数が多く、身近な場所にある施設で多くの人が活動しているといえるだろう。また、登録制度導入割合が増加傾向にある施設では登録人数も増加傾向にあることがわかる。

「登録制度」という統計からは見えないが、社会教育施設ではボランティアとして地域で活動する人材の養成講

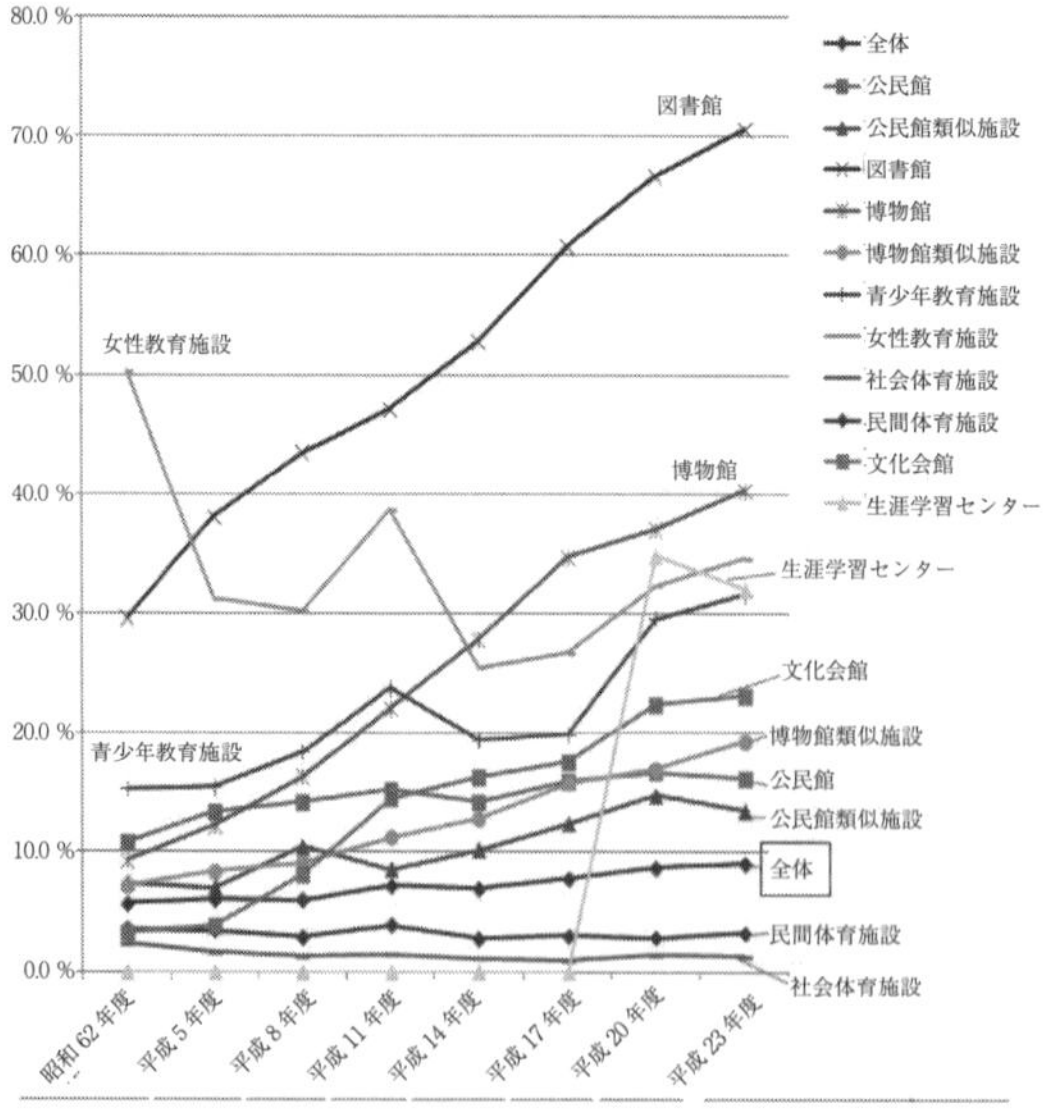

グラフ1　ボランティア制度を導入している社会教育施設の数と割合

	施設数計	うちボランティア登録制度あり	%	公民館数	うちボランティア登録制度あり	%	公民館類似施設数	うちボランティア登録制度あり	%
昭和 62 年度	75,538	4,352	5.8%	17,440	1,886	10.8%	566	42	7.4%
平成 2 年度	25,226	3,535	14.0%	17,347	2,212	12.8%	584	43	7.4%
平成 5 年度	84,606	5,163	6.1%	17,562	2,353	13.4%	777	55	7.1%
平成 8 年度	95,829	5,773	6.0%	17,819	2,529	14.2%	726	76	10.5%
平成 11 年度	94,277	6,786	7.2%	18,257	2,779	15.2%	806	69	8.6%
平成 14 年度	94,392	6,575	7.0%	17,947	2,553	14.2%	872	89	10.2%
平成 17 年度	94,998	7,405	7.8%	17,143	2,730	15.9%	1,039	129	12.4%
平成 20 年度	94,540	8,277	8.8%	15,943	2,661	16.7%	623	92	14.8%
平成 23 年度	91,221	8,333	9.1%	14,681	2,376	16.2%	718	97	13.5%

	図書館数	うちボランティア登録制度あり	%	博物館数	うちボランティア登録制度あり	%	博物館類似施設数	うちボランティア登録制度あり	%
昭和 62 年度	1,801	533	29.6%	737	69	9.4%	1574	114	7.2%
平成 2 年度	1,950	680	34.9%	799	105	13.1%	2169	193	8.9%
平成 5 年度	2,172	828	38.1%	861	105	12.2%	2843	239	8.4%
平成 8 年度	2,396	1,042	43.5%	985	161	16.3%	3522	322	9.1%
平成 11 年度	2,592	1,222	47.1%	1,045	231	22.1%	4,064	457	11.2%
平成 14 年度	2,742	1,450	52.9%	1,120	312	27.9%	4,243	543	12.8%
平成 17 年度	2,979	1,808	60.7%	1,196	416	34.8%	4,418	697	15.8%
平成 20 年度	3,165	2,110	66.7%	1,248	462	37.0%	4,527	769	17.0%
平成 23 年度	3,274	2,311	70.6%	1,262	509	40.3%	4,485	866	19.3%

	青少年教育施設数	うちボランティア登録制度あり	%	女性教育施設数	うちボランティア登録制度あり	%	社会体育施設数	うちボランティア登録制度あり	%
昭和 62 年度	1,053	161	15.3%	199	100	50.3%	34409	812	2.4%
平成 2 年度	1,154	186	16.1%	213	76	35.7%	-	-	-
平成 5 年度	1,225	190	15.5%	224	70	31.3%	40663	686	1.7%
平成 8 年度	1,319	243	18.4%	225	68	30.2%	48141	642	1.3%
平成 11 年度	1,263	301	23.8%	207	80	38.6%	46,554	696	1.5%
平成 14 年度	1,305	253	19.4%	196	50	25.5%	47,321	546	1.2%
平成 17 年度	1,320	262	19.8%	183	49	26.8%	48,055	465	1.0%
平成 20 年度	1,129	334	29.6%	380	123	32.4%	47,925	670	1.4%
平成 23 年度	1,048	331	31.6%	375	130	34.7%	47,571	645	1.4%

	民間体育施設数	うちボランティア登録制度あり	%	文化会館数	うちボランティア登録制度あり	%	生涯学習センター数	うちボランティア登録制度あり	%
昭和 62 年度	16,977	609	3.6%	782	26	3.3%	-	-	-
平成 2 年度	-	-	-	1,010	40	4.0%	-	-	-
平成 5 年度	17,018	588	3.5%	1,261	49	3.9%	-	-	-
平成 8 年度	19,147	563	2.9%	1,549	127	8.2%	-	-	-
平成 11 年度	17,738	697	3.9%	1,751	254	14.5%	-	-	-
平成 14 年度	16,814	481	2.9%	1,832	298	16.3%	-	-	-
平成 17 年度	16,780	518	3.1%	1,885	331	17.6%	-	-	-
平成 20 年度	17,323	498	2.9%	1,893	424	22.4%	384	134	34.9%
平成 23 年度	15,532	506	3.3%	1,866	431	23.1%	409	131	32.0%

表１　ボランティア制度を導入している社会教育施設の数と割合

座を実施したり、すでに活動しているボランティアと協働しながら事業を実施していくということも行われている。また、現在、ボランティア活動は市民活動センターやＮＰＯ・ボランティアセンターなど社会教育施設以外の場においても多彩に繰り広げられており、社会教育施設はそのようなボランティア活動といかに関係を築くかという課題も出てきている。

　このような状況を踏まえた上で、本章では、社会教育施設・行政とボランティアの関係について考えていきたい。社会教育施設や行政が募集・養成するボランティア活動は、「行政協力ボランティア」として行政補完型のボランティアに陥りがちであるが、ここでは、「自由で自発的な活動」としてのボランティアを行政・施設が支援するとはどのようなことか、また、「自由で自発的な活動」としてのボランティアと行政・施設はどのような関係の構築が求められるのかについて深めていくこととする。

　社会教育や生涯学習の活動が行われる施設は、①教育委員会系列の施設、②学校形態のもの（学校開放、放送

	社会教育施設全体	公民館	公民館類似施設	図書館	博物館	博物館類似施設
昭和 62 年度	513,632	243,143	6,242	19,026	6,805	8,515
平成 2 年度	457,857	228,889	5,622	22,443	10,215	13,776
平成 5 年度	506,447	211,188	5,638	27,313	8,432	15,611
平成 8 年度	536,509	222,541	8,462	35,926	15,953	23,923
平成 14 年度	529,129	235,692	20,953	59,357	22,422	40,251
平成 17 年度	589,866	271,686	18,026	70,776	27,607	49,136
平成 20 年度	606,515	241,115	8,489	98,431	29,602	45,986
平成 23 年度	552,237	181,998	9,187	112,085	33,957	38,015

	青少年教育施設	女性教育施設	社会体育施設	民間体育施設	文化会館	生涯学習センター
昭和 62 年度	33,000	11,984	130,434	47,991	6,492	-
平成 2 年度	65,045	8,798	-	-	103,069	-
平成 5 年度	30,127	10,582	126,462	54,847	16,247	-
平成 8 年度	39,635	12,876	114,474	38,341	24,378	-
平成 14 年度	15,923	6,439	69,726	32,401	25,965	-
平成 17 年度	16,929	23,270	60,394	29,477	22,565	-
平成 20 年度	22,763	9,982	83,747	24,229	29,418	12,753
平成 23 年度	23,180	13,308	74,266	22,633	27,031	16,577

※平成 11 年度調査は延べ人数での調査のみ実施のため省略した。

表２　社会教育施設におけるボランティア登録者数

大学など）、③教育行政以外の一般行政が管轄する施設、④民間などの施設の大きく四つに分けられるが[2]、本章では教育委員会系列の社会教育施設に注目し、その役割や意義を確認する。後半部分では、ボランティア活動について整理したあと、社会教育施設におけるボランティア活動の意義と可能性について考察する。

二　社会教育施設とはどのようなものか

（一）市民の学習を支える社会教育施設

日本の社会教育施設のうち、その根拠となる法律を持つのは公民館、図書館、博物館である。ここでは、それぞれの法律で施設がどのように規定されているかを確認し、そこから「社会教育施設」とはどのようなものかを把握したい。

社会教育法第二〇条によると、公民館とは、「市町村その他一定区域内の住民のために、実際生活に即する教育、学術及び文化に関する各種の事業を行い、もつて住民の教養の向上、健康の増進、情操の純化を図り、生活文化の振興、社会福祉の増進に寄与することを目的」とした施設とされる。「市町村その他一定区域」に地域配置されていることが特徴であり、地域性と結びついて地域住民の総合的な学びの場として展開されてきた。

図書館は、「図書、記録その他必要な資料を収集し、整理し、保存して、一般公衆の利用に供し、その教養、調査研究、レクリエーション等に資することを目的とする施設」（図書館法第二条）、博物館は「歴史、芸術、民俗、産業、自然科学等に関する資料を収集し、保管（育成を含む。以下同じ。）し、展示して教育的配慮の下に一般公衆の利用に供し、その教養、調査研究、レクリエーション等に資するために必要な事業を行い、あわせてこれらの資料に関する調査研究をすることを目的とする機関」（博物館法第二条）である。図書館・博物館は図書や資料のコレクションを持つことが特徴であり、それらを活用することによって市民の教養や調査研究、レクリエーション等に資する施設なのである。

つまり、公民館は地域に密着しているということ、図書館・博物館は、図書・資料のコレクションを持つということを特徴とし、それぞれの特徴を活かしながら各種事業を実施し、社会教育の機関として市民の学習を支える活動を展開する施設ということができる。

このことを図書館、博物館、公民館以外の施設（青年センター、女性教育施設、体育館、プール、運動場などを含めて考えると、社会教育施設は、施設の持つ専門性（地域に関する専門性、資料や図書に関する専門性、利用者に関する専門性etc.）とそれに付随する情報や調査結果の蓄積、専門性をもとに計画される講座や講演会などの主催事業の実施、専門職員の存在、そしてそれらをいれる空間としての施設を学習の場として提供することを通して市民の学習を支える施設ととらえることができる。

（二）教育を受ける権利・学習権の保障と社会教育施設

これらの社会教育施設の運営を行政で行う法的根拠は、日本国憲法、教育基本法、社会教育法にある。日本国憲法第二六条には、「すべて国民は、法律の定めるところにより、その能力に応じて、ひとしく教育を受ける権利を有する」とある。これを受けた教育基本法第一二条には「国及び地方公共団体は、図書館、博物館、公民館その他の社会教育施設の設置、学校の施設の利用、学習の機会及び情報の提供その他適当な方法によって社会教育の振興に努めなければならない」とあり、さらに社会教育法第三条には「国及び地方公共団体は、この法律及び他の法令の定めるところにより、社会教育の奨励に必要な施設の設置及び運営、集会の開催、資料の作製、頒布その他の方法により、すべての国民があらゆる機会、あらゆる場所を利用して、自ら実際生活に即する文化的教養を高め得るような環境を醸成するように努めなければならない」と規定されている。「すべて国民」の「教育を受ける権利」を保障するために、「自ら実際生活に即する文化的教養を高め得るような環境」として図書館・博物館・公民館が位置づけられているのである。

「教育を受ける権利」については、国際的には「学習権」として承認されている。この学習権は、「未来のためにとっておかれる文化的ぜいたく品」ではなく、「人間の生存にとって必要不可欠な手段」とされる。[3] ここで謳われている「学習」の内容は、単に知識を身につけるだけではなく、深く考えたり、想像・創造したり、個人的・集団的力量を発達させるなど、人間が生きていくため、生活を切り拓いていくための力をつけることであり、子どもからおとなまで誰にとっても必要不可欠なものである。このような教育を受ける権利・学習権を保障することを基本として社会教育施設は設置されているのである。

ここで確認しておきたいことは、社会教育において学習権を保障していくための国・地方公共団体の役割は「環境醸成」にとどまるということである。直接何かを教えるのではなく、事業の実施、専門職員の配置、施設・設備の整備によって、人々が自由に学べる環境（しかけやしくみ）を準備することが社会教育行政の役割であり、その中で設置される社会教育施設もこの考えの下で運営されていくものである。

学習権については、「成人までの基礎教育ないし成人として不可欠の基礎教育について設定されうる」ものであり、「基礎教育をおえた成人の市民文化活動には学習権は当てはまらない」、成人にとっては「自由な市民活動」があるのであり、成人に対して行政による施策などは必要ないとみる議論もある。[4] しかし、成人しても、それぞれのライフステージごとに課題があり、それに対応するには、成人の特性を踏まえた教育・学習支援が必要である。また、いざ、「自由な市民活動」をしようとしてもどうしていいかわからないという人々もおり、このような人々への支援という意味でも行政が施策を行っていくことの意義をとらえることができるだろう。

（三）学習権を保障する社会教育施設としての要件

次に、市民のさまざまな学習を保障するという観点から、施設に求められる要件とはどのようなものかを確認しておく。公民館・図書館・博物館に共通する「戦後社会教育の原則」として、小林文人は①基本理念としての「国民の学習権」保障、②地域施設としての性格、③機会均等の原則、④無料化原則、⑤施設職員の専門職化、⑥施設運営における住民自治、⑦施設の「自由」と倫理綱領という七つの原則を挙げている[5]。

①は先に述べた教育を受ける権利・学習権を保障するということである。

②は社会教育施設は地域施設の性格を持つということである。公民館・図書館・博物館は、それぞれ関連法規に「一定区域内の住民のために」（社会教育法第二〇条）、「土地の事情及び一般公衆の希望に沿い」（図書館法第三条）、「土地の事情を考慮し、国民の実生活の向上に資し」（博物館法第三条）とあり、地域性を重視した施設となっている。その中でも、公民館は、平成二三年度社会教育調査によると一万四六八一館存在しており、この数は小学校には及ばないが中学校よりも多いというものである。住民が気軽に歩いて行ける範囲に配置され、地域住民の生活現実に即したさまざまな課題を学習を通じて解決することがめざされてきた。一方で図書館・博物館は、公民館よりも広い範囲の地域に設置されているが、地域課題に対応できるように、地域にかかわる資料や図書を収集・保管・研究し、住民が資料や研究成果を活用できるようにしている。公民館に比して「気軽に行ける」という性格は薄れるが、分館の設置や移動図書館・移動博物館の形でさまざまな人が図書や資料から学べるように事業を実施することになっている。また、国立博物館のような広域施設であっても、その施設はある地域に立地しているのであり、その地域と関係を築くことも重要なことである。

③④はあらゆる人にとって施設は開かれていなければならないというものであり、誰もが平等に学べるように、無料の原則が存在する。図書館・博物館の無料の原則については図書館法第一七条、博物館法第二三条に規定さ

れている。公民館に関しては法律での規定はないが、一九七四年に東京都教育庁社会教育部がまとめた「新しい公民館像をめざして」では「公民館が住民の自由な学習・文化活動の場であり、自由なたまり場として、差別なく均等に開放されるためには公民館は無料でなければなりません」と無料の原則が打ち出されている。現在、地方自治体などの財政悪化により、社会教育施設の有料化や使用料・入館料の値上げが検討されているところもある。しかし、有料化や値上げはそれまで気軽に自由に施設で学んでいた人の学びを困難なものとする。また、有料化については、「市民・利用者と職員の関係を協働の関係から上下の関係に変えてしまう」との指摘もある[6]。市民と職員の関係が、使用料を介したサービスをする側・される側の関係になってしまい、ともに施設と施設におけるる学びをつくりあうという関係が築けなくなってしまうのである。

⑤は職員についてである。施設機能を活かし、市民の学習を支えるには、市民の課題をとらえ、しくみやしかけをつくっていく「人」の存在が重要になる。博物館には専門的職員として学芸員が、図書館には専門的職員として司書が置かれる。公民館は博物館・図書館に比べて法制度的には職員に関する規定が弱いものとなっているが、地域の課題や事情をよく理解し、学びのしかけをつくっていくという意味では職員の役割は大きく、専門性を有することが必要である。また、図書や資料・作品の価値を理解しながら人々の課題にこたえるなど、図書や資料を活かした学びを提供するためには、図書や資料の専門家であると同時に学習の支援者としての学芸員・司書の力量も重要になるのである。

⑥は施設運営への市民参加についてである。市民の主体的な学習を支える施設となるには、施設を使う利用者のニーズが施設運営に生かされることが重要になる。そのために、公立の公民館・図書館・博物館では、公民館運営審議会、図書館協議会、博物館協議会が設置され、事業の企画実施について調査審議したり、館長に対して意見を述べることができるようになっている。これらは、住民の声を反映した施設運営のために大切な機関なの

である。このほかにも市民参加の方式としては、公民館においては学級・講座の準備会、公民館利用者懇談会・連絡会（懇談会は公民館事業の一環として行われるもので、連絡会は公民館が主催せずに自主的に作った団体とされる）、「社会教育を考える会」等公民館や社会教育の在り方を市民の立場から考えようとする団体などが挙げられる。[7] 公民館に限らず、事業を実施するにあたって実行委員会形式をとるなどさまざまな形での市民の声を聴き反映させながら施設を運営していくことが重要になる。また、ボランティアやNPOなどと協働して施設を運営していくという協働という考え方も出てきており、これについては本章の後半で触れることとする。

⑦は社会教育施設としての独自性の問題であり、政治や社会情勢に左右されることなく、社会教育施設は学習者の自由な学びを保障する場であり、職員もそのための意識・力量を持たねばならないのである。

社会教育施設には、誰もが自由に学べるようにするために、地域社会や住民の課題を大切にしながら、施設の利用や運営が誰にでも開かれること、学びを支えるために職員の専門性を高めることが求められる。

（四）生涯学習社会の中での社会教育施設の役割―施設と団体のネットワーク―

戦後日本の社会教育行政の特徴の一つは、環境醸成を基本として施設を設置し、施設を拠点としながら展開されたことにある。寺中公民館構想を原点にして、教育基本法・社会教育法の体系の中で施設中心の社会教育が展開されてきた。それは施設中心の制度がつくられたという面もあるが、戦後さまざまに展開してきた施設づくり運動にみられるように、学習の場として民衆の中から施設が求められてきたという一面もある。そこで繰り広げられた日本の社会教育の特質は、「地域社会」や「地域課題」「生活」と密接にかかわったものであった。[8]

一方で、「制度的に識字・成人基礎教育への視野が欠落し、職業教育・継続職業訓練も十分統合されていない」状況があり、さらに、「学校形態の社会教育の伝統が十分形成されてこなかった」という面も持つ。[9] 生涯学習という概念のもと、日本の社会教育を振り返ってみると十分にフォローされていなかった分野も出てくる。日本の社会教育が育ててきた「地域社会」や「地域課題」「生活」を基盤とした学習活動を大切にしながら、生涯学習の観点からこれまで十分でなかった分野をも含んで社会教育・生涯学習施設をとらえていく必要がある。

人の一生というものに観点をおいたとき、学ぶ場所は多様である。公民館が総合的な施設だからといって、公民館だけである人の一生の生活が支えられるわけではない。従来の社会教育施設といわれるものだけではなく、学校形態のもの（リカレント教育や継続教育という視点）、教育行政以外で管轄される施設（福祉・労働・環境 etc.）や民間の施設、施設だけに限らずＮＰＯ等によって行われているさまざまな学習活動も含めた形で役割分担や連携・協力をしながら事業を展開していくということが重要になる。

戦後、団体主義から施設主義ということが言われてきたが、戦後もさまざまな団体が中心となって学習活動は行われてきており、現在は、ＮＰＯやボランティアなどの団体によっても新しい学びが創出されている。社会教育施設は、施設を拠点としながら、また、施設機能を活かしながら、さまざまな施設や団体による学習活動をつなぎ、新たな学習活動の創出の後押しをするということも重要な役割といえるのである。

三　社会教育とボランティア活動

（一）ボランティアとは

ボランティアに関して「どれが欠けても、その行為がもはやボランティアとは言えなくなるような不可欠の条件[10]」とされるのは「自発性」「無償性」「公益性」である。この三つについて整理しながら、ボランティアとは何かをとらえていきたい。

ボランティアの条件としてまず挙げられるのが、その言葉の意味ともかかわって「自発性」である。「ボランティア」(volunteer) の元来の意味は「自発的 (voluntary) に行為する人」という意味であり、その語源は、ラテン語の「意志」(voluntas) とされる。[11] ボランティアは個人の発意から始まるものであり、このことについて、早瀬昇は「『他人から言われなくても自ら進んでする』ということであり、それは同時に『他人に言われても (自分が納得しなければ) しない』ということ」[12]と表現している。これは「自分の責任で状況を認識し、自分の責任で価値判断を行い、自分の責任で行為すること」[13]といいかえることができる。

「無償性」は、経済的な報酬を目的としないということである。ただし、精神的な満足や交流の楽しみなどを報酬として目的にすることは無償性を損なうものでないとされる。[14] 誰かのために金銭的な見返りを求めることなく行動するということは、利潤を追求する会社としての行動とは違った社会への関わり方をすることになる。賃金収入を前提とする労働の場合、その行動は、立場や雇用関係などにとらわれたものになるが、無償であることによって、自分の意志に従った自由な行動をとることができるのである。

「公益性」は、「公共性」「社会性」などの言葉で表現されることもあるが、活動が他人や社会の役に立つということである。[15] それぞれの個人が社会のさまざまな課題について考え、行動し、解決へつなげていくことであり、ボランティアは活動によって個人が社会につながりを持つ——社会参加——ということにもなる。

(二) 個と社会をつなぐボランティア

現代社会の中で、個人が社会につながりを持つということはどういう意味があるのだろうか。高橋満は「これまで社会的サービスの水準や質の決定は官僚や学者たち専門家集団に委ねられ、市民は公共空間から排除され、孤立化され、こうして決定されるサービスをただ受動的に享受する立場におしとどめられてきたのではないか。しかも、この実施も行政にゆだねてきた結果、本来的に人びとがもっている能動的参加と協同の意欲と能力が疎外されてきたのではないか[16]」と指摘する。戦後日本社会の中では、福祉国家体制の広がりとともに、社会の中の問題は、専門家集団に委ねられ、市民が主体的に関わらない（関われない）という状況がつくりだされてきた。そのような中、個人の発意をもとに社会的な活動を行うボランティア活動は、社会の問題を自分達の問題として考えていくこと、公共性を市民の中に取り戻していく契機とも考えられる。

また、小林繁はボランティア活動の特徴を「自己犠牲的に誰かのために奉仕するといったことよりも、むしろ現代のライフスタイルと意識における個人化・個別化の進行と裏腹にある疎外や孤独の深まりの中にあって、多くの人々との出会い、交流することを通して積極的に自己の存在を確認していきたいという実存的要求に導かれたもの[17]」としている。ボランティア活動への参加は、社会とのつながりを築き、絆や関係性を構築すると同時に、その関係性の中で自分自身のアイデンティティを確認できるという意味も持つのである。このように、ボランティア活動は自己形成と社会形成の二つの側面をあわせ持つものといえる。

(三) 行政協力型ボランティアからパートナーシップへ

阪神大震災の起きた一九九五年が「ボランティア元年」とされるが、実際にはボランティアはそれ以前から存在しており、ボランティアという言葉が使われずとも、ボランティア的な活動、のちにボランティアと表現されるようになる活動も多々存在してきた[18]。

特に、自治会や町内会の活動は、地域の中での助け合いの活動であり、ボランティア的な側面を持つが、その歴史的背景から行政との強いつながりがあるものである[19]。民生委員や児童委員などの行政委嘱ボランティアも地縁組織を基盤としており、行政とボランティアの関係の中では、その活動は行政補助的、行政協力的なものであり、行政の枠内で活動するものであるという側面が強かった。[20]

そのような中で、「個人の発意から自分で考えて自分で動く」という「ボランティア」本来の意味するところはなかなか浸透せず、一九九五年の阪神大震災を契機として一般化され、行政とボランティアの関係もそれまでの「行政補助的」「行政協力的」なものから、「パートナーシップ」「協働」という関係に移行してきたのである。

行政とボランティアは同じ「公共的」な活動を行うものであってもその性格には違いがある。行政の取り組みは、対象となる地域のあらゆる人に目配せをし、公平かつ安定的に行われるものであるが、「自由で自発的」なボランティアは、特定のテーマや対象を選び、ピンポイントで活動することができるものである。行政とボランティアは、それぞれの活動原理の違い、お互いの強さと弱さを認識し、お互いの力を高めるような関係を築いていくことが求められる。[21]

(四) 社会教育施設・行政とボランティアの関係

ボランティア活動は、既に見たように、その特徴として自発性、無償性、公益性が挙げられ、自由で自主的な学びを中心にして自己形成と社会形成の両方を大切にしてきた戦後日本の社会教育との親和性が高い。[22] また、ボランティア活動は、活動そのものが自己教育・相互教育といった学習活動となり、「活動の中の学び」が展開されている。

市民の学びを支える「社会教育施設・行政」と自由で自発的な「ボランティア」の関係としては「施設・行政がボランティア活動の支援を行う」ものと、「協働してともに事業等を実施する」ものの二種類が考えられる。施設・行政が支援を行う意義としては、第一にボランティアへの扉を開くということ、第二にボランティア活動の中の学びの過程を支えるということがある。協働して事業を行うということは、施設・行政への市民参加という意義がある。既存の市民参加の制度としては、公民館運営審議会などの審議会が存在するが、運営審議会等で意見や答申が出されたとしても、最終的には職員が計画を立案し、事業を実施することになる。しかし、ボランティアとの協働という形態を取り入れることによって、さらに一歩進んだ施設運営への市民参加が可能になるのである。

次に、社会教育施設におけるボランティア活動とはどのようなものなのか、九州国立博物館の事例を通して考えてみたい。

四　社会教育施設におけるボランティア制度導入—九州国立博物館の事例をもとに—

（一）博物館のパートナーとしてのボランティア

九州国立博物館（以下九博）では二〇〇五年一〇月の開館を前に、二〇〇五年五月二九日に第一期ボランティアが発足した。第一期ボランティアは教育普及、展示解説、環境、館内案内（日本語・英語・韓国語・中国語）、イベントという五つの活動の分野を博物館側が考え、それをもとにボランティアを募集し、特に活動内容を定めていない学生部会を含め五分野九部会で活動を行った。二〇〇八年四月に発足した第二期ボランティアからは資料整理、サポートの二つの部会が加わり、一一部会で活動を行っている。活動の分野についてはある程度博物館側で設定をするが、各部会の活動内容はボランティアとともに考えていくという方針で活動を行ってきた。九博における「ボランティア」とは、「自らの自由意思に基づき、九博のパートナー（協働者）として、博物館活動の支援推進のために知識・技能を無償で提供して頂く方」であり、「館の業務を補う『無償の労働力』ではなく、博物館環境の中で自己実現の出来る方」としている。このような定義のもと「来館者サービスの充実を図るとともに、生涯学習の推進及び博物館活動を支援することを目的」としてボランティア制度が導入されている。[23]

ここで重要なのは「パートナー（協働者）」ということである。施設が主でボランティアが従という関係ではなく、対等な関係の中でお互いの力を出し合ってよいものをつくるという考え方である。館側からボランティアに依頼したい活動がある場合は、会議等で提案しボランティアが納得してから進める。ボランティア側からもやりたいことがあれば提案してもらい、協議しながら進めるという関係性を大事にしてきたのである。

（二）来館者の学びの支援とボランティア活動の中の学び

九博では、このような博物館のパートナー（協働者）としてのボランティアが、体験学習エリアでの来館者対応や、館内・展示室の案内の活動を行っており、来館者の博物館や展示品に関する理解を深めるにいたっている。来館者はボランティアがいなくても展示をみることができる。しかし、ボランティアに質問をしたり、体験学習エリアで資料の使い方を聞いて体験してみるなど、ボランティアとコミュニケーションをとることによって、理解が深まることもある。また、博物館の裏側を紹介するバックヤードツアーなど、ボランティアの存在があるからこそ実現したプログラムもある。このようにボランティアの存在によってさらに博物館における来館者の学びの幅が広がるのである。

また、このボランティア活動はボランティア自身の学習の場ともなっている。グループの運営、活動内容の検討などをボランティア自身で行っていくため、グループ内で試行錯誤しながら活動をつくっている。日々の活動を振り返り、活動をよりよくするためにはどうしたらいいか、自分達がやりたいことを実現するためにはどうしたらいいか、グループ内で学び合い、話し合いを重ね活動をつくっていく。その中で、新しいガイドツアーのコースができたり、体験学習のプログラムができたり、さらに来館者の学習の幅を広げている。

九博ボランティア全体の活動内容についてはグループ内で話し合ったことをもとにグループの代表者が協議して決定する。このような活動の進め方に対して、「こんなことをしなくても館で決めてくれたらそれに従うよ」という人もいる。しかし、ボランティアは「なにかやりたい」という気持ちで集まっている集団であり、年齢や経験や活動に費やせる時間も多様である。ボランティアは活動に対して報酬があるわけでもなく、自発的な活動であるために活動の内容が自分の思いと異なった場合はすぐにやめることができるというものでもある。そのような中で、合意形成をし、活動を発展させていくという過程は、「学習の四本柱[24]」の中でも「為すことを学ぶ」「共に生きることを学ぶ」といった側面を持つといえるだろう。そして、会社などとは違った形の社会参加を学ぶ機会にもなるといえる。

(三) ボランティア活動・社会参加への扉をひらく

社会教育施設は、学びの場を創出するものである。「ボランティア制度」というしくみをつくることによって、新たな学習の場と機会を創出しているといえる。社会教育施設が、ボランティア制度を導入することのもう一つの意義として、ボランティア活動への扉を開く、ということがある。

平成二三年度の国民生活選好度調査[25]によると、ボランティアやNPO活動、市民活動等への参加経験者の割合は二四・六%、「これまで参加していなかったが、今後は自ら参加したい」三三・五%、「これまでも参加していたが、今後はもっと活動を増やしたい」一六・八%、「これまで参加していたが、今後は活動を減らしたい」五・五%、「参加したくない」一六・〇%、「参加できない」二八・一%となっており、これまで活動しておらず今後は何らかの活動に参加したいと考えている人が三割いることがわかる。

また、平成一七年五月実施の「生涯学習に関する世論調査[26]」によると、ボランティア活動への参加経験については五四・七%が「特にそういうことはしたことがない」という回答であり、今後のボランティア活動への参加希望については、「ぜひ参加してみたい」一〇・〇%、「機会があれば参加してみたい」五〇・一%、「参加してみたいと思わない」三三・八%となっている。この調査では、五割の人がボランティア活動は未経験だが、六割の人がボランティア活動に興味を持っていることがわかる。

この二つの調査では前者は「ボランティアやNPO、市民活動等」という言葉で質問しているのに対して、後者では「ボランティア」として尋ね、さらにボランティア活動の内容は一一項目にわたり具体的な内容が選択肢として挙げられているので、回答者の「ボランティア」に対するイメージも異なっていると考えられる。また、前者の調査では「参加できない」という選択肢があり、「今はできないけれども、機会があればやりたい」といった希望は表れていないことになる。そのような違いはあるものの、三～六割の人はボランティア活動に興味を持っていることがわかる。

ボランティア活動は、必要と考えること、やりたいと思うことを自発的に行うことで成立するものであるが、やりたいと思っていてもどうしていいかわからない人、はじめの一歩がなかなか踏み出せない人も存在する。九博ボランティアの応募レポートにも、ボランティアに興味もあるがどのように活動したらいいかわからないときに、募集のチラシや記事を見て応募したといったものも見られた[27]。社会教育施設がボランティア制度を導入するということは、このようなボランティア活動に参加したことはないが興味がある層の入り口の一つとなる。

(四) 外部ボランティア団体との協働

施設の提供する「ボランティア制度」を利用するのではなく、施設が市民の活動の場所の一つとなるような事例もみられる。九博で活動している全国手話通訳問題研究会福岡支部筑紫地域班（以下、手話の会）は、開館前に実施していた見学会に参加した聴覚障がい者から「通訳がいなかったので困った」と聞き、聞こえない人にも平等に情報を送りたいと、当時の九州国立博物館準備室に手話通訳ボランティアを申し出、二〇〇五年四月に太宰府市を含めた四市一町（大野城市・春日市・太宰府市・筑紫野市・那珂川町）の支部で筑紫地域班を結成して活動を開始した。手話の会は、館内案内、バックヤードツアー、展示解説という九博ボランティアが行っている案内や博物館主催行事の手話通訳を主に実施している。活動日時は、開館当初は土・日・祝日を基本としていたが、現在は平日にも活動を行っている[28]。

手話の会の特徴は、九博ボランティアから独立した団体であり、聴覚障がい者にも博物館を平等かつ十分に体感・実感してほしいという明確な目的を持った団体ということである。手話の会のように自らの活動を外に持つ団体によってその専門性と活動が博物館に提供されることにより、聴覚障がい者にも広く博物館が開かれることになった。そして、手話の会への活動・学びの場の提供という意味もあり、手話の会とともに活動することによって博物館職員や九博ボランティアの障がい者に対する理解を深めることにもなった。近年、博物館や文化施設で活動するボランティアのことが「文化ボランティア」という言葉で表現されているが、「文化」や「福祉」という言葉にこだわらず、さまざまな専門性を持つ市民と協働することによって、施設機能をより充実させることができるものと考える。

（五）施設から地域へ——地域の拠点施設として——

ここまで、九州国立博物館を事例に、施設とボランティアの協働の取り組みを紹介してきた。ボランティアと施設の協働によって、ボランティア活動自体が学習の場となり、ボランティアと施設の協働によって新たな学びの場を創出していることが明らかになった。

この協働の関係を創るためには、社会教育施設の側も職員の中でボランティアとは何か、事業として取り組むのであればどのような意義があるのかをしっかりと議論しておくことが必要である。「ボランティア」の概念は歴史とともに変容してきたものであり[29]、その言葉に対するとらえ方も人によって、世代によって多様である。その中で、ボランティアをどうとらえ、事業として取り組んでいくのか、協働関係を築いていくのかを職員の中でしっかりと議論し共有しておくことが必要である。

ここでは施設におけるボランティア活動を中心に紹介をしてきたが、社会教育施設以外でも、ボランティアやNPOの活動はさまざまに展開され学びの場が創出されている。社会教育施設はそのような地域の中で展開される活動と連携・協働することによって、施設内に限らず、さまざまな場所で市民とともに学びの場を創出することができる。社会教育施設には、それぞれの施設機能を活かしながら、そこに集う人や情報をつなぎ、地域のさまざまな人や団体やほかの施設と結びつくことによって、多彩な学びの場を創出する拠点となることが求められているのである。

注

1 http://www.saigaivc.com/ ボランティア活動者数の推移／、二〇一三年一月一三日参照。このページ掲載情報より計算。
2 堀薫夫『生涯発達と生涯学習』ミネルヴァ書房、二〇一〇年、一八〇頁。
3 解説教育六法編集委員会編『解説教育六法二〇一一 平成二三年版』三省堂、二〇一一年、一四八―一四九頁。国民教育研究所訳。
4 松下圭一『社会教育の終焉〈新版〉』公人の友社、二〇〇三年、一七五―一八三頁。
5 小林文人「社会教育施設の諸原則」小林文人編『講座・現代社会教育Ⅵ公民館・図書館・博物館』亜紀書房、一九八四年、四四—六五頁。

6　奥田泰弘「公民館はなぜ無料か（公民館無料の論理）」日本公民館学会編『公民館・コミュニティ施設ハンドブック』エイデル研究所、二〇〇六年、一八四頁。

7　奥田泰弘「住民参加と公民館（利用者懇談会・利用者連絡会を含む）」日本公民館学会編『公民館・コミュニティ施設ハンドブック』前掲、一八〇—一八二頁。

8　末本誠「社会教育としての生涯学習」末本誠・松田武雄編『新版生涯学習と地域社会教育』春風社、二〇一〇年、九—一二頁。

9　佐藤一子『生涯学習と社会参加　おとなが学ぶことの意味』東京大学出版会、一九九八年、五八頁。

10　入江幸男「ボランティアの思想」内海成治・入江幸男・水野義之編著『ボランティア学を学ぶ人のために』世界思想社、一九九九年、五—六頁。

11　同右、六頁。

12　早瀬昇「ボランティア団体の組織と運営」内海成治・入江幸男・水野義之編著『ボランティア学を学ぶ人のために』世界思想社、一九九九年、四二頁。

13　入江幸男「ボランティアの思想」前掲、七頁

14　同右、八頁。

15　同右、一〇頁。

16　高橋満『ＮＰＯの公共性と生涯学習のガバナンス』東信堂、二〇〇九年、二五頁。

17　小林繁『学びのトポス』クレイン、二〇〇〇年、八一頁。

18　たとえば、山岡義典は日本の「ボランタリーな活動（自発的な社会的活動）」の歴史的背景を「地縁型相互扶助活動」「宗教的篤志活動」「恩賜型篤志活動」「地域的救済活動」「自主的社会文化活動」「企業の社会貢献活動」「市民（公益）活動」の「七つの特徴的な潮流の積層したもの」としてとらえている。（山岡義典「ボランタリーな活動の歴史的背景」内海成治・入江幸男・水野義之編著『ボランティア学を学ぶ人のために』世界思想社、一九九九年、二一二—二三五頁。）

19　山岡義典「ボランタリーな活動の歴史的背景」前掲、二一五頁。

20 同右。
21 行政とボランティアの違いについては、『ボランティア・テキストシリーズ⑯自治体・公共施設のためのボランティア協働マニュアル』（早瀬昇・妻鹿ふみ子編、大阪ボランティア協会発行、二〇〇三年）の二〇―二三頁、「強さ」に関しては「長所」について記載されている五―七頁、「弱さ」については一一―一五頁を参照。
22 鈴木眞理『ボランティア活動と集団　生涯学習・社会教育論的探求』学文社、二〇〇四年、三〇―三二頁。
23 本稿の九博ボランティアに関する記述は、拙稿「博物館における市民との協働に関する一考察―九州国立博物館の事例を手掛かりに―」（名古屋大学大学院教育発達科学研究科社会・生涯教育研究室『社会教育研究年報』第二四号、二〇一〇年）を再構成したものである。
24 天城勲監訳『学習：秘められた宝　ユネスコ「21世紀教育国際委員会」報告書』ぎょうせい、一九九七年、六六　七六頁。
25 内閣府「平成二三年度国民生活選好度調査」http://www5.cao.go.jp/seikatsu/senkoudo/h23/23senkou_02.pdf　二〇一五年二月一〇日参照。
26 内閣府「生涯学習に関する世論調査（平成一七年五月調査）」http://www8.cao.go.jp/survey/h20/h20-gakushu/index.html、二〇一三年一月一四日参照。
27 拙稿「博物館におけるボランティアの学習ニーズに関する一考察―九州国立博物館を事例に―」九州大学大学院人間環境学府教育システム専攻社会教育思想論研究室紀要『社会教育思想研究』第三号、二〇〇七年、三四頁。
28 田中順子「九州国立博物館でお待ちしております!!～九州国立博物館での取り組み～」『第二三回全国手話通訳問題研究討論集会「出会い！仲間！きずな！」レポート集』二〇〇七年、一一八―一一九頁。「福岡県の手話通訳設置運動の取組み　その二（九州国立博物館）前編」『福岡ろうあニュース』第三一〇号、二〇〇七年四月一日。
29 中山淳雄『ボランティア社会の誕生～欺瞞を感じるからくり～』三重大学出版会、二〇〇七年。

第七章　ＮＰＯ・市民活動と社会教育

一　はじめに―ＮＰＯとは何か―

現在、ＮＰＯすなわち認証ＮＰＯ法人（特定非営利活動法人、以後、ＮＰＯと称す）は四万七九七三法人（二〇一三年七月末）を数えるまでになっている。[1] 本章は、一九九八（平成一〇）年の特定非営利活動促進法（以後、ＮＰＯ法と称す）制定以来、増加しつづけるＮＰＯを対象に、社会教育分野におけるＮＰＯ・市民活動の意義について考察する。つまり、ＮＰＯ・市民活動を社会教育的視点で見た場合、どのような役割を果たしているのかを検討する。

ＮＰＯとは、Not-for-profit Organization の略である。つまり、「営利を目的としない組織」ということだが、ここでいう「営利を目的としない」とは、営利を追求しないという意味ではなく、利益を上げてもよいがそれを理事会やメンバーに分配せずに、活動・事業に還元することを意味している。ＮＰＯでは、事業において対価を求めてもよいが、その剰余金は「非配当・非分配」が原則である。ＮＰＯ法人の特徴として、①非営利性、②非政府性、③組織性、④自己統治性、⑤自発的結社性などがあげられるが、その中の①非営利性にあたるものである。[2]

このような非営利組織であるＮＰＯのもう一つの特徴が、②非政府性である。これは、公平性を原則とする行政と違って首長や議会のコントロールを受けずに、ＮＰＯが必要と考える社会的課題や地域課題のために活動することを意味する。

③組織性とは、ＮＰＯは自発性にもとづいた個人（ＮＰＯには、ボランティアや有償ボランティア、有給のスタッフなどさまざまな立場・働き方の人がいる）の集まりだが、個人として活動するのではなく、ＮＰＯのミッションのもとに「組織」として活動するということである。つまり、規約の整備や責任体制の明確化が求められる。

④自己統治性とは、ミッションの実現のために必要なことは自分達で決めて（意思決定）、自分達で管理し実行する組織であるということである。

このように、ミッションのもとに自発的に集まり、組織を形成したＮＰＯは、自治会・町内会などの地縁組織とは違う⑤自発的結社である。自発的結社であるため、資金も自分達の責任で調達しなければならない。したがって、ＮＰＯの資金基盤は会員の会費と寄付によるが、先に述べた

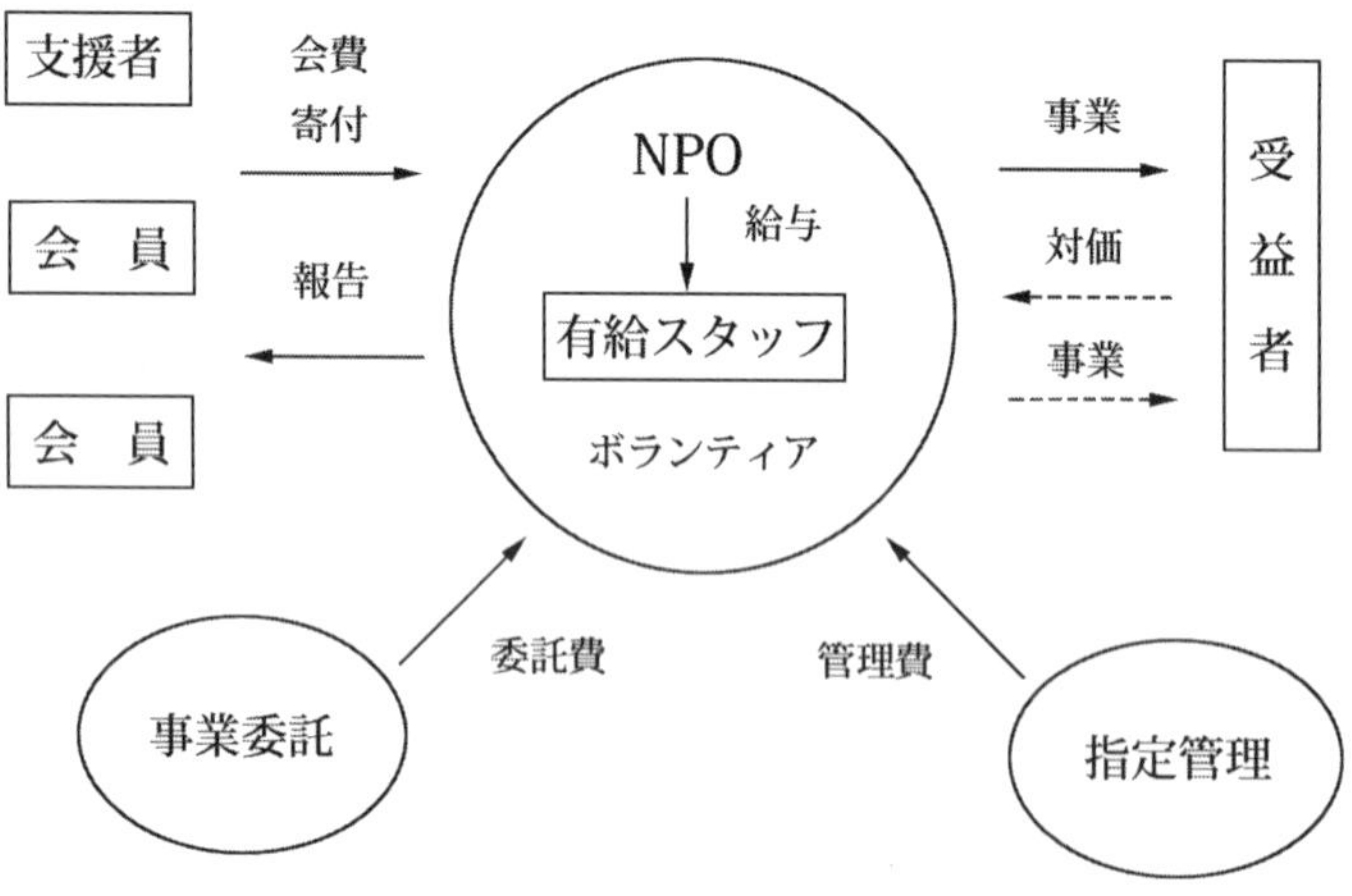

図１　NPO の資金の流れ

〈出典〉大阪ボランティア協会編『テキスト市民活動論－ボランティア・NPO の実践から学ぶ』2011 年、44 頁、図 2-2 を参考に作成。

ように活動において対価を得ることも可能である。また、非政府性ではあるが、行政からの援助を受けないということではなく、補助金・助成金を受けたり、委託事業を受託する場合や指定管理者になる場合もある。しかし、行政との協働（パートナーシップ）の際に求められるのは、対等性である。

このようにＮＰＯとは、ミッションのもとに集まった人と資源によって、ミッションの達成のために活動する非政府の非営利組織といえよう。ＮＰＯの資金の流れについて整理したものが、図1である。

ＮＰＯのミッションは、社会的課題・地域課題の解決につながるものが多い。そうしたミッションのもとで活動するＮＰＯを対象に、本章では、社会教育分野における意義を考察する。

二　ＮＰＯと社会教育の接点

ＮＰＯと社会教育の接点について整理する前に、近年のＮＰＯをめぐる議論をみておこう。二〇一二年の社会政策学会第一二五回大会の共通論題は、「『新しい公共』と社会政策」であった。

先に述べたように、現在ＮＰＯは四万七九七三組織を数えるわけだが、ＮＰＯの延長線上にあるコミュニティ・ビジネスや社会的企業も加えるとその数はさらに膨張すると考えられる。こうした新しい事業諸形態が増加するにともない、「新しい公共」が政策の場でも論じられるようになった。しかし、ここに至って、「新しい公共」の新しさは何なのか、さらに、「新しい公共」論で問われたことは何かを改めて検討しようというのが、二〇一二年の社会政策学会大会の趣旨であった。[3]

武川正吾は、「新しい公共」の担い手の新しさとして、事業型の非営利組織の台頭と雇用を提供する非営利組織として位置づけている。[4] 実際に、介護保険制度の導入や障害者自立支援法の施行にともない事業化し、事業規模が大きくなるＮＰＯが現れているのだ。また、二〇〇二年から二〇〇四年度末にかけての「緊急地域雇用創出特別交付金」においては、ＮＰＯが雇用・就業機会の創出の受け皿となった。

橋本理は、「新しい公共」をめぐる今日的な現象として、事業性や競争の側面が重視され、それにともなって「効率性」が重視されるようになったとしている。非営利組織こそが住民参加や市民参加を実現できる存在であり、当事者の意見を吸い上げられる存在であるとして、「参加」の側面を持っていると指摘している。しかし、「効率性」については、測定する上での社会的な指標を組み込んだ基準を用いることが求められ、「参加」については、意思決定過程への参加の実質化を進めることが課題であると論点を整理している。[5]

このように、二〇一二年の社会政策学会では、「新しい公共」論におけるＮＰＯやコミュニティ・ビジネスなどの事業主体に対する議論が行われた。

では、社会教育分野ではどうだろうか。これまで社会教育・生涯学習の分野でＮＰＯを対象にしたテキストは数多く出版されているが、ここでは以下のテキストに注目してＮＰＯと社会教育の接点について整理する。

佐藤一子編の『ＮＰＯと参画型社会の学び』（エイデル研究所、二〇〇一年）と『ＮＰＯの教育力　生涯学習と市民的公共性』（東京大学出版会、二〇〇四年）は、社会教育の視点でＮＰＯを分析したテキストとしては早い時期のものであろう。二〇〇〇年代には、社会教育分野においても見逃すことのできない重要な組織体となっていたＮＰＯに対して、前者は、まずは多様なＮＰＯの事例を紹介している。そして後者は、ＮＰＯの担い手に着目して、そこで展開される活動を教育・学習活動として位置づけ、「学習する組織」としてのＮＰＯの教育力を提起した。[6]

その後、二〇〇七（平成一九）年には、日本社会教育学会で取り組んだ年報第五一集『ＮＰＯと社会教育』（東洋館出版社、二〇〇七年）がある。学会としてＮＰＯに向き合った当該書は、ＮＰＯと社会教育の関係を、①Ｎ

POの教育力という視点と②NPOと地域ガバナンスという視点でとらえている。前者のNPOのもつ教育力には、他と比較していかなる特徴や共通点があるのか、その解明はまだ充分にはされていないと課題が指摘されている。また後者については、NPOが公益性をもって活動する以上、地域の新たなガバナンスの主体として位置づくものであり、それによって従来の地域ガバナンスを担ってきた組織のあり方やその機能が問われることになると指摘している。さらに当該書では、NPOと地域ガバナンスの関係を次の三点に集約している。第一に、地域活動をサポートするNPOの役割。第二に、地縁団体との連携。そして第三に、地域の経営的側面（NPOのマネジメント力が地域ガバナンスを促進するという意味において）としてのNPOである。[7]

当該書は四部構成になっており、第一部「地域づくり・くらしの再構築とNPO活動の諸相」では、高齢者や外国人など社会的弱者ともいわれる人々を対象にした地域課題解決のためのNPO活動が、「関係性の再構築」や「社会的絆」を構築し、それによってコミュニティの形成（再生）がなされることを指摘している。第二部「自治体改革とNPO」では、地方自治体における社会教育行政の再編とそれにともなう地域組織の再編、さらに社会教育施設の管理委託や指定管理者制度の導入などによって、NPOが住民自治や市民的公共性の媒体となることについて検討している。第三部「NPOの組織・学習」では、具体的なNPOの活動事例から、NPOでの学習・教育力を検証している。そして第四部「NPO／NGOの国際動向」では、アメリカのサービス・ラーニング、ドイツの環境NPO、バングラデシュの教育NGOを紹介している。

このように日本社会教育学会年報では、NPOと地域ガバナンスの関係、NPOの教育力に着目して、社会教育とNPOの関連について検討している。

次いで、二〇〇九（平成二一）年、高橋満『NPOの公共性と生涯学習のガバナンス』（東信堂、二〇〇九年）がある。ここでは、①NPOの公共性と学びの意義を明らかにすること、②NPOなど実践のコミュニティをふまえた学習論を構想すること、そして、③生涯学習の新しいガバナンスの基本的原理を明らかにすることという三つの課題設定を示した上で、本論を展開している。

①の課題については、NPOの公共性とは提供するサービスの先駆性や柔軟性だけでなく、「市民活動のネットワークの形成をとおして醸成される相互信頼や互酬性の規範を生みだすこと」にあると指摘している。さらに、②については、「NPOの教育力の公共性のもっとも重要なところは、実践コミュニティとして、こうした民主主義を学ぶ公共空間をつくりあげること」と指摘している。③については、「ガバナンスにおいて市民参画をより実質化するものであること、そして、実践をとおしてパートナーシップを結ぶ主体間の相互の信頼関係を育むものでなければならない」と二つの原理を示している。[8]

以上を踏まえた上で、本章では、NPOと社会教育の関係について、①NPOの学習・教育機能と②地域ガバナンスの主体としての機能に注目して考察する。

三　NPOの持つ社会教育としての可能性

ここでは、女性のNPO活動に着目して、①NPOの学習・教育機能と②地域ガバナンスの主体としての機能について分析する。女性のNPO活動に着目するのは、地域の子育て問題や高齢者介護の問題など、地域の課題に取り組む地域活動に参加するのは多くが女性であり、そうした女性がNPO活動に移行するケースが多いからである。

分析方法は、国立女性教育会館の二〇一〇年度「経済的自立につながる女性の課題解決型地域活動に関する調査研究」における、NPO・起業組織一〇五団体とその女性代表ならびにそこで働く女性スタッフ四二三人に実施したアンケート調査を分析する。また、二〇一〇年度と二〇一一年度に実施したNPOの女性代表へのヒアリング調査の結果も分析対象として活用する。[9]

調査対象である女性四二三人の属性をみておこう。四二三人の平均年齢は四九・二歳であるが、NPOを対象にした場合、四〇歳代三〇・六%、五〇歳代二三・四%、六〇歳代二一・一%と四〇歳代をメインにそれ以上が七五・一%を占める。こうしたNPO活動などの社会活動に中高年が多いことがわかる。学歴は、高卒二八・七%、短大卒二二・五%、大卒二八・七%で、比較的高学歴である。

既婚率は八三・四%（離別・死別一〇・〇%を含む）、子どもがいる人七六・五%、職業経験は九二・八%、現在の活動以外に他の地域活動・社会活動経験は五〇・五%であった。

以上から、アンケート調査の対象となったNPOで働く女性達は、結婚・出産・育児などで職業を中断した中断再就職型の女性で、NPOなどの社会活動をキャリアにもつ女性達であることが指摘できる。

（一）　女性のキャリア形成の場としてのNPO

こうした中断再就職型の女性達は、図2のような動機でNPO活動に入っている。「あてはまる」「ややあてはまる」も含めると、「(a)人の役に立ち、社会や地域に貢献したかったから」「(b)組織の理念や活動目的に共感したから」「(e)自分の経験や能力を生かしたかったから」「(f)新しい知識や技術、経験を得るために」が、いずれも七割以上の高い割合を示している。次いで、「(i)仲間や友人の輪を広げることができるから」が六五・七%と続いている。

つまり、こうした活動を行う動機を社会的課題の解決においているということが第一である。結婚・出産・育児などで職業を中断し、その後、育児などを通して地域活動や社会活動など、地域の課題解決のための活動に関

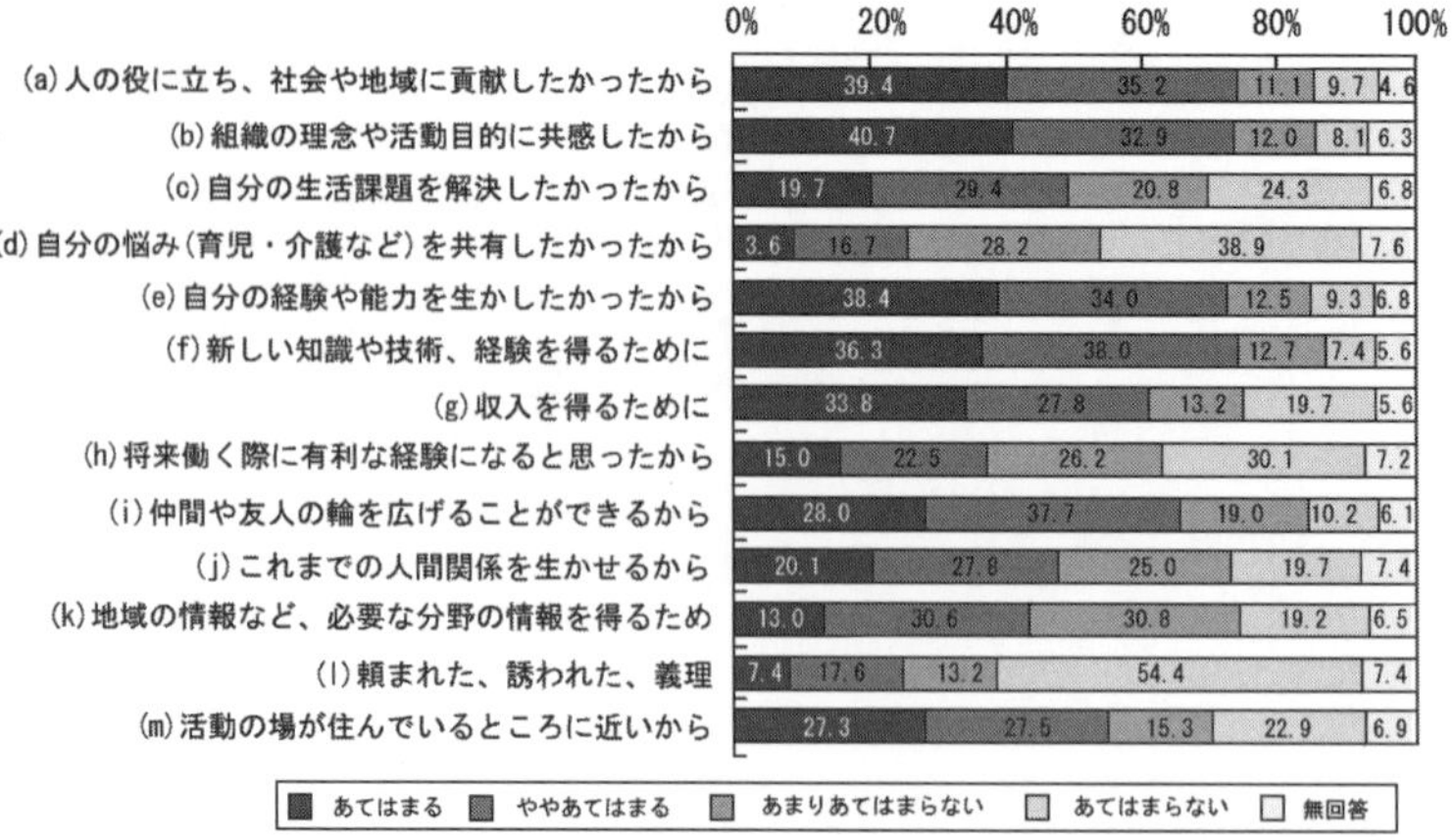

図２　活動の動機（複数回答）

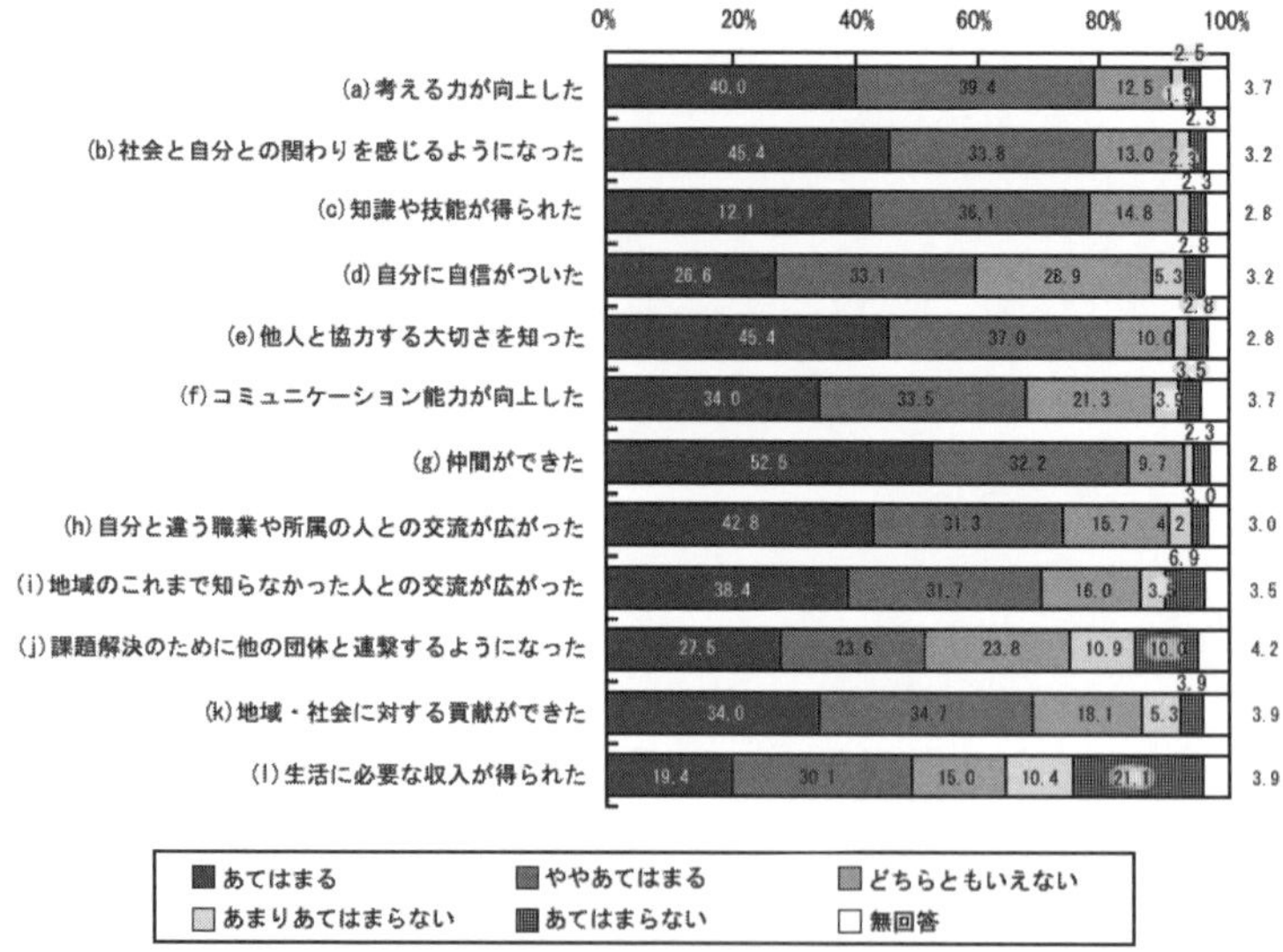

図３　活動を通して獲得した力　（複数回答）

わることになる彼女達にとっては、当然の動機ともいえよう。しかし、ここで注目したいのは、こうした社会的課題の解決という動機に加えて、「自分の経験・能力を生かしたい」「新しい知識や技術、経験を得るため」という個人的能力の発揮がほぼ同じような割合で動機としてあがっていることである。つまり、彼女達にとってNPO活動は社会的活動なのだが、そこで働くことは個人のキャリア形成を意味するのである。

次に、こうしたNPOでの活動を通して彼女達はどのような力量を獲得しているのであろうか。図3は、活動を通して獲得した力についての回答である。

ほとんどの項目について、「あてはまる」「ややあてはまる」合わせて七〇%から八〇%の高い比率を示しており、女性達はこうしたNPOなどの活動を通してさまざまな力量が形成・向上されると感じていることがわかる。中でも「(g) 仲間ができた」「(e) 他人と協力する大切さを知った」など、人間関係の広がりと深まりを実感している比率が高い。ほぼ同じような比率だが、次いで高いのが「(a) 考える力が向上した」「(b) 社会と自分とのかかわりを感じるようになった」「(c) 知識や技能が得られた」の三つである。(a) と (c) は、個人の力量が向上したことを示すもので、女性の生涯発達の視点からも、また今後の職業キャリアへの転換にも寄与するものである。(b) は、NPO活動や、そうした活動を含めたライフサイクルを社会の中に位置づけるもので、こうした個人と社会との接点が女性達の自己有用感となり、活動の推進力にもなって、活動のさらなる発展につながっているといえよう。同時にそれは、女性達のキャリア形成にもなっているのである。

(二)　地域づくりとしてのNPO

こうしたNPOによる活動を通して、地域にどのような影響を及ぼしたかについての回答が図4である。

図4によると「子どもの健全育成など子育て支援が活発になった」が最も高く三〇・一%を示しており、次いで、

「まちづくりに参加する人が増えた」が二〇・八%、「地域の雇用を創出した」が一九・七%、「地域経済の活性化になった」が一九・二%となっている。さらに、「独居高齢者の訪問など、高齢者福祉の担い手が増えた」一二・五%、「自治会・町内会などで男女共同参画の理解が進んだ」一一・三%となっている。これらは、子育て支援や高齢者福祉、まちづくりなど、NPO活動を通して地域の課題解決のための活動が活発になったこと、さらにNPOが組織化されることによって地域の雇用の場が確保され、NPOが活動することによって地域経済が活発化されることを示している。

(三) 地域のあらゆる課題解決につながるNPO活動

このようにNPO活動がそこで働く女性のキャリア形成になり、加えて、崩壊したコミュニティの再生・創出につながっている場合や地域の雇用を創出している場合について、事例を通して検証してみる。

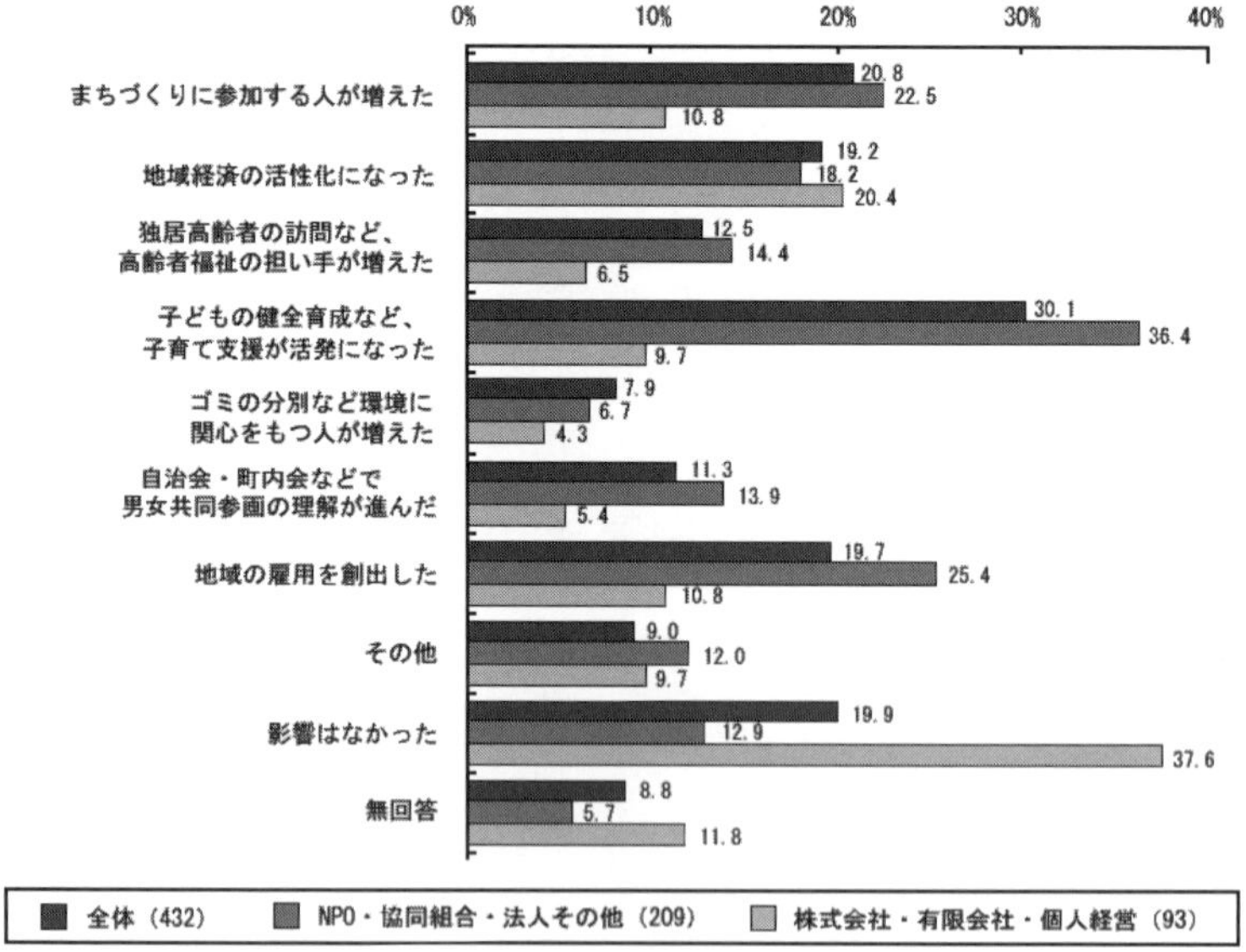

図４　地域への影響（複数回答）

崩壊したコミュニティの再生・創出
―NPO法人コミュニティ・サポートセンター神戸（CS神戸）：中村順子さんの場合

阪神・淡路大震災を契機として立ち上がったNPO法人コミュニティ・サポートセンター神戸（以下、CS神戸と称する）は、「自立と共生」を理念にコミュニティづくりを支援する中間支援団体である。活動内容は、①生きがいしごとサポートセンター神戸東の就労支援事業、②ふるさとコミュニティ・ビジネス創出支援事業、③NPO支援のための研修であるNPO大学事業、それに、④まちづくり事業としてのJR住吉駅前駐輪場の管理運営などである（二〇一〇年一〇月調査時）。

CS神戸は、一九九五年の阪神・淡路大震災の二週間後に立ち上がった「東灘・地域助け合いネットワーク」が前身である。それまで、神戸ライフケア協会で活動していた中村さんが震災に直面し、「地域で何かしたい」と強く思い、最初にした仕事が水汲みボランティアである。被災者の生活用水（飲料水は足りていてもトイレや食器洗いなどの生活用水が不足）を確保することが、どれほど被災者の安心につながるかを実感として感じていた中村さんの発想であった。

震災二ヵ月後、仮設住宅に入ってからの仕事は、コミュニティ支援であった。仮設住宅に入っているのは知らない者同士なので、テントを持っていって「みんなでお茶を飲みましょう。みんな出ておいで（仮設住宅から野依注）。お茶会をしながら怖かったことなど、話しをすると楽になるよ」と声をかけて、隣近所の関係づくりを始めた。

そして、一九九六年一〇月にCS神戸の活動が始まる。CS神戸では、被災者の持っている力を呼び戻すことが支援の柱であった。被災したすぐ後は、失ったものを補填することが目的であったが、一年くらい経つと、要望ばかりが強くなってくる。支援されるばかりではなく、自分の持っている能力・技術を活かして元の自分に戻り、戻った自分と社会がつながることによって自分の存在意義を確認し、そのことによって生きがいを取り戻すのである。例えば、タオルで作った「まけないゾウ」の販売や、食事づくりが得意な人達が給食をつくり、それをCS神戸が配食するなどの活動が、自分の能力・技術を活かしながら、社会とつながることである。さらに、こうした活動は、支援されることから支援することへと移行し、そのことが自己有用感につながるのである。[10]

こうした、コミュニティ・ビジネスを通した被災者を支える活動を実施することが、コミュニティの再生・創出になっているといえる。

中村さんのNPO活動へのプロセス

広告代理店に勤務しながら第一子の子育てを両立していたが、第二子を出産した後から、仕事との両立が困難になってくる。人生がとても息苦しく感じていたころに、大阪の団地から神戸の住居に引っ越すことにし、同時に仕事を辞めて専業主婦になる。

しかし、専業主婦になったとたんに「このままじゃいけない」と思い、市の広報で知った神戸ライフケア協会でボランティアを始める。神戸ライフケアー協会の利用者から利用料を徴収し、七割はケアするボランティアに、二割は時間貯蓄、一割は協会の運営費という持続可能なボランティア活動のしくみに感心し、活動に入る。中村さんのボランティア活動の始まりである。福祉もボランティアも初めてだった中村さんは、以後、「東灘・地域助け合いネットワーク」を立ち上げるまでの一〇年あまり、神戸ライフケア協会で活動し、組織運営の中心的メンバーになっていく。

広告代理店で培った企画力やなんでも経験しようというチャレンジ精神に加えて、NPO法人では、「ひとり一企画一実践」として助成金の申請を人材育成の方法として取り入れている。助成金の申請は、書く能力・課題発見・収支能力・報告書作成などあらゆる力量が求められるため、とても有効な研修となるのである。また、NPOのリーダーには、担当している事業にボランティアを導入することを課している。ボランティアにきちんと仕事の意義を説明し共感してもらえることが、リーダーに求められる要素でもあるという。

このように中村さんは、NPO活動を通して、人材育成のためのマネジメント力を獲得してきた。

雇用の場の創出と新しい働き方の提示
―NPO法人地域生活支援ネットワークサロン釧路：日置真世さんの場合

「一度も会社で働いたことがないから、できたんだと思いますよ」と明るく話す日置さんは、仲間と立ち上げたNPOを「うちの会社」と呼ぶ。

現在（二〇一〇年一一月）、介護ステーション・児童デイサービス・子育てカフェ・グループホーム・コミュニティハウス等々、把握しきれないくらいの支援事業を子どもから若者、高齢者、障がい者、母子世帯の母親を対象に実施している。

ここまで事業が拡大したのは、地域のさまざまな人が集まり、それぞれが抱えている悩みを出し合える場を大切にしてきたからである。そこで出されたさまざまな悩みを解決しようと活動しているうちに、現在のような事業の種類と数になった。

働くスタッフは約一五〇名。正規職員約七〇名、パート約五〇名、障がい者福祉の利用者雇用約三〇名のNPOとなっている。スタッフには、「労働に見合った報酬を」をモットーにしており、収入を得て続けていけることが前提である。労働時間は申告制で、長時間働いた人には、それに見合う報酬を。また、自分の時間を大切にしたい人には、それに見合う労働時間と報酬を確保することを目指している。つまり、個人の人間性が埋没しない働き方を追究しており、会社のために人が働くのではなく、一人ひとりのために会社があるのだという。また、優秀な人材を集めるというのではなく、他ではなかなか難しい人でも、誰でも働ける職場を意識している。スタッフの採用にはハローワークを活用しているが、事業拡大のたびに数十人を採用するので、地域の貴重な雇用の場となっている[11]。

日置さんのNPO活動へのプロセス

障がい児の親の会「マザーグースの会」の活動から日置さんの地域活動・社会活動は始まった。長女の障がいに気づき、子どもの将来に不安を感じているときに親の会で二人の母親に出会う。そこで、「自分の感じたものを察してくれる共有感」を得、「自分や子どもの人生を自分達でデザインしよう」と思えるようになり、子育てへの自信を取り戻していく。

「マザーグースの会」で、地域の施設のガイドブックを作成することとなり、多くの施設・団体・関係者とのつながりができる。このガイドブックの出版記念を兼ねて「療育講演会」を開催することになるのだが、その準備と託児サービスを担当する中で、「自分でも役に立つことがあるんだ」という自己有用感を得る。さらにこの頃、他のイベントの実行委員になるが、二〇〇人のボランティアのシフト表を作成し、イベントを通した活動ぶりが実行委員会の代表にも認められたことで、日置さんは、自分に役割があり、人に認められる喜びを実感し、「社会的な存在」であることの大切さを知る[12]。

このように活動を通して、日置さんは自己の存在意義を確認し、社会的に認められるという経験をする。また、このとき日置さんは二〇〇人のボランティアをマネジメントし、その達成感を知る。こうした経験が、次の活動へのステップとなり、さらにまた活動を通して新たな力を獲得し、そこでまた「社会的な存在」であることを実感して、次の活動に移行するという発展過程をたどるのだといえよう。

こうした発展過程は、NPOの発展過程であると同時に日置さんのキャリア形成の過程でもある。日置さんは、NPOの活動を通してさまざまな力量を獲得してキャリア形成をしているのである。またNPOは、地域の課題解決に応えることによって、地域に新たな事業と組織つまり社会関係資本を生み出しており、それによって地域のネットワークが構築・拡大されてきているといえよう。さらに、新たな事業と組織は地域の雇用の創出につながっており、地域経済の活性化をもたらしているといえる。NPOが地域の社会関係資本を構築し、地域づくりを促進しているのである。

四　女性のキャリア形成と地域づくりの場としてのNPO

以上のように、NPO・市民活動と社会教育の関連について、女性のNPO活動に着目して、①NPOの学習・教育機能と②地域ガバナンスの主体としての機能について分析・考察すると、NPOは女性のキャリア形成の場であり、同時に地域づくりの場であることが明らかである。

女性達はNPOの活動を通して、コミュニケーション能力やマネジメント力など、さまざまな力量を獲得している。こうした力量をさらにNPO活動に活かす場合や、就職して職業キャリアに転化する場合もあるのだが、獲得した力量と自信をもとに新たな活動など次のステップに移行・発展する推進力になっているのは、自己有用感と社会につながっている実感、社会的存在であることの確信であった。自己確認と相互承認、個人と社会の間を行ったり来たりしながら、個人のキャリア形成とNPO組織の発展がなされているのである。

また、ミッションにしたがって地域の求める活動を展開していくことで、新たな事業や組織を生み出し、地域の雇用を創出し地域経済の活性化につながっていった。ＮＰＯの活動そのものが地域づくりになっているのである。このように社会教育的視点でＮＰＯを見ると、キャリア形成と地域づくりという意義を見いだすことができる。

注

1　内閣府報告書「『新しい公共』に係る政府の取組について　平成二十四年一月十二日」内閣府ＨＰより。認証ＮＰＯ法人とは、都道府県の知事が認定するＮＰＯ法人のことであり、認定ＮＰＯ法人とは、国税庁が認定するＮＰＯ法人のことである。前者の法人税は、収益事業課税であって特に税制優遇はないが、国税庁長官から認定をうける後者は、特定公益増進法人と同様の寄付控除等の対象となり、法人内部のみなし寄附も二〇％まで可能となる。ただし、二〇一一（平成二三）年六月の改正ＮＰＯ法により、二〇一二（平成二四）年四月一日から、認定ＮＰＯ法人制度は廃止され、都道府県の知事または指定都市の長が認定する新たな制度となる。

2　これらの特徴については、大阪ボランティア協会編『テキスト市民活動論―ボランティア・ＮＰＯの実践から学ぶ』（大阪ボランティア協会、二〇一一年）を参考に整理した。ＮＰＯの定義については、多くの場合 Gidron, B, Kramer, R.M. and Salamon, L.M. eds. "Government and the third sector: Emerging relationship in welfare states" San Francisco : Jossey-Bass.（1992）の第三セクターの定義をもとにしている。ちなみに、原田晃樹・藤井敦史・松井真理子『ＮＰＯ再構築の道―パートナーシップを支える仕組み―』（勁草書房、二〇一〇年、一六頁）では、「機構上、政府（行政）機関から分離しており、（自らの主要な使命のために再投資される利益を生じるとしても）営利を主たる目標とせず、自治のための手続きを有し、何らかの公共的目的に奉仕する諸組織」とされている。

3　阿部誠「『新しい公共』と社会政策」（社会政策学会編『「新しい公共」と社会政策』、『社会政策』第五巻第一号、二〇一三年、五―一四頁）。

4　武川正吾「公共の新しさと『新しい公共』」（社会政策学会編『「新しい公共」と社会政策』（『社会政策』第五巻第一号、二〇一三年、一五―一八頁）。

5　橋本理「日本における非営利組織論の諸相」（社会政策学会編『「新しい公共」と社会政策』（『社会政策』第五巻第一号、二〇一三年、三二―四九頁）。
6　佐藤一子編『NPOの教育力―生涯学習と市民的公共性―』東京大学出版会、二〇〇四年。
7　日本社会教育学会編『NPOと社会教育』東洋館出版社、二〇〇七年。
8　高橋満『NPOの公共性と生涯学習のガバナンス』東信堂、二〇〇九年、三六頁、五三頁、一五六頁。
9　独立行政法人国立女性教育会館『平成二二年度　経済的自立につながる女性の課題解決型地域活動に関する調査研究』二〇一一年三月。
10　二〇一〇年一〇月二七日、生きがいしごとサポートセンター神戸東の事務所にて中村順子さんにインタビュー（聞き手、筆者）ならびに西山志保『[改訂版]ボランティア活動の論理―ボランタリズムとサブシステンス―』東信堂、二〇〇七年より。
11　二〇一〇年一〇月一七日、地域起業創造センターまじくる（釧路市）にて日置真世さんにインタビュー（聞き手、筆者）。
12　日置真世『おいしい地域づくりのためのレシピ50』筒井書房、二〇〇九年。

第八章　大学と地域の連携による地域社会教育の創造

はじめに

近年、日本の高等教育は、大きな転換期にあるといえる。二〇一二年一月、大学評価の世界的指標である The Times Higher Education による「世界大学ランキング二〇一〇―二〇一一」で国内最高位であり名実ともに日本の高等教育を牽引する立場にある東京大学において、これまでの伝統的な四月入学を全面的に秋入学へ移行させるという方向性が示された。[1] こうした動向の背景には、少子高齢化が進む日本の高等教育の課題が存在している。近年の日本社会は、高校卒業人口の断続的な減少とともにすでに二〇〇七年に大学入学希望者総数が入学定員総数を下回る大学全入時代へと突入しており、大学教育の質の低下、定員割れ、さらに、その結果として引き起こされる大学崩壊への危機が危ぶまれている。東京大学の秋入学への移行は、まさにこうした日本の高等教育の危機にグローバルな視点から対応しようとする高等教育戦略の一環としてとらえることができるであろう。一方、大学全入時代の危機が最も迫っているのは地方大学であり、定員割れをしている大学が年々増加する傾向が見られ、抜本的な改革が求められている。特に近年、予算の削減が進む地方国立大学においては、一部の分野に特化したグローバル戦略は可能であっても、大学トータルとしてそれらを推進していくための条件が整いにくい状況にあるといえる。しかし、大学教育は、世界と競争するためのマクロ的な研究分野のみにその使命があるのではなく、地域社会を支える人材の育成や産業の振興、さらには、地域の生活をより豊かにするためのネットワークの構築といったミクロ的な研究および教育活動を推進することが期待されているのである。二一世紀は、新しい知識・情報・技術が政治・経済・文化をはじめ社会のあらゆる領域での活動の基盤として飛躍的に重要性を増す、いわゆる「知識基盤社会」(knowledge-based society)の時代であると言われており、高等教育は、個人の人格の形成や社会・経済・文化の発展・振興において極めて重要な存在であるとされている。また同時に、近年における高等教育の役割として、教育および研究機能と並ぶ第三の機能としての「社会貢献」の重要性が強調されるようになった。二〇〇五年一月に出された中央教育審議会答申「我が国の高等教育の将来像」において「大学は、教育と研究を本来的な使命としているが、現在においては、大学の社会貢献の重要性が強調されるようになってきている」とし、さらに具体的に地域の生涯学習の拠点として大学が明確に位置づけられることとなった。[2]

戦後の日本における「地域と大学」との関係について歴史的な整理を行った姉崎洋一は、今日における大学の地域貢献の流れを「構造改革期」とし、これまで高等教育政策における開かれた大学の目的が、主に産学連携を中心とする産業界に開かれたものであったとし、大学と地域社会との連携については、あまり重視されなかったと批判しつつ、近年ようやく大学における社会貢献のあり方についての議論が開始されたと述べている。[3]

これらの文脈において、地方国立大学は、この「知識基盤社会」の重要性を踏まえつつ、地域社会の発展に貢献することを使命とし、地方の特色を活かした大学教育および研究を進めていくことが、これまで以上に強く求められているといえる。その際、重要なのは、大学から地域社会への一方的な知識の伝達ではなく、地域社会に存在するさまざまな経済的文化的価値を掘り起こし、地域住民とともに学びながらその地域ならではの「知」、すなわちローカルな「知」を形成することである。[4]

そこで、本章では、大学における地域貢献を全面的に推進しようとしている大学として和歌山大学および鹿児島大学の事例をとりあげ、ローカルな「知」の形成過程を通した大学と地域との連携による地域社会教育の創造について考察することにする。

一　二〇〇五年答申「我が国の高等教育の将来像」に見られる地域と大学との連携強化

「知識基盤社会」時代における高等教育の役割は、個人の人格の形成や社会・経済・文化の発展・振興や国際競争力の確保等においてきわめて重要であるとされている。精神的文化的側面と物質的経済的側面の調和のとれた社会を実現し、他者の文化を理解・尊重してお互いにコミュニケーションをとることのできる力を持った個人を創造することが強く求められている。これらの問題をふまえ、我が国においては、高等教育改革として、旧大学審議会の二八本に及ぶ答申のほか、一九九八年答申「二一世紀の大学像と今後の改革方策について」、二〇〇〇年答申「グローバル化時代に求められる高等教育の在り方について」を経て、中長期的な高等教育戦略の必要性を踏まえた二〇〇五年答申「我が国の高等教育の将来像」を示した。この二〇〇五年答申は、ＥＵにおける「欧州高等教育圏」創設を目指した「ボローニャ・プロセス」や韓国における「ブレインコリア21（頭脳韓国21）」等の近隣アジア諸国の高等教育改革の推進をうけ、国際的な競争の中でどのような方向性を示すかという、まさに我が国における高等教育のグランドデザインにあたるものとして重要な意味を持っている。まず第一章においては、「知識基盤社会」の時代における高等教育と社会の関係を踏まえつつ、第二章から四章にかけて、中長期的に想定される高等教育の全体像、高等教育機関のあり方および高等教育の発展を目指した社会の役割に関する将来像について整理され、第五章において我が国の高等教育における将来像にむけて取り組むべき施策を示している。[5]

これらの答申において注目すべき点は、冒頭にも示したとおり、世界の各種大学に対する競争力を高めるグローバル化戦略を中心に据えながらも、一方で、高等教育機関によるローカルな「知」や地域とのネットワークに対して積極的に位置づけている点である。まず第一章二項「高等教育の中核としての大学」においては、大学の「第三の使命」として大学の社会貢献の重要性が示されており、公開講座や産学連携事業を通した、直接的な地域貢献が大学に期待されている点が強調されている。また、新しい時代にふさわしい大学の位置づけ・役割として教育・研究機能の拡張としての大学開放や生涯学習機能の充実、地域社会との連携が求められている点も指摘されている。さらに第一章三項においては、「高等教育と社会との双方向の関係」について述べられ、高等教育機関が優れた人材の育成や科学技術の振興にとって不可欠なものであると位置づけ、高等教育の危機は社会の危機であるととらえることにより、大学が地域社会全体に貢献すべきであることを明文化している。

また、第二章「新時代における高等教育の全体像」における、第二項（二）「地域配置に関する考え方」において、地方の高等教育機関は地域社会の知識・文化の中核として、また、次世代に向けた地域活性化の拠点としての役割を担っていることを示し、第三項「高等教育の多様な機能と個性・特色の明確化」においては、世界的な研究・教育の拠点として期待しつつも同時に、地域の生涯学習機会の拠点として、さらには、社会・地域貢献機能の充実を求めている。特に地域の生涯学習機会の拠点として大学は、「人々が、生涯のいつでも、自由に学習機会を選択して学ぶことができ、その成果が適切に評価される」ような生涯学習社会を構築するため、公開講座を初めとする各種の大学開放を通じ、質的に高度で体系的かつ継続的な学習機会を提供する役割が期待されている。これらの方策を実現させるためには、リカレント教育の充実や多様な学習者の欲求や利便性に答えるためのサテライトキャンパスを設置する等の具体的な提案がなされている点で特徴的である。

以上のように二〇〇五年答申「我が国の高等教育の将来像」[6]においては、グローバルな視野にたった大学改革路線を中心に据えながらも同時に、ユニバーサル化する大学教育に対し、第三の使命として社会・地域貢献を強調しながら、地域と大学が一体となって地域を創造していけるような取り組みが期待されているといえる。

二　ローカルな「知」の形成と高等教育

我が国の高等教育が、グローバル化されていく社会において、国際的な水準を視野に入れた研究・教育活動の質的向上が求められている点については既に述べた。その際、重視すべき点は、学問的な知識を対象とした教育活動だけでなく、知恵やスキル、ノウハウの蓄積、それらを伝達するネットワークの構築、さらには、人々の学習を支えるエンパワーメントの形成など、実際の社会において必要とされる総合的な「知」の形成であるといえる。[7]高等教育機関は、これら総合的な「知」の形成に深くコミットしながら、今後ますます深化するグローバル社会を牽引していけるような新しい人材の育成が求められているといえる。[8]

一方、グローバル化が進展すればするほど、上述した総合的な「知」が持つローカルな意味合いが際立つことになる。これは、対面教育による教授者から学習者への「知」の伝達だけでなく、学習者同士の議論を通じた「知」の創造が教育の基本であるとともに、求められる対面性が、学習者が実際に移動可能な範囲に限定されるという、物理的な制約条件に起因するためである。この文脈において、高等教育機関は、ローカルな社会、つまり、地域社会におけるローカルな「知」の拠点であり、対面教育・対面学習を通じたローカルな「知」の醸造の場である。高等教育機関で生まれ出た新しいローカルな「知」が地域社会において活用され、地域社会における知恵がローカルな「知」に反映される。豊かになったローカルな「知」は再び高等教育機関での教育研究活動を通じてさらに醸造され、再度、地域社会に還流される。このように、ローカルな「知」が高等教育機関と地域社会との間で還流され発展するローカルな「知」による「エンパワーメントスパイラル」を構築できるかどうかは、高等教育機関における教育と社会における実践や実務が調和し、社会・経済の変化に対応した高度で多様な人材を育成できる教育活動を推進する上で重要な課題である。

このようなローカルな「知」によるエンパワーメントスパイラルを構築するために現在求められているものが、「知」の蓄積・共有・流通が容易に行える共通の土台（プラットフォーム）であるといえる。特に近年、社会における産業構造の変化やライフスタイルの変化にともなう「大きな物語の喪失」[9]を背景に、地域社会の繋がりが低下し、地域共同体の機能が衰退していく昨今において、「知」の蓄積・共有・流通は、困難な状態となっており、今後、共通の土台としてのプラットフォームの形成は、より地域社会に近い存在でなくてはならないといえる。しかし、これまでの高等教育政策は、リカレント教育、大学開放運動、生涯学習センターの構築など、大学キャンパスを拠点とするものが多く、ローカルな「知」が形成される実質的な学びの「場」から遠い存在であった。まさに、地域学ともいえるローカルな「知」は、地域住民達のエンパワーメントスパイラルに支えられながら、高等教育機関の研究・教育活動と結びつき、そして再び地域に還元されるものであり、そのプラットフォームの形成に社会教育が大きくコミットすることは当然のことであると言える。

三　地域の総合シンクタンク機能としての和歌山大学サテライト構想

（一）大学サテライトの概要

二〇〇五年答申「我が国の高等教育の将来像」にも明らかなように、社会・地域貢献の一環としてサテライトキャンパスが推奨されるなど地域の生涯学習の拠点としての大学の役割の重要性が指摘されているが、その典型事例として地方国立大学である和歌山大学の実践が挙げられる。和歌山大学は、和歌山師範学校、和歌山青年師範学校、および和歌山高等商業学校をルーツとする和歌山経済専門学校を包括し、一九四九年に、学芸学部（現・教育学部）・経済学部の二学部からなる新制大学としてスタートした。[10]

大学と地域との連携という文脈において和歌山大学が着目された要因として、一九九八年に設置された生涯学習教育研究センターの取り組みが挙げられる。[11]同センターは、設立の段階から、和歌山県教育委員会との共同プロジェクト「大学との協同による地域生涯学習の振興」をテーマとしたプロジェクトを組織しつつ、大学と地域との連携に関する基本的なスタンスを確立するとともに、二〇〇〇年には、和歌山県教育委員会との共催による「わかやまヒューマンカレッジ」を開講、さらに二〇〇二年には、高大連携として「ＫＯＫＯ塾〝まなびの郷〟（粉河高校）」事業が開始されるなど、同センターを核とした地域連携の取り組みを蓄積してきた。こうした地域密着型のプロジェクトは、地方自治体行政および住民に支持され、より地域住民に近いところに学びの拠点を形成してほしいという要求をうけた和歌山大学は、大学サテライトとして、二〇〇五年に「紀南サテライト（現南紀熊野サテライト）」を設置、二〇〇六年に「岸和田サテライト」、二〇〇八年に「和歌山大学サテライト（現まちかどサテライト）」と現在三つのサテライトを運営している。主な事業の特徴としては、①地域住民の多様な教育ニーズに対応した特色ある高等教育の実施、②地域研究の推移および地域の課題を踏まえた生涯学習の機会提供、③地域自治体、企業等と連携した地域活性化に資する事業の実施、④高校を含めた地域に対する大学情報の発信の四つが挙げられる。

従来の大学開放のスタイルが、大学内の生涯学習センター等による大学の教育課程の一部開放という点に留まっているのに対し、和歌山大学では、地域の課題に対し、地域拠点施設であるサテライトを通した教育や研究によって解決していくというまさに地域の総合シンクタンクの役割を果たそうとしている点で特徴的である。また、それぞれの研究・教育課題に応じてサテライトを①専門的な研究力量として学士相当の力量や、修士号を授与することを目的としている高等教育部門、②地域住民のニーズを把握し、生涯学習の公開講座、および住民参画型の学習セミナーによってそれらの問題の解決をうながす地域研究・生涯学習部門、③地域活性化のための具体的な支援事業や産業界からの要望に応える形で実施される受託研究等を推進する地域連携・産官学連携部門、④将来の地域を担う人材育成という文脈のもと実施される高大連携事業を担当する高校連携部門の四つの部門で形成されている。

各サテライトには、和歌山大学の各学部の教員がセンター長として赴任しており、大学の業務と並行する形でセンターを運営している。センターには専任のコーディネーターが勤務し、日々地域の実情や課題をより住民に近い存在として常に把握するように努めており、給与形態は大学の事務職員と同等の扱いとなっている。

（二）南紀熊野サテライトの実践

南紀熊野サテライトは、和歌山大学のサテライトの中で最初に設置されたものとして多くの活動実績を残している。同サテライトは、二〇〇五年に和歌山大学と和歌山県との連携により田辺市に位置する和歌山県立情報交流センター「Big・u」内に開設され、①大学研究・教育機能やシンクタンク機能を活用して、紀南の地域づくりに貢献する「大学の地域ステーション」を目指し、②住民自ら地域を見つめ、地域を変える活動を支援し、③地域の力に支えられ、地域とともに発展する「新しい知の拠点」を目指すことを主な目的としている。具体的には、環境や文化、産業、そして福祉、教育、保健等のヒューマンサービス、さらには地域の安全といった紀南の地域課題を踏まえつつ、各種調査研究活動を通して地域住民へと還元し、地域住民の主体的な参画による問題解決の手段を考察するというまさに地域学につながる萌芽的な活動の支援を行っている。

　南紀熊野サテライトは現在「高等教育部門」「地域研究・生涯学習部門」「地域連携産官学連携部門」の三つの部門で構成されている。まず高等教育部門では、「学部」コースと「大学院」コースに分かれており、学部コースでは、地域の生活や文学さらにはまちづくりと身近なテーマを取り上げ、比較的やさしく学びやすい内容で構成されている。また成績評価および単位の認定を行う学部科目等履修生と大学開放の一環として教養を高める目的で単位認定を行わない学部開放授業受講者の二つの形態に分け

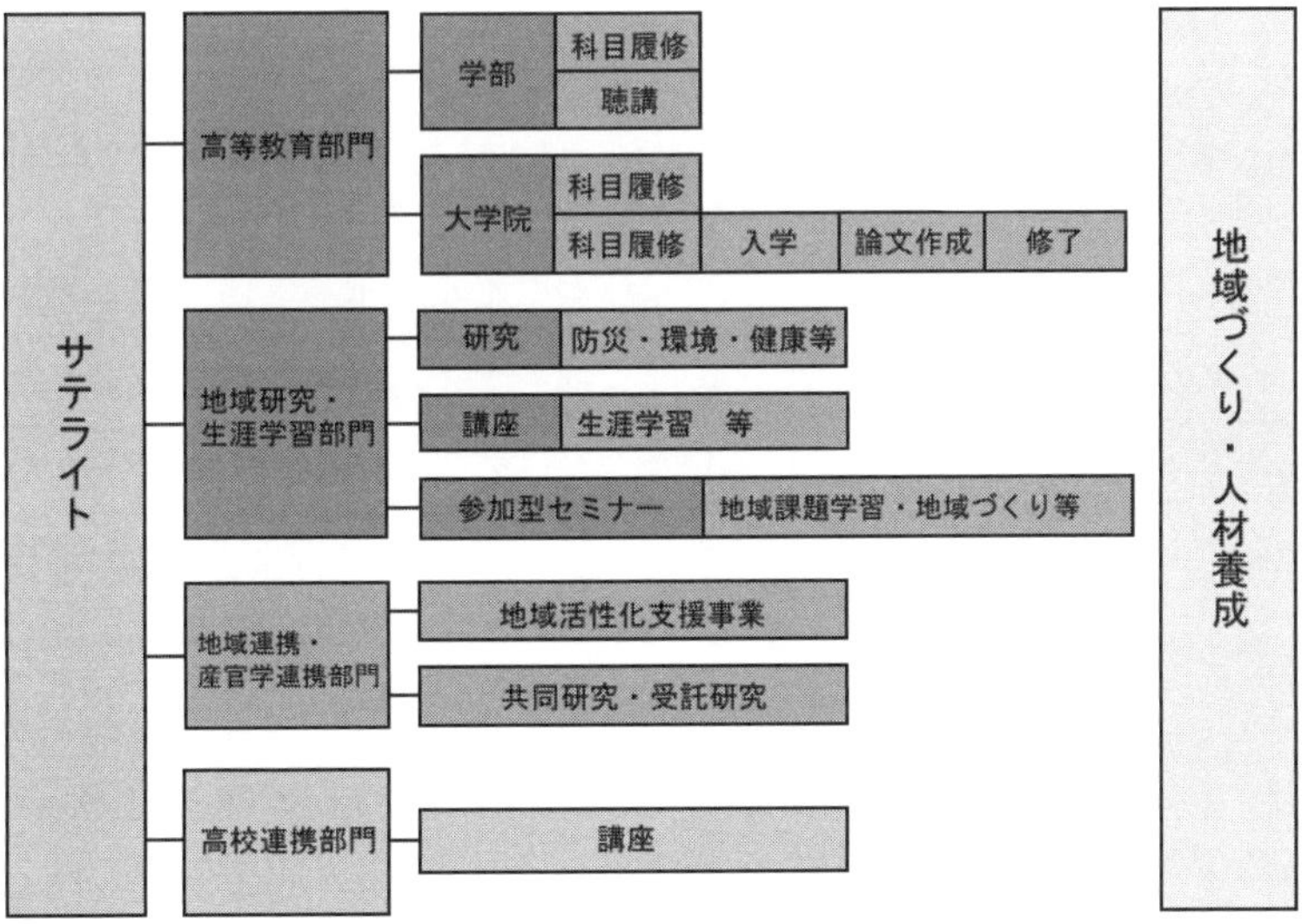

図１　和歌山大学サテライト概要図

て事業を実施している。単位認定を行う学部科目等履修生の場合は、一年以上の在学とともに一定以上の単位を取得し、研究計画書および面接による試験に合格すれば同サテライトの大学院修士課程コースに入学することができ、学びを継続しつつキャリアアップにつながる仕組みが形成されている。

大学院の授業は、学部の授業とは違い、より地域の諸課題の解決につながるような、専門的な内容を学ぶことが可能であり、同課程で一定以上の単位の取得と修士論文の提出により、修士号（経済学）の学位を取得することが可能となっている。また、「地域研究・生涯学習部門」においては、東日本大震災の影響により注目度が高まっている防災の視点で講座が開かれるなど、地域住民のニーズを踏まえた講座が開設されており、また、「高等教育部門」との事業連携という形で、同サテライトの大学院生による修士論文の発表会が公開講座として実施されている。さらに、「地域連携産学官連携部門」においては、同サテライトを支援する支援組織「和歌山大学南紀熊野サテライト連携協議会」とのネットワーク事業や公共施設である「きのくに活性化センター」との連携、さらには、ＮＰＯとの連携や相談業務等を随時行っており、地域からの要請による受託研究の受け入れの窓口となるなど、地域に密着した学習・教育活動を展開している。これらの活動は、設立より五年の積み重ねがなされており、まさに和歌山大学およびそれぞれのサテライトと地域に住む住民らによるローカルな「知」の形成が体系的に実施されている事例である。

（三）県境を超えた岸和田サテライトの実践

和歌山大学と岸和田市との地域連携は、二〇〇三年に結ばれた「和歌山大学・岸和田市地域連携推進協定書」が起点となっている。元来、和歌山大学は、大阪府の泉南地域出身および在住の学生比率が高く、卒業生をはじめとした人的ネットワーク形成における泉州地域の戦略的重要性、大学の地域貢献を研究・実践する上で岸和田市をはじめとした泉南地域の先進事例に接することの意義など、教育・研究・社会貢献のすべての分野において重要拠点とされてきた。特に、岸和田市は、住民自治に依拠したまちづくりと自治体運営など、全国的に注目される先進的取り組みを実施してきた大規模都市であったにもかかわらず、近隣に高等教育機関が存在しない「大学空白地域」となっていた。和歌山大学と岸和田市による越境地域連携は、これらの諸条件を自覚した上で、地域課題を出発点とした地方大学・基礎自治体連携を構築しようとするものであった。同協定書に基づき、和歌山大学・岸和田市地域連携推進協議会が発足し、地域課題への貢献、地域の人材育成を最終ミッションとしたサテライト設置を地域連携の柱として展望し、さまざまな事前調査やプレ事業を経て、研究・教育・社会連携という大学の諸機能を当該地域の岸和田で提供するという学校型事業と、生涯学習、地域づくりをはじめとした地域諸課題に応える学習プログラム開発という非学校型事業の二つを軸とした、岸和田サテライト事業が二〇〇六年より開始されることとなった[12]。

学校型事業の展開

学校型事業として研究・教育・社会連携という大学の三大使命を統合的に活用して地域づくりを担う人材育成に寄与するという趣旨のもと、岸和田をはじめとした泉州地域社会人を対象に、科目等履修制度を活用しながら大学院の授業を提供する形で始められた。地域の人材育成のポイントは地域づくりを担うキー・パーソンの能力向上にあるという見地から、従来の公開講座等の取り組みとは差別化を図りつつ、大学院授業の提供を中心に据えたものであった。経済学研究科、教育学研究科の二つの専門領域の七科目で出発したサテライト授業には、六〇名を超える社会人が受講し、その後も授業科目数の増設をはかりながら、地域に「大人の学び」を提供する役割を担ってきた。

非学校型事業の展開

和歌山大学のサテライトが起点となり大学と地域を結ぶ取り組みを活性化させるという目的を掲げながら、同サテライトではさまざまな大学地域連携事業が開催されてきた。その活動の一つが岸和田市教育委員会主催の「きしわだ市民カレッジ」への参画である。同カレッジは、既存の枠にとらわれない、自由な発想と自主的運営を前提とした「地域創造学習型連続講座」として開設されており、取り上げるテーマも、子育てに関することや、岸和田地域の歴史に関すること、さらには、地産地消等の地域産業にかかわることなど、住民の地域課題と密接なかかわりを持つものを中心に構成されている。また、行政組織との連携だけでなく、大崎鉄工金属団地協同組合からの依頼により、防災ワークショップを開くなど、地域の産業との連携を深めるというまさに地域連携のコーディネーター的な役割を果たしている。

学校型事業から非学校型事業への発展

学校型事業に参加していた平成一八年度の受講生が、「授業で出会ったつながりをそれだけで終わらせるのはあまりにももったいない」という思いから、受講生を中心にOB・OG会を組織しようという運動が始まり、その翌年の平成一九年一二月に、「和歌山大学岸和田サテライト友の会」を発足させた。同会は、「会員相互の親睦・啓発を図り、かつ岸和田サテライトと会員の関係を緊密にし、岸和田サテライトの発展、岸和田市ならびに周辺地域の活性化に寄与することを目的」としている。会員は六〇名を超えており（平成二一年度現在）現在も増え続けている。会員の自主的な運営により、サテライトで学んだ修士課程修了者の修士論文の発表や、地域づくりの課題に関連する教員の講演会などを定期的に開催している。

以上のように、「学校型事業」で学んだ受講生が主体的に活動を展開しながら「非学校型事業」を計画、運営、さらには支援しようとする人材が同サテライトを起点にネットワークされ、地域との連携を強めており、まさに大学と地域をつなぐ「ハブ」としてのサテライトが機能している点で特徴的であり、大学と地域連携における「岸和田モデル」が構築されようとしている。

四　地域におけるESDを視野に入れた鹿児島大学のローカルシンフォニー事業

（一）ESD（持続発展教育）における大学の役割

二〇〇二年に開催された持続可能な開発に関する世界首脳会議（ヨハネスブルグ・サミット）の実施計画を交渉する過程で、我が国は、国内のNPOから提言を受け、「持続可能な開発のための教育の一〇年」（以下「ESDの一〇年」）を提案し、各国政府や国際機関の賛同を得て持続可能な開発に関する世界首脳会議実施計画に盛り込まれることとなった[13]。ここでは、「ESD」の概念や経緯について詳しく解説しないが、端的に言えば、「一人ひとりが、世界の人々や将来の世代、また環境との関係性の中で生きていることを認識し、行動を変革するための教育」であり、持続可能な開発を通してすべての人々が安心して暮らせる未来を実現するためには、わたし達一人ひとりが、互いに協力し合いながら、さまざまな課題に力を合わせて取り組んでいくことが必要であり、これら未来に向けた取り組みに必要な力や考え方について人々が学ぶことが重要であると提起されている。このESDの実現において高等教育機関が果たすべき役割は大きい。前述したとおり、産業構造の変化、および少子高齢化の浸透により、現世代のニーズだけでなく次世代のニーズを踏まえた開発のあり方について考察するための学習や活動の場の形成が困難な状態にあり、それらを意図的に再構築する取り組みが必要となっている。これらの地域課題に対し、高等教育機関である大学が、地域社会が抱える課題にコミットしながら、地域へとアウトリーチを行いつつ、地域におけるＥＳＤ実現にむけて積極的に取り組む必要がある。

（二）鹿児島大学憲章に基づく「地域と大学とのローカルシンフォニー事業」

鹿児島大学は、二〇〇七年に「教育」「研究」「社会貢献」「大学運営」の四つのコンセプトを軸に今後同大学が進むべき方向性を示した鹿児島大学憲章を制定した。同憲章「社会貢献」において「南九州を中心とする地域の産業振興、医療と福祉の充実、環境の保全、教育・文化の向上など、地域社会の発展と活性化に貢献する」[14]としており、積極的に地域と連携していく方向性を示している。同方針にもとづき、二〇〇九年に学長プロジェクトとして「地域と大学とのローカルシンフォニー事業」が実施された。

地域社会には、解決すべきさまざまな課題があり、自治体やそこに住む人々は、これらの諸課題を解決するための学びを切実に求めている。同事業は、これらの問題を踏まえ、①問題解決に向けて、何が課題か、いかなる実態にあるのかを、大学と市民とが共同の取り組みや調査研究を通じて明らかにする、②大学は、蓄積してきた研究力量を活かして、課題解決のための道筋と方法を学ぶ特別講座を地域に提供し、市民との共同学習を進める、③大学の学生は、取り組みに参画して、交流・調査・講座を実体験して学ぶという三つのコンセプトを基に、地域と大学とが、共同学習・共同研究で響き合う事業であり、それぞれがシンフォニー（交響曲のように相互に響き合う）を奏でながら、研究、教育、地域貢献が三位一体となって推進される事業である。同事業の概念図は図2の通りである。

まず、鹿児島大学の研究者および研究者組織は、地域に貢献する調査・研究を推進し、その結果を踏まえ、地域の公共施設において特別講座を開き、研究成果を地域に還元する取り組みを行っている。これらの取り組みに対し、学生は、調査活動および分析へ参画し、地域住民とともに学びながら自らの研究やキャリア形成に役立て

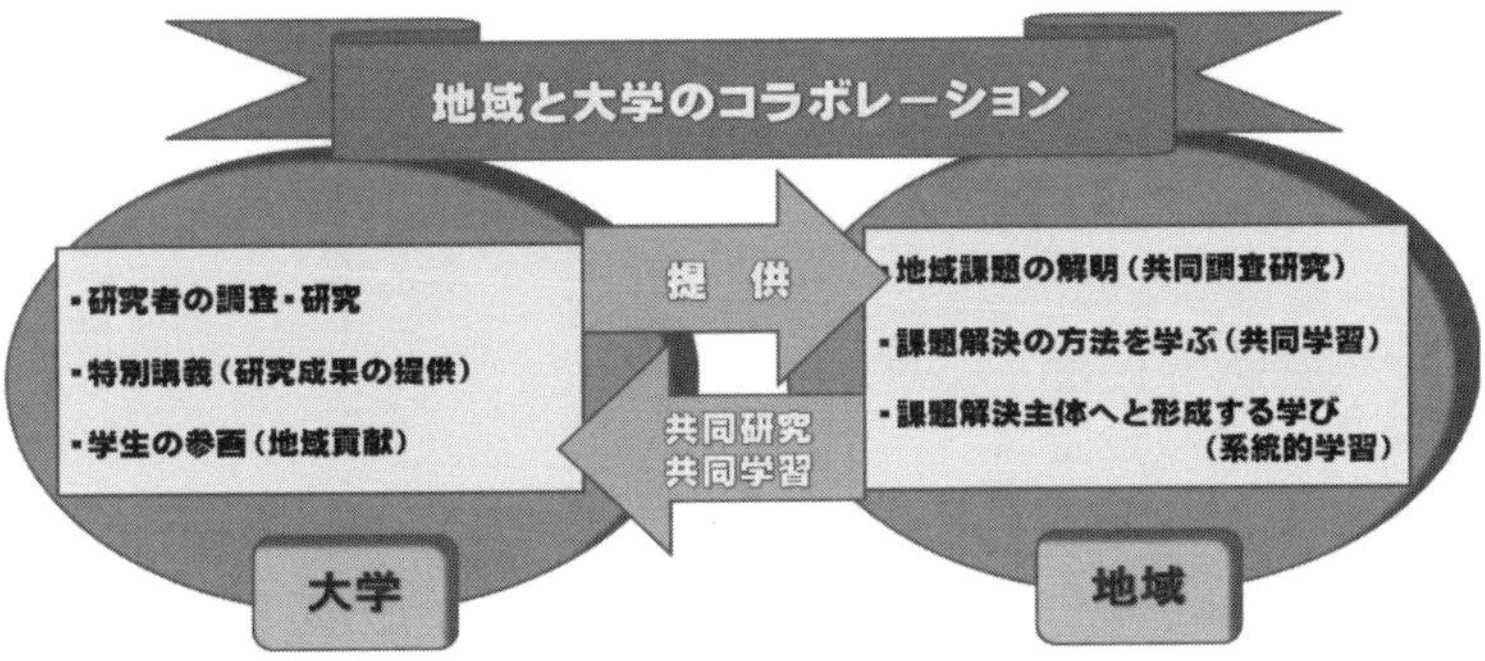

図２　地域と大学とのローカルシンフォニー概念図

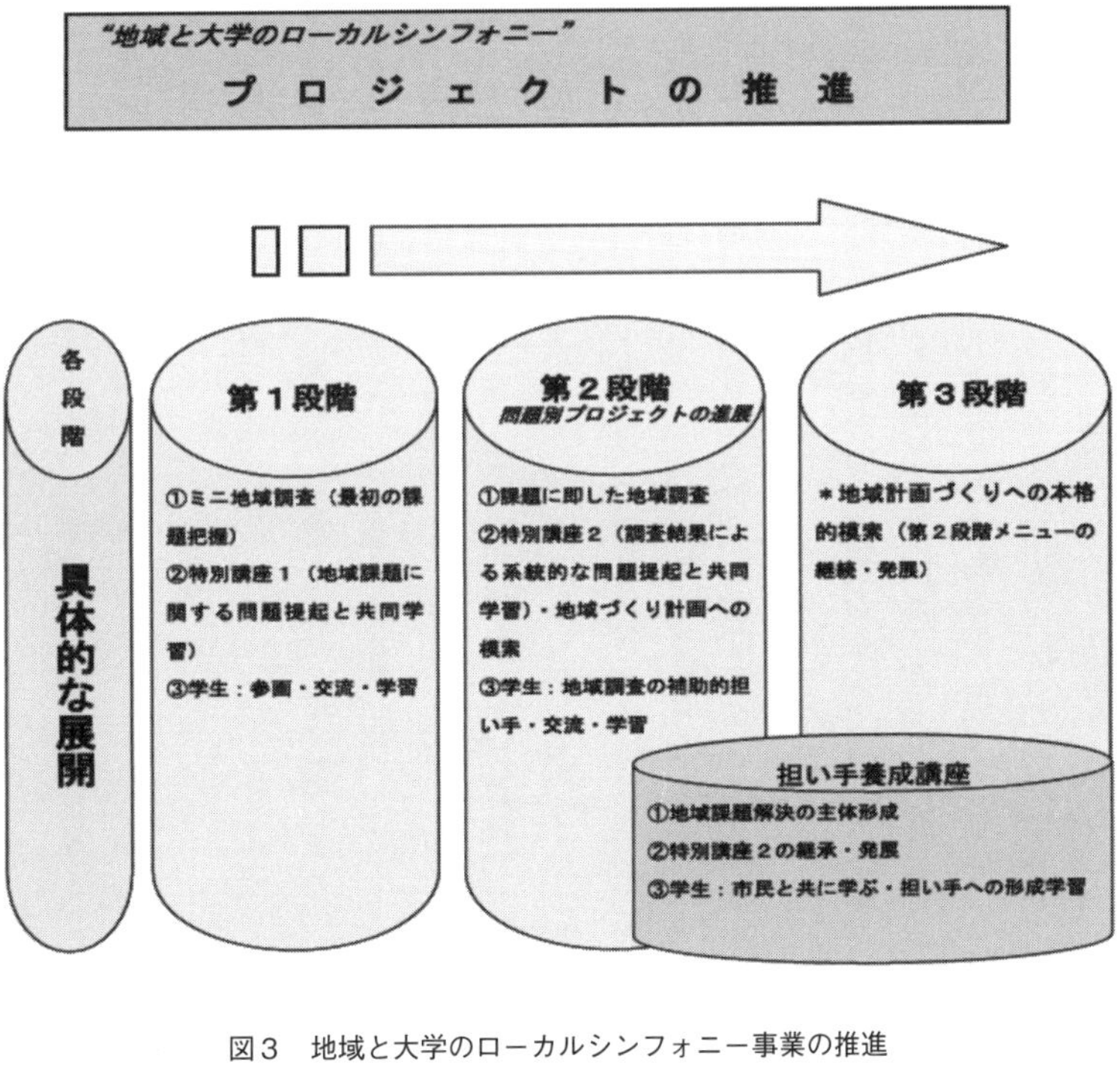

図３　地域と大学のローカルシンフォニー事業の推進

る。一方地域側は、地域課題を大学との共同の調査・研究で明らかにし、問題解決のための道筋と方法を、大学の研究力量に依拠しながら学び、課題解決にむけた主体の形成のための学び（系統的学習）を獲得することを目的としている。[15]

（三）鹿児島県大崎町におけるローカルシンフォニーの取り組み

「地域と大学とのローカルシンフォニー」事業の実施地域として大崎町が選定された。その契機となったのは、リーマンショックによる経済活動の落ち込みに対する政府支援策として提案された雇用支援の一環として、大崎町を中心に鹿児島県全域で活動を行っている「NPO鹿児島企業家交流協会」から鹿児島大学に対して地域企業が雇用している従業員の研修を行いたいので連携できないかという要求であった。これまで、県内の工業系高校の人材教育である科学技術振興機構（JST）が支援するサイエンス・パートナーシップ・プロジェクト（SPP）の一環として「連帯によるエネルギー革命」というタイトルで同協会と連携して実施してきた過去三年間の経験を、企業従業員研修に活用することとなり、延べ二四日間の研修が実施された。大学の外で実施された企業内研修をきっかけに、鹿児島大学と大崎町の行政との関係が深まりを見せ、地域と大学の持続的な関係を期待する声が、行政、企業双方から出された。[16]

一方、これまで産業廃棄物を再利用しながら開発・試作のコスト削減を行う研究を行ってきた大学は、地域の要望をうけ、具体的に地域に出かけて行きながらこれらの研究成果を現場の生産技術の向上と人材教育を行うことで地域との連携を図ることとなった。大崎町は、一万五〇〇〇人の小さな町であるが、過去三年間、リサイクル率が八〇％という日本一の実績を誇っている。これらの活動は、行政と地域住民の協力の成果であり、その成果を維持しようとする新たな駆動力を必要としていたのであった。大学はこれらの取り組みに着目し、産業廃棄物の再利用という視点からさらなる専門的な知識や技術を提供しつつ、住民自らの主体的な学びと活動を促しながらともに研究し、その成果を社会に広く還元しようとする取り組みを行っている。こうした取り組みが継続する中、大崎町の行政や地域の住民、そして企業とのネットワークが形成され、二〇一〇年には、地域で有効活用されていなかった病院施設を改造し、新たに、鹿児島大学と地方自治体である大崎町が共同で住民のための研究や開発、さらには学習活動の拠点として使用できる施設を設立した。同施設は、大崎町が予算を計上し、大学と地域との連携の拠点として有効活用する方向性が定められた。このように、大崎町では、地域の行政が地方大学との連携を活性化するための施設を提供し、その場を拠点としながら活動を展開させている点が注目される。

五　まとめ

社会全体におけるグローバル化が深化するに従い、改めて文化や伝統そして教育におけるローカル性が重視される中、高等教育機関とりわけ地方国立大学は、地域社会におけるローカルな「知」の形成および伝達において重要な役割を担っている。それらローカルな「知」は、地域の諸問題の解決だけでなく、次世代における持続可能な発展および教育、さらには地域住民の「エンパワーメントスパイラル」の形成における核心の部分であり、また地方国立大学は、「エンパワーメントスパイラル」が蓄積されるための方法の確立のみならず場の形成に力を注いでいく必要があると考えられる。地域共同体の力が衰退していく中、これらの事業の推進と場の形成をなかば意図的に取り組まなければならない現状において、あらためて地域と大学が連携し、新たな社会教育活動としての学習実践およびそれを支える環境の整備が求められているといえる。

これらの取り組みは始まったばかりであるが、ローカルな「知」の形成および継承を地域住民とともに歩みながら蓄積していく取り組みは、これからの高等教育のあり方のみならず、新たな社会教育活動の創造という重要な意味を含んでいるといえる。これらの文脈において、和歌山大学による生涯学習を中心に据えた大学サテライトの取り組みは、まさに、地域の生涯学習の拠点としての大学の役割の明確化とそこで学ぶ地域住民とのネットワークを通した「エンパワーメントスパイラル」の一形態と言える取り組みではないかと考える。特に一過性で終わりがちな大学の公開講座や各種講演会とは違い、和歌山大学のサテライトで学んだ住民が自ら主体的に地域に根差した活動を展開しており、こうした住民主体の諸活動とふたたび大学が連携することにより、さらなる学びのネットワークが広がりをみせるというダイナミズムは、タイトルに示す通り地域社会教育の創造を意味するものであると考える。また、鹿児島大学によるローカルシンフォニーの取り組みもまた、大学が地域課題に対し、いかに貢献できるかという方向性とともに、そこで学ぶ学生のカリキュラムの一環として地域と大学との連携活動を位置づけようとしており、挑戦的な取り組みであるといえる。今後、地域の力に支えられ、地域とともに発展する「新しい知の拠点」としての地方大学の可能性が期待される。

注

1　朝日新聞デジタル二〇一二年二月一六日 http://www.asahi.com/edu/university/toretate/ TKY201202160180.html

2　「我が国の高等教育の将来像（答申）」文部科学省ホームページ http://www.mext.go.jp/ b_menu/shingi/chukyo/chukyo0/toushin/05013101.html

3　姉崎洋一『高等継続教育の現代的展開』北海道大学大学院教育学研究院研究叢書、二〇〇八年、一七七―一八八頁。

4　前平泰志「〈ローカルな知〉の可能性」『〈ローカルな知〉の可能性―もうひとつの生涯学習を求めて』日本社会教育学会編、東洋館出版社、二〇〇八年、一八頁。

5　前掲「我が国の高等教育の将来像（答申）」
6　高等教育におけるユニバーサル化とは、高等教育の機会が制度的にすべての進学志望者に開かれており、実際に同年齢層の半数以上によって利用されている状態をさしている。
7　廣瀬隆人「ローカルな知としての地域学」『〈ローカルな知〉の可能性―もうひとつの生涯学習を求めて』日本社会教育学会編、二〇〇八年、四四頁。
8　前平前掲論文、一九頁。
9　「大きな物語の喪失」とは、哲学者のフランソワ・リオタールがポストモダンの解説（ポストモダンとは、大きな物語「社会全体に共有される規範」が凋落し、多数の小さな物語「小さな範囲内でのみ共有される規範」が林立した状態になることで条件づけられる）において使用した用語に基づいている。
10　「和歌山大学大学案内二〇一二」和歌山大学、二〇一二年、一八頁。
11　国立大学系の生涯学習センターとしては第一七番目の設立である。
12　河音琢郎「和歌山大学・岸和田サテライトにおける地域連携―そのあゆみと展望―」『和歌山大学生涯学習教育研究センター年報第八号』、二〇一〇年、三四頁。
13　文部科学省ホームページ http://www.mext.go.jp/unesco/004/004.html
14　鹿児島大学ホームページ http://www.kagoshima-u.ac.jp/about/kensyo.html
15　「二〇〇八年度　地域と大学とのローカルシンフォニー」鹿児島大学憲章に基づく社会貢献プロジェクト事業「地域と大学のローカルシンフォニー」推進委員会、二〇〇八年、四頁
16　「二〇一〇年度　地域と大学とのローカルシンフォニー」鹿児島大学憲章に基づく社会貢献プロジェクト事業「地域と大学のローカルシンフォニー」推進委員会、二〇一〇年、二八頁。

第九章　沖縄の地域共同体と社会教育

はじめに

沖縄は、日本国内でも独特な歴史と文化を刻みこんできた地方のひとつである。かつては、琉球王国という独立国家であったことや、中央（東京）から最も離れている地方ということもあって、その歴史と文化は、際だった特異性をもち、今日においてもその伝統文化は大切に継承されている。沖縄は、歴史的にも中国との関わりが深く、明治政府による沖縄の日本化政策、そして戦後二七年間のアメリカの直接統治下を経て、日本へ「復帰」したという、国内でもきわめて独特な歩みを刻んできた。一方で、沖縄に住む島民の戦前戦後の生活史を紐解いてみると、砂糖キビの生産に励み、質素な生活の中でも「シマ社会」の伝統文化や慣習を守り、継承してきた姿がある。島民は、生活のために、肩を寄せ合い、小さな力をひとつにして今を生き、地域共同体的な生活を営んできたのである。

沖縄の集落では、そこで生活を営む、字（区）民の手による生産や消費活動、子育て、相互扶助、福祉、納税、自警、祭祀等の様々な営みが日々行われてきた。字の人々は、地縁や血縁関係を大切にして生活を営み、字の諸活動を通して、より一層、強固にそして相互に結びついてきたのである。祖父母や両親、兄弟姉妹、叔父（伯父）、叔母（伯母）、従兄弟（従姉妹）は、集落内に住み、同じ生活圏で暮らしていた。字で生まれ、育ち、そして死を迎え、字にある墓に納骨されることは、ごく当たり前のことであると考えられていた。産飯《うばぎー》[1]から、龕《がん》[2]で運ばれる葬儀までが、区民の典型的なライフスタイルとしてみられたといってよい。こうした区民の姿は、沖縄の集落社会では一般的であり、幾世代にもわたりみられたものである。伝統的な祭事・風習のなかには、廃れてきたものがあるが、たとえば、与那国島では、龕とこれを保管する龕屋《がんや》が区民によって大切に保管され、今でも葬儀の際には、使用されている。

区民は、大地を耕して、糖業、甘蔗生産に精を出し、豚や牛、山羊等の家畜を養いながら生活基盤をつくってきた。自給自足の生活である。生活は貧しく、そのため、借金のかたに土地を質入れしたり、身売りしたりする農民もあらわれた。こうした状況のなかで、窮乏する農村のなかには、区民の総意によって、産業・農業組合や共同売店を運営し、区民の生活を維持・向上させようと努めてきた。生活の貧しさが、お互いの知恵を出し合い、支え合い、助け合う「扶助」の精神と「共同性」をつくりだしてきたともいえる。そして字の共

写真１　龕（読谷村立歴史民俗資料館／提供）

同組合や売店は、区民の生活を支える機能を果たしながら、一種の字の社交場でもあり、区民の集う団らんの場であった。区民一人ひとりの生活の向上は、字全体の安定的な生活を実現するものと考えられ、その組合や売店等の相互に助け合うシステムは、区民の知恵と工夫により出来上がり機能した。こうした区民の生活スタイルは、親の世代から子や孫の世代へと継承され、集落における独特な生活文化をかたちづくってきたのである。換言すれば、各集落それぞれの歴史や文化、風土に根ざしながら、集落独自の生活文化圏を形成してきたといえる。そのため、沖縄の集落（字）を語るとき、一括りにはできない、集落毎の息づかい、そして集落文化の多様性がみられるのは当然のことである。たとえば、八重山には戦前から多くの台湾人が移住してきたが、とりわけ、石垣島の名蔵という集落は台湾からの入植地としてよく知られている。移住一世には、開拓に伴う苦難が続いた。移住者は、石垣の地にとけ込んで生活しつつも、台湾の文化を名蔵で継承している。また、入植者による小学校や公民館の設立運動もみられた。安住の地を石垣・名蔵に求め、生活の基盤を築き上げてきたのである。

ところで、集落に関わる行政や諸行事の多くは、字公民館[3]で、区民の自治と共同にもとづいて行われてきた。沖縄の字公民館は、我

写真２　恩納共同売店（恩納村）

が国の現行法制度的には公民館類似施設（社会教育法第四二条）として位置づけられるが、その歴史は古く、市町村の下の区（字・集落）単位の公民館として、これまで〝むら〟共同体的な地域社会構造のなかで確固たる存在感を示してきた。一方、戦後日本の初期公民館は、貧困・失業・無宿・授産・医療・生産等、住民のリアルな生活要求にトータルに取り組む課題意識をもって構想され、[4] その公民館構想の基本的な理念は、社会福祉的な事業の実現であり、公民館は「郷土振興を中核とした総合機関」[5] としての役割を期待されていた。この公民館に対する期待は、寺中作雄が述べたように、義務教育の中心が学校であるのに対して公民館は社会教育の中心機関であり、「図書館施設と青年学校とを綜合したものを基軸とし、公会堂、各種団体本部にも活用してあらゆる成人町村民の精神的教育的中心として運営」[6] されるものと考えられていた。このように戦後初期の公民館構想の理念をふまえると、沖縄の字公民館は、日本型公民館の理念を実現するかのように、区民の意向に沿いながら地域実践をひろく展開してきたものだといえるし、また地域密着型の社会教育施設として、私たちは、あらためて認識を深める必要があるように思える。その視点から、沖縄の集落社会で存在感を発揮している字公民館に注目する必要がある。集落（字）の営みの拠点は、

写真３　台湾からの入植（移民）による集落（名蔵公民館／石垣島）

字公民館であり、この公民館は、区民によって自治的に運営されていると同時に共同的であり、そして営みの責任は、明らかに区民自身に帰着している。この責任の所在が明確な点が、沖縄の集落における様々な諸活動の根底にある。まさしく区民自身による公民館という意味であり、全国各地の類似の公民館が「自治公民館」と呼称されている、その典型のひとつに、沖縄の字公民館も知られるところとなっている。

ところで、このような集落共同社会では、字の営みに区民が自覚をもって参画しているがゆえに、字に対しての愛着や誇り、連帯感やこだわりが生まれ出るものであり、こうして個々人を相互に強く結びつけている。そして、看過してはならないことは、先に述べたように、区民は、日々の生活が貧しかったがために、地縁・血縁関係の強いつながりと合わせて、集落内で相互に支え合いながら生活を営む必要があったことである。貧しさが区民を相互に強く結びつけたともいえる。宮本常一（民俗学者）は、共同作業において手伝い合いすることを「テマガエ」、「ユイ」と説明しているが[7]、沖縄の農村社会においても、必然的に相互扶助を意味する「結《ゆいまーる》」の精神が育まれ、それが、集落共同社会で根付いてきたといえる。「結」や相互扶助に関わる具体的な姿は、たとえば、農繁期の共同作業に端的に表れた。砂糖キビの植え込みや刈り取りでは、区民が協力して作業を行い、キビをかため、肩に担いで運ぶ。重労働である。この労働を共同作業によって分かち合うことで、一人ひとりの負担を減らしつつ能率的に作業を進めるという「結」の精神が生まれる。こうして「結」は、沖縄の集落生活の根底に流れ、区民の生活を安定させ、区民の安心と信頼の基底に横たわっていたといえる。

このようにして集落の様々な営みは、地縁・血縁関係を基盤としながら行われ、個々の集落の強烈な個性をかたちづくってきた。ここでは、集落の諸行事の運営や継承においては、区民相互が知古であるため個々人が自然につながり、これからの地域活動の見通しと展望がみえるという利点を有している。また区民は、幼少の頃から、集落の諸行事を見聞きしたり、部分的に参加する機会を通して、行事を自分のウチに直接的あるいは間接的な体験イメージとして取り込み、長ずるとこれを手がかりにしながら行事や地域活動を展開したり、新たな地域創造の足がかりにしたりしている。いわば、字の生産活動から文化活動に至るまで、これまでの実践（経験）の蓄積が次の世代の区民に共通体験として共有されているのである。字の生活を営むなかで、日常的に字の歴史や文化にふれ、そこに参加することはごく自然のことであり、次世代の文化の継承者を育んできたといえるだろう。

一　沖縄の集落における教育文化に関わる営み

字の生産や消費、文化活動の拠点としての字公民館は、戦前は村屋《むらや》とか、戦後一時期は、区事務所と呼ばれていたものである。そもそも、その館は、琉球王国時代の間切（現在の市町村に相当）内の村（字）を管理するための行政機構の末端に位置づいていたものである。高良倉吉《たからくらよし》（琉球史研究／琉球大学名誉教授）は、王国時代の村屋では、「筆算稽古を積み間切行政を担当したところの役人たちが、将来において役人となるべき後輩たちを個人的に、あるいは集団的に教えるという慣行が存在」[8]し、そこでは、「行政の下働きの形で番所や村家に定期もしくは不定期に勤務し、行政実務を経験するかたわら勉強するという方法」[9]があったと指摘している。つまるところ、村屋は、首里王府の行政機構の末端組織としての性格を有しながら、区民に対して文字文化伝達の機能を早くから併せもち、集落共同社会における教育文化の学びの場として機能していたといえるであろう。この点と関わって、上地武昭（社会福祉論／沖縄大学）は、字公民館の戦前戦後の機能に注目し、次のように指摘している。[10]

「（字公民館は）集落の拠点として集落の中心地に存在し、集落の集会場としてばかりではなく、産業振興を協議したり、戦後はアメリカ軍から地域住民の安全を確保する自警団の拠点として、また、収穫期の子どもたちの保育所として、地域住民の日常生活を維持していくために必要な拠点であった」（傍点―筆者）

上地の指摘で注目すべきは、字公民館は、「地域住民の日常生活を維持していくために必要な拠点」であるという点であり、区民の生活・安全・生産を担保するために様々な機能を果たすことが期待され、実際、それに応えてきた歴史的な足跡がみられることである。上地は、例示的に、収穫期の保育所の設置を挙げているが、区民の生活の拠点としての字公民館は、幼少児を対象とした保育所を設けることで、区民が生産労働に一層励む環境を生み出していたのである。言い換えると、字公民館は、集落社会における保育・教育活動の拠点としても存在していたといえる。この字の保育所については、後ほど、紹介する。

集落の「結《ゆいまーる》」の精神は、区民のなかで共有・継承されながら、集落の文化を形成してきたが、特に、子育てに関わる習俗や活動に注目すれば、沖縄独特の地域組織の存在がみられる。たとえば、戦前から継承されてきた、字の生年合同祝い、学事奨励会、育英事業、守姉《もりあに》[11]を挙げることができるし、戦後においては、集落単位の教育隣組の結成と活動、子ども会活動、青年会を中心に運営してきた字立の図書館、婦人会や子ども育成会による地域文庫活動、先にふれた就学前の子どもを対象とした保育所である。これらの行事もしくは子どもや青年を対象とした地域教育組織による活動は、区民にとっては、総じて馴染みのあるものであるが、いつ、どのような目的で組織化され、活動を担ってきたのか、またその活動はどのような展開をみせたのかについては、区民においても十分自覚されているわけではない。

集落内で子どもが誕生し、字の大人の一人として成長していく過程には、こうした様々な諸行事や教育的な営みをくぐり抜けながら、区民としての自覚と誇りが生まれるものと考える。〝くぐり抜け〟は、字の仲間と共に共通体験として鮮明に記憶に残るものであり、それが自分の住む字と仲間に対しての帰属意識と連帯意識を育むことにつながり、自分自身が、字に受け入れられている、あるいは、字の仲間に受け入れられているという安心感をもたらすものとなる。そしてこれらの過程にあらためて注目したとき、〝子どもは集落（地域）で育てられる〟という側面をもつと同時に、区民の熱い視線が子どもの成長と発達に注がれていることを意味している。今日的にいえば、集落のなかで区民が共同的に子育てに参画しているといってよい。こうして、沖縄の集落共同社会では、地縁・血縁関係を基盤にしながら、字の自治と共同により子育てに関わる教育文化の営みがみられるのであり、今日においても新たな、そして豊かな地域社会教育実践がみてとれるのである。

ところで、周知の通り、沖縄は、一九四五（昭和二〇）年の敗戦から一九七二（昭和四七）年五月の日本への施政権返還に至る二七年間、アメリカの直接統治下にあった。米国政府の施政方針がストレートに沖縄社会に入り、それをもって沖縄を keystone of the paciffic としての位置をかたちづくろうとした。他方、在沖米軍基地の存在や沖縄人の人権問題をめぐって、自治（権）を標榜する民衆との間で格闘し対峙した時代でもあった。こうした時代状況を背

写真４　旧波平公民館（右手に「経済門」、左手に「文化門」）

景とした当時のアメリカ世の沖縄では、当然の如く県外とは異なる独自の政治や経済、文化の歩みを刻み込んだ。本章で取り上げる地域社会教育の組織や実践においても、他ではみられない実に独特な足跡を残してきた。対米国民政府に対して主義主張を貫く民衆の自治の精神は、歴史の葛藤状況のなかで一段と鍛えられ、しかも、沖縄の民衆や区民の「結」や相互扶助の精神と共鳴しながら、より強化されてきたのである。つまり、民衆の自治の精神は、区民の「結」や相互扶助の精神と結びつきながら、字の自治的な教育文化活動を生み出し、次世代へと継承されてきた。こうしたなかで前述した学事奨励会や教育隣組、字幼稚園の活動がひろく展開したのであるが、これらの地域教育組織の設立やその後の展開過程においても、当然、異民族による統治下という影が深く影響を与えている。そして、これらの字の地域組織は、沖縄の日本復帰後においても特有の存在感を発揮し、今日においても活動を進めている地域も存在しているのは、集落社会の自治と「結」、相互扶助の関係性が色濃く残っている証左であるといえよう。

次節以降では、強烈な個性をもつ集落共同社会で、例示的に、シマ社会の字公民館の地域教育実践を取り上げる。また字幼稚園（保育所）と字図書館という集落で活動が展開された事例に焦点をあてることで、沖縄の地域社会で育まれている教育文化活動の豊かさを紹介したい。

二　地域づくりの拠点としての字公民館—竹富町祖納《そない》公民館—

字公民館は、戦後、シマの復興と再生に大きな役割を果たしてきた。沖縄では日本復帰まで、市町村が設置する公立公民館ではなく、行政的には、市町村の下の「区」が設置する（字・集落）単位の公民館が地域の様々な活動を牽引していた。字公民館は、それぞれの字の中心地にあって、区民は、公民館に集い、シマ社会の過去と現在について語り、そして未来像を見出してきた。また集落の神事や文化遺産を継承しながら、人と人がつながる活動をつくり上げることで、字公民館は、新たな地域づくりの拠点として位置づいてきたのである。沖縄では、一九五三年一一月の「公民館の設置奨励について（中央教育委員会の決議）」以降、字公民館を中心にした集落の復興と再建、村おこしが本格的に始まり、独自の地域教育文化活動を生み出してきた。字公民館の組織をみると、区長を兼ねる公民館長を頂点にして、総務部や経済部、文化部等の部会が連なり、実践団体あるいは協力団体としての婦人会や青年会、老人クラブ、学事奨励会等が位置づいていたのである。これらの字の諸団体は、独自の活動を進めながら、字の行事に参加したりして、地域の教育文化を創り出してきた。区内は、いくつかの班で区分され、その班も複数の組に分けられている。公民館長は、公民館の機能と集落の行政機能の双方に責任をもつのである。

沖縄県内には、特色ある字公民館は数多くあるが、集落の伝統と文化を大切にし、これを次世代に伝えながら、新しい字公民館像をめざしている、西表島の祖納公民館の活動を取り上げる。[12]

竹富町の祖納の人口は、七六世帯一四一名（竹富町『竹富町住生活基本計画 資料編』二〇一四年三月）。寄付金を含む字公民館の年間予算は、約三〇〇万円である。西表島には、高校がない。そのため、多くの若者は、中学を卒業すると、島を出て行く。祖納も他の集落と同様に、こうした若者の流出に悩みながら、シマの伝統文化をどのようにして継承していくべきか、シマの文化の継承者をどのようにして育てていくのか、を問いつつ、試行錯誤を重ねている。

祖納には、戦前から厳正に継承して執り行われている神行事が数多くあり、これを字公民館の各部（文化、産業、青年、婦人）が中心になって取り組んでいる。たとえば、祖納岳を取り囲むように各水田では、五〇〇年前から稲作が続いているが、この稲作儀礼を大切にした通年の神行事ニンガイ（祈願）が厳かに継承されている。特筆すべきは、太古の昔から保存継承している西表島の節祭《しち》（五穀豊穣や無病息災・繁栄を祈る祭り。一九九一年に国の重要無形民俗文化財指定）は、隣接する干立地区と共に開催されている。このような神行事の前には、区民全員参加で掃除をして、初穂刈り、豊年祭、種子取祝、田植え終了祝等の行事が執り行われているのである。公民館の各部は、神行事以外においてもそれぞれ独自の活動を進めている。区民総会、新館員・公務員歓迎会、子どもの日大運動会、母の日大感謝パーティー、敬老会、合同生年祝、成人式、海岸清掃作業等である。特に、子どもの日の大運動会では、一二〇匹の鯉を青空に泳がせながら、区民全員が縄ない、俵かたみ、たけのこ皮むき、丸太切り等のユニークな種目で競争し、シマは盛り上がる。公民館役員の活躍も見逃せない。母の日感謝パーティーと敬老会では、男性陣の手による竜宮御膳や寿御膳を料理して祝賀パーティーへ感動の花を添える。母親や高齢者へ温かい真心のこもった「感動」を贈ることで、労を惜しまず料理した役員の癒しになっている。

祖納集落の若い年齢層は少ないが、それでも、二〇代～三〇代の若い青年が公民館の役員となって地域の活動を精力的に進めている。前館長の那根操《なねみさお》は、こうした若い世代が神行事の執行や各部中心に活動している原動力について次のように述べている。

「（前略）太古からの教えを厳粛に継承する心や、それを継続して取り組む継続力によって地域が脈を打ち確実に鼓動していることだと思う。そして、何より正確に足跡を残す先輩の後姿をみつめる後輩が常にいること、さらに美味しいご馳走と飲み物が相整うことで公民館としてのその機能が相乗効果を発揮できている。」

那根の言葉から、祖納には、シマに伝わる伝統文化を真摯に受け継ぐ島人がいて、それをごく自然に受け入れる後輩の人々の姿が浮かび上がる。シマの集会で、島酒を酌み交わしながら、明日の祖納のことについて語り合う島人がいる。こうした日々の営みの中でシマの諸行事の歩みやこれからの祖納についての思いが、伝統文化の後継者を育んでいるのである。

三　字公民館と幼稚園の設立

集落社会の自治と「結」、相互扶助の関係性をみていくとき、字幼稚園の設立と運営は、これを体現するかのように展開した。この字の幼稚園は、集落の公民館に附設するかたちで就学前の幼少の子どもを集め、保育・教育活動をしていたものである。ここで紹介する字幼稚園は、今日のような保育は保育園、幼児教育は幼稚園という分化されたものではなく、就学前の子どもの託児先として、そして地域における保育教育活動の拠点として存在していた。字幼稚園の設立の背景には、戦後沖縄の教育条件整備は、小中学校の義務教育を中心に進められ、就学前教育や保育については、十分な配慮がなかったからである。要するに、保育園や幼稚園という就学前教育の条件整備は、一部の都市部を除き、大幅に立ち後れ、一九六〇年代に入ってから進展した事情による。こうして、公的整備がなされるまで、集落の子どもの保育・教育活動は、字の自治と責任で行われた。親は、生活をするために農作業に精を出すが、その間、子どもの世話をする地域の施設として字の幼稚園が必要であったのである。

字の公民館を中心に活動が行われている幼稚園を、ここでは、字幼稚園と呼ぶが、当時は、無認可幼稚園（関係者は、未認可幼稚園として呼んでいた）のひとつに位置づけられ、集落の若い女性が「保母」として選ばれ、子どもの世話をしていた。ほとんどの保母は、無資格であり、保育施設が貧弱な中で献身的な働きにより園経営が辛うじて成り立っていた。一九五〇年代末頃、宮古島の保良《ぼら》公民館幼稚園保母の砂川徳子《すなかわのりこ》は、当時の状況について次のように述懐している。[13]

「保良の保母の時、保母資格の講習会等があって、受講したりして、保母資格を取得しました。保良の近くには、公立の幼稚園や保育園がなかったので、公民館で子どもを預かっていたのだと思います。当時は、保良幼児園と呼んでいて、四～五歳位の年齢の違う子どもたちを三〇名程、預かっていました。私ともう一人の保母の二名で、預かっていました。園長は、区内に住んでいた小学校の先生で、砂川清次さんでした。砂川先生は小学校の先生なので、保育活動について何も知りませんが、園長でした。保良は結構子どもの数が多かったように思います。給料というか、手当は、子どもからの徴収料を頂いたことがありますが、月額一〇ドル以下で、今でいうとボランティアみたいなものでした。徴収金を保母の二名で分けて頂きました。

子どもと歌を歌ったり、踊ったり、外ではかけっこ等の活動でした。保育活動のことは何も知らないので、本当に、見様見真似というか、手探りで行っていました。教えてくれる人は誰もいませんからね。午前中の活動でした。近くの福嶺小学校の運動会に参加したこともありました。」

砂川の述懐から、保母の手当は、子どもの保育料を集めたものであり、子どもの数の増減により、手当の額も変動した。保母は、見様見真似で保育活動を行いながら、近隣の字幼稚園の活動から学んだりしていた。沖縄本島の北部にある名護市においても、字幼稚園の存在がみられたが、そこでは、保母相互の情報交換会を目的にした保母会が結成されたり、合同運動会を開催したりしていた。こうした、字の幼稚園の設立は、戦後、突然出現したものではなく、戦前の農繁期における託児所から出発したものであり、戦後は、字公民館内での保育・幼稚園活動として再生したのである。字公民館における保育・幼稚園活動は、園経営の財政的な困難さを抱えながらも、就学前教育の重要性を地域住民に認識させるとともに、一九六〇年代後半以降、多くの公立幼稚園が実現するまで沖縄の保育・幼稚園教育を支えたものである。

では、字幼稚園は、沖縄全域でどのような展開をみせていたのだろうか。一九六三年の琉球政府文教局の実態調査によると、全沖縄で三八一園を数え、沖縄本島の北部に位置する国頭郡の字幼稚園数は一四八であり、全沖縄の約四割を占めた。次いで、中頭郡一〇四(二七%)、島尻郡九五(二五%)と続いている。また、国頭郡の公私立園は〇、中頭郡は公立園二、私立園二、島尻郡は私立園二である。これらのことから、沖縄本島では、公私立園数が少ない地区では、字幼稚園が相当数存在していたといえる。那覇市の字幼稚園数は七(その内一園は、南大東村である)であり、全体の二%である。一九六二年一〇月一日現在、那覇の公立園は一八、私立は五園である。那覇市は、就学前の教育環境が他地域と比較して整備されていたため、保護者は、公私立園を選択したものだと考える。宮古郡の字幼稚園数は二四であり、八重山郡は、旧大浜町の三園のみである。八重山の字幼稚園が少ないのは、地域の教職員、有志の発起、自治会(公民館)、幼稚園PTAが設立の主体者になって、矢継ぎ早に幼稚園を設立したからである。石垣の公立園は四であり、私立園は二である。同時期、宮古は私立の一園のみであり、字幼稚園の設置が多い(沖縄県公文書館所蔵「幼稚園に類する幼児施設調査

写真5　翁長区公民館(豊見城市)の字幼稚園

（一九六三年）」）。このように、沖縄のほぼ全域で、字幼稚園の設立がみられ、幼少の子どもの保育・教育活動に大きな役割を果たした。

琉球政府（中央教育委員会）は、未認可幼稚園の情勢改善を図るために、一九六五（昭和四〇）年、幼稚園教育振興補助金交付規則を定めて、園舎、備品等の補助を開始し、続いて、琉球政府立法院は、幼稚園教育振興法を立法化した（一九六七年）。これにより、公立の幼稚園は年々増加し、一九七一（昭和四六）年には公立幼稚園への就園率は七〇％を超え、また私立幼稚園や保育園の開園により、字幼稚園の多くはその姿を消した。現在、字幼稚園は、名護市や豊見城市等の一部で、字の幼児園として運営されている。

四　青年会と図書・文庫活動

沖縄の青年会は、地域への参画を通して地域課題をとらえ、働きかけ、そして同会の活動と学習は集落の自治と共同性をつくりだしてきた。戦後沖縄の地域社会において、青年会の地域の伝統文化、民俗芸能の継承や青少年の非行問題を解決する取り組み等は、多岐にわたる（詳細は、山城千秋著『沖縄の「シマ社会」と青年会活動』エイデル研究所、二〇〇七年）。ここでは、特に、地域の図書・文庫活動に対する青年会の取り組みについて、読谷村の事例を取り上げる。沖縄の公立図書館等の教育文化施設が未整備な頃、集落では、地域の青年会による図書・文庫活動が活発に行われた。これは、地域住民への読書文化の普及を図るために住民自らが字公民館内に設置した図書室・文庫（以下「公民館図書室」と略）である。公民館図書室は、地域住民の読書環境を形成し、日常的に文字や図書にふれる機会を提供してきた点で実に教育的な機能を有している。また、住民が主体的に公民館図書室を設立し運営を支え、また、住民の読書文化要求を直接、その運営に反映させようとする、まさしく住民に開かれた地域一体型の教育文化機関としての役割を果たしてきた。このような住民に開かれた公民館図書室は、戦後の〝むら〟の復興と再生というプロセスのなかで生まれてきたものであり、そこには、自主的な図書室運営を志向する住民の自覚的な自治意識が基底にあった。そして、字公民館の組織のなかに公民館図書室という子どもを含む住民の教育文化に関わる自治的・共同体的機能が位置づけられ、その教育文化環境を住民の共同事業として営んできたのである。

公民館図書室の事例を、ここでは、読谷村の字波平に注目したい。字波平では、敗戦後の混乱した地域環境の整備と住みよい集落の再建をめざして、波平振興会が発足した（一九四九年）。同会設立の前後に、波平青年会、波平婦人会、学事奨励会等の教育組織が次々と結成され、字公民館を拠点に村の教育復興が図られ、以後、青年と婦人による地域活動の広がりがみられた。とりわけ青年会は、独自の修養の場として波平青年倶楽部を建てたり、防火用水の確保と自警団の結成を行ったりして、字の生活安定のために活動を始めていた。住民の歩みを記した『波平の歩み』によれば、波平の青年会による読み古された月刊誌キング講読の倶楽部等がつくられ、青年会員や住民からの寄贈を受けて青年倶楽部内に、「波平青年文庫」を創設した、と記されている。敗戦直後の波平青年文庫関係の資料は散逸し、当時の関係者の記憶も定かではない。しかし、少なくとも波平青年文庫は、波平の青年会との関わりの中で生まれ出たものであった。

波平青年文庫が「公民館図書室」としての体裁が整えられるのは、一九五〇年代に入ってからである。当時の青年会長だった知花昌徳《ちばなしょうとく》は、区内の会員に図書館建設を呼びかけ、一九五二年（昭和二七）に木造赤瓦葺の独立した図書館を完成させている。知花が字波平に図書館が必要であると考えたのは、戦後の新しい時代を迎えて、戦前の農業を中心とする生活スタイルから、学問をすることで新境地を開いていくことが大切であると認識していたからである。また、①戦後の混乱期の中で時代を切り拓き、青年の目を開かせるためには図書館が必要であったこと、②その図書館建設に対しても住民のなかには反対もあったが、図書館建設の提案についてはやがて理解が得られ、青年会費から図書費を計上して建設したこと、③司書に相当する図書係を置いたこと、を語っている。[14]こうして青年倶楽部から始まった波平青年文庫は、波平青年会の主体的な運営によって図書文化運動を始めたのである。青年会費から図書館建設経費を計上し、住民総ぐるみで波平青年文庫を建設したわけであるが、実際の文庫の実務や運営は青年会から選出された図書係に委ねられた。このように波平の青年文庫は、波平の青年による発案から生まれ、青年会の自発的・自主的な運営を行っていたといえる。

波平公民図書館の運営主体は、波平青年文庫（波平青年図書館）と呼称されていた一九六〇年代初頭まで波平青年会であり、その主たる運営費は青年会の予算であった。この頃、青年会は、共同耕作地からの収入を諸行事や運動競技、産業講習会、教育隣組の教育費等に充てていたが、図書館運営もこれによって支えられていたものと考えられる。波平公民図書館として再出発するのは一九六二年からであり、波平区公民館の予算で運営された。このように、青年会による公民館図書室の設立・運営は、青年会の村の復興・再建にかける願いを基本としながら、自覚的・自治的な行動の結実した〃か

写真６　波平公民図書館（読谷村）

たち〟を生み出した。

一九六三年七月、全面改築された波平公民図書館は、図書館運営委員会を設置し、専任司書係を置いたのが特徴的である。「波平公民館運営規約（一九六五年一月）」は、公民館の最高企画機関である審議委員会のひとつに文化部を位置づけ、学事奨励会や社会教育に関する事項等と並んで図書館に関する事項も取り扱われるようにした。こうして公民館運営規約の中に「司書」に係る規則が明文化されたことは、公民館活動のなかに図書室運営が位置づけられ、住民総意のもとで字公民館を拠点に図書文化活動が再出発したことを意味したのである。

波平公民図書館は、村内の公民館図書室の運営や活動に多大な影響を与えただけではなく、活動の拡大・強化を背景にしながら他地区への自治的な文化活動の有り様を提起し、集落全体の自治的な文化活動を牽引した。自治的な文化活動の拠点としての波平公民図書館は、以後、地域の健全育成の活動や児童文庫・青年文庫の整備・拡充を図ることで、住民の地域文化環境を形成していくのである。

これらのことから、公民館図書室はまぎれもなく住民の中の教育自治に根ざした共同体的教育文化事業であるとともに、自治的文化の生成と継承を創出し、自覚的な住民による豊かな地域づくりの可能

写真７　波平読書祭（読谷村）

性を示している。15

おわりに

沖縄の集落共同社会では、子ども会、青年会、婦人会、老人会等の諸団体の活動や様々な行事や祭り、芸能活動が行われている。沖縄の地域史・字誌づくりも活発であり、たとえば、名護市では、市内の字誌編纂には助成金を支出して奨励している。区民による主体的な相互学習の成果としての字誌づくりともいえるだろう。近年では、行政支援を受けて字公民館でのミニデイサービスも盛んに行われ、地域福祉活動の拠点として字公民館があらためて注目されている。集落によっては、区民の「結」の精神と相互扶助の文化は、今でも育まれているように思える。

日常の生活を営む中で、ごく自然に人と人がつながり、地域の文化を創りあげていくのは決して容易なことではないが、沖縄の地域共同体における社会教育実践の歩みをみると、我々に大きな示唆を与えているように思える。それは、生活者たる区民による学習活動と自発的な教育・文化おこしが脈々と継承され、しかも、区民自身が自治的にこれらの活動を担っているといえるからである。こうし

写真８　なみひら たんぽぽ文庫（2008 年）

た集落の自治的な文化の根底には、沖縄の「結」の文化、相互扶助の精神が生き続けているからであり、現代社会においても人と人がつながり、共に生活をしていくことの大切さを沖縄の事例は、我々に問いかけているのである。

注

1 子どもが生まれて、母子とともに健康であればその日のウバギーを炊く。「出産祝い」の意。
2 遺体をおさめた棺箱を墓まで運ぶ朱塗りの輿のこと。
3 戦後は「部落公民館」、「自治公民館」、「集落公民館」と呼ばれる。なお、沖縄では、「部落」の呼称は、「集落」や「自治会」を意味する。
4 益川浩一著『戦後初期公民館の実像—愛知・岐阜の初期公民館』大学教育出版、二〇〇五年、一九九—二〇〇頁。
5 同右、一九九頁。
6 寺中作雄「(新漢字 寺中構想) 公民教育の振興と公民館の構想」(雑誌『大日本教育』昭和二一年新年号)。
7 宮本常一著『ふるさとの生活』講談社、一九八六年、一〇八—一〇九頁。
8 高良倉吉「王国時代の教育」(うるま市具志川市史編さん委員会編『具志川市史 第六巻 教育編』うるま市教育委員会、二〇〇六年、所収) 七頁。
9 同右、八頁。
10 上地武昭「住民自治活動の拠点としての沖縄の公民館」(「月刊 社会教育」編集委員会編『公民館六〇年 人と地域を結ぶ「社会教育」』国土社、二〇〇五年、所収) 三九—四〇頁。
11 宮古島・伊良部島・多良間島には、守姉(むりあに)、抱姉(だっあに)と呼ばれる民族風習が残っている。これは、乳幼児の世話を近所の少女に頼むものである。親の労働(農作業)の合間に子どもの世話をしたり、されたりする相互関係を通して、地縁的な結びつきが強固になる事例である。

12　祖納公民館の地域教育実践は、第41回沖縄県公民館研究大会八重山地区大会の第3分科会（平成二三年九月一五日）で報告された。館長（那根操）の卓越した演出を伴う報告は、参加者に大きな感銘を与えた（沖縄県公民館連絡協議会『第41回沖縄県公民館研究大会八重山地区大会』平成二三年九月一五日、三三―三六頁）。
13　砂川徳子（昭和一年生）からの聞き取り（二〇一〇年五月二九日聞き取り、於：宮古第一ホテル）。
14　知花昌徳（昭和五年生）からの聞き取り（二〇〇八年九月一〇日、於：知花宅）
15　波平公民図書館は、青少年の活動の場所、地域の文化、教育、交流の館として広く住民に親しめる図書館を目指して（波平公民図書館活性化計画委員会／一九九六年結成）、一九九七年から「なみひらたんぽぽ文庫」の名称に変わり、二〇〇九年度、波平区公民館全面改築のなかで、「たんぽぽ文庫」の在り方が議論された。結局、「たんぽぽ文庫」の図書は、村立図書館に寄贈され、現在、波平区公民館には、図書館機能はない。

参考文献

①小林文人・島袋正敏編『おきなわの社会教育―自治・文化・地域おこし―』エイデル研究所、二〇〇二年。
②小林文人・平良研一編著『民衆と社会教育―戦後沖縄社会教育史研究―』エイデル研究所、一九八八年。
③山城千秋著『沖縄の「シマ社会」と青年会活動』エイデル研究所、二〇〇七年。
④末本誠著『沖縄のシマ社会への社会教育的アプローチ　暮らしと学び空間のナラティヴ』福村出版、二〇一三年。

第十章　国際成人教育と開発途上国の生涯学習

一　国際成人教育の発展

東西冷戦の終焉後、刻一刻と変貌を続ける世界では、初等・中等教育といったいわゆる基礎教育の拡充とともに、人間一人ひとりの全生涯を覆う生涯教育、生涯学習の重要性や緊急性が叫ばれて久しい。特に、学校教育を受ける一定の学齢期にない成人の教育をいかに充実させ、個々の自己実現や課題解決を図っていくかは、二一世紀における重要な課題と考えられるようになった。

近年では、グローバル化によって一国内における教育は、その国が独自に持つ歴史、政治、経済、文化などの多様な要因に規定されるというよりも、むしろ国家と国家をまたぐトランス・ナショナルな諸要因によって形成されると考えられるようになっている。西側・東側という冷戦によって人的・恣意的に造り出された箍が外れ、アフリカやアジア諸国での多くの新国家の誕生に伴って再燃したナショナリズムや国民国家論は、ＩＴ技術の進展による情報化やＥＵなどの超国家機構の創造に係るグローバル化によって影を潜めたかに見える。

そのような世界の潮流の中で、国際成人教育発展のための世界規模の政府間会議も開催されている。またその一方では、さまざまな成人教育支援のＮＧＯなどの市民社会組織が組織され、成人教育拡充の運動や個々の組織をつなぐネットワークの形成が活発化している。いまや、世界の教育に大きな影響を与えるのは国家によって造り出されたイデオロギーや制度だけではなく、国際機構やＮＧＯなどの市民社会組織、そしてそれらが連帯した世界規模の国際ネットワークなのである。[1]

では、なぜ、このような国際成人教育の連帯とネットワーク化がなされるようになったのだろうか。その背景には何があるのか。連帯とネットワーク形成が意図するものは何か。また、それらの動向が開発途上国の生涯学習に及ぼす影響とはいかなるものなのか。視点を変えて見ると、グローバル化により世界の均一化、画一化（世界は次第に統一体＝unity の状態に進みつつあるという見方もできる）が進む現代において、国際成人教育の連帯とネットワーク化が有する力とは一体いかなるものであるのかについて、再度熟考しなければならない時代に私達は生きているのではないだろうか。

そもそも成人教育や生涯学習の国際的枠組みとは、いかにして構築されてきたのだろうか。これまで、成人教育や生涯学習といった領域は、いわゆる「先進国」や「開発途上国」、「北」、「南」といった区分にとらわれることなく、むしろその二項対立的な隔たりを乗り越える要となる教育政策の方針として、世界的次元で議論されてきた。この成人教育や生涯学習の概念、枠組みの定着に貢献を成したのが言うまでもない超国家的諸力であった。代表的な機関には、ユネスコ、ＯＥＣＤ、ＩＬＯ、ＵＮＤＰ、世界銀行、国際成人教育協議会（International Council for Adult Education、以下ＩＣＡＥ）等が挙げられるが、それらを中心とする国際機構や非政府組織、国際的運動体は、その存在意義や独自性を保持しつつ、各組織固有の活動原理や理念、目的に従い、多様な成人教育、生涯学習のパラダイムを提示・展開している。[2]

また、忘れてはならないのが、近年では従来の枠組みにとらわれない組織形態を持つさまざまな組織がときには個々に、またときには他の組織と連携して成人教育や生涯学習に連なる活動を行っている点である。一口に国際機関や国際組織といっても、政府機関や非政府機関（ＮＧＯ）、地域経済・文化機構防衛・安全保障機構、国際連合など多種多様であり、近年ではOpen Society Foundationsなどの私的な財団なども含めると、実にさまざまな団体が乱立し、各々の活動を展開しているといえる。

本章では、まず、国際成人教育論の展開について把握する。その上で、政府機関のみならず、国際機関や非政府組織によって創造、展開されてきた成人教育や生涯学習について、ユネスコ主催の国際成人教育会議の流れとＩＣＡＥの活動に焦点化し整理・明示することで、世界における成人教育や生涯学習がどのような変遷を遂げ今に至り、現在どのような活動を展開しているのかについて考察する。また、世界規模の国際成人教育の展開や国際ネットワークの創造が、開発途上国の生涯学習にどのような影響を与えているのかについて、中央アジア諸国を事例に挙げ、考えていく。

二　国際成人教育論の展開

これまで、国際成人教育についての理論的研究は、主として後述するユネスコ国際成人教育会議（CONFINTEA）や種々の国際会議での議論を基に発展してきたといえる。例えば、H・S・ボーラは『国際成人教育論　ユネスコ・開発・成人の学習』の中で、第一回会議から第四回会議で議論された内容を取り上げつつ、国際成人教育会議が世界の成人教育の発展についてどのような意義を持っていたのか、国際協力に対する国際成人教育会議の位置づけや、会議で議論された内容が成人の学習論や識字にどのような成果をもたらしたのか、などについて会議における議論を時系列的に追いながら論じている。[3] メディアと資料、カリキュラム、評価など、具体的な題材を取り上げつつ国際成人教育とユネスコ国際成人教育会議の関係や、同会議が成人教育に及ぼす影響とその変遷、拡大についての整理がなされている。しかし、焦点が会議での議論に当てられており、また、さまざまな国や地域における事例の紹介が断片的なため、国際会議の動向や展開を通して何を解明しようとしているのか、成人教育の何が課題として上がっており、それを克服するためにどのような理論や方法が実際に活用されているのかなどが明らかでない点が課題として挙げられる。

一方、日本国内で国際成人教育について扱った研究は複数あるが、概して豊富な研究蓄積があるとはいえないのが現状である。その中でも、原初的な論考として日本ユネスコ国内委員会がまとめた『社会教育の新しい方向　ユネスコの国際会議を中心として　』と諸岡和房の『社会教育・東と西』が挙げられよう。

日本ユネスコ国内委員会の『社会教育の新しい方向　ユネスコの国際会議を中心として　』では、第二回国際成人教育会議（一九六〇年、モントリオール）後に開催された「青少年に関する国際会議」（一九六四年、グルノーブル）、「現代ヨーロッパにおける成人教育とレジャーに関する会議」（一九六五年、プラハ）、「第三回成人教育推進国際委員会」（一九六五年、パリ）を踏まえつつ、世界における成人教育の新たな動向の検討が行われている。厳密に見れば、同書ではフランスを事例とした社会教育の発展が中心となって述べられているため、世界の成人教育や国際会議を通じた国際連帯の実態、連帯の意義が明示されているとは言い難い。しかし、一九六七年から一九六八年にかけてユネスコから発せられた「生涯学習（life-long education）」という新たな概念が国際会議やユネスコの各種事業を介していかに世界に拡大していったのかについて把握できる点で押さえておくべき論考であると考えられる。

一方の諸岡和房による『社会教育・東と西』では、それまで成人教育のみならず教育や国際協力の領域において中心的な考えをなしてきた「東と西」というパラダイムを大きくシフトさせるような「東と西から南と北へ」

といった理念が打ち出されている。これは、西欧社会における成人教育の発展に東洋（日本）が習うといった考えから、世界の成人教育では東西社会に制限されない南北も含めた世界全体で成人教育を議論、発展させていくといった考え方であり[4]、現在もユネスコ主導によって展開されている国際成人教育の連携、連帯に通ずる理念であるといえる。国際成人教育会議の回を重ねるごとに、アジア、アフリカや南米の開発途上国のプレゼンスやアジェンダ採択におけるイニシアティブが高まり、二〇〇九年には南半球の国ブラジルで初めて国際成人教育会議が開催されるなど、「東と西から南と北へ」の視点はさらに重みを増している。

近年では、自らの会議出席経験をもとに、その内容や成果を分析するような論考も増えつつある。その中でも、第五回国際成人教育会議（一九九七年、ハンブルク）への参加を踏まえて国際成人教育会議やその成果文書を分析した佐藤の研究[5]や、ＩＣＡＥの国際的展開を切り口に国際成人教育や成人教育運動の展開について検討した荒井の研究[6]がその一端として挙げられる。今後は、このような国際成人教育発展に向けての取り組みが有する力が開発途上国においていかに拡大し、どのような成果を上げているのかについて、その実態に即した研究が望まれる。

三　国際成人教育会議（CONFINTEA）の歴史的変遷とその成果・課題

ユネスコ国際成人教育会議（CONFINTEA）は、世界各国の成人教育の現状を把握し、現存する課題を克服するための方策を各国間で議論する政府間会議であり、一二年に一度のスパンでユネスコ主催により開催されている。政府間での成人教育の議論の場とされているが、近年では、政府代表のみならず成人教育についての活動や研究、支援を実施している民間団体、研究機関、ＮＧＯなど、多岐にわたる組織がオブザーバー参加する開かれた会議になっている。二〇〇九年一二月にブラジル・ベレンで開催されたCONFINTEA Ⅵでは、各国政府代表の中に市民社会組織メンバーを含めることが推奨されるなど、より政府と民間との間の垣根のない会議が目指されている。

ユネスコ国際成人教育会議の歴史を紐解いてみると、第一回大会は、一九四九年、デンマークのエルシノアで二七カ国の政府代表と二一のＮＧＯなどの代表の一〇六名で行われている。このエルシノア会議では、人間社会における寛容の精神の必要性を議論し、冷戦時における東西の和解の必要性が議論された。また、より国際理解を促進するための成人教育の役割も強調され、「コミュニケーションが国際的に広く自由化されるべきであること、そして成人教育の領域で成人教育者とそれ以外の人々との間に接触や交流のための恒常的方法が会議や代表団派遣、視察、サマースクールを通して確立されるべきこと」[7]が提起された。

一九六〇年、カナダのモントリオールで第二回国際成人教育会議が開催され、国際理解と国際協力がエルシノアに引き続き、大きな関心事となった。実践の面では、国際理解の教授のために計画された資料を作成し、配布した準学校プロジェクトが評価されている。また、非識字の根絶を目指し、国際識字基金も本会議で発議されている。

一九七二年、東京で開催された第三回大会は、ＮＧＯなどの市民社会組織の参加が顕著となった会議であった。「生涯学習における成人教育の役割」が主題とされ、その中でも特に、南北対立と階層格差が孕む課題が取りざたされた。

ここまでの三回の会議を俯瞰すると、初回会議が開催された当時は参加国もヨーロッパ中心であり、そこで議論された成人教育観も西欧のそれに基づいたものであったが、第二回のモントリオール会議では、新興独立国の参加が増加し、議題としても新興国で大きな問題となっている識字や職業技術教育が成人教育の一環として重視された。ＮＧＯなどの市民社会組織の参加が顕著となった東京会議を契機とし、翌一九七三年には世界の成人教育運動を牽引するＩＣＡＥが設立され、より一層成人教育のグローバル化が進展することとなる。[8]

一九八五年にフランス・パリで開催された第四回ユネスコ国際成人教育会議では、ユネスコ「学習権宣言」が採択されており、学習権は人間に欠くことのできない基本的人権のひとつとされ、「読み書きの権利であり、問い続け、深く考える権利であり、想像し、創造する権利であり、自分自身の世界を読み取り、歴史をつづる権利であり、あらゆる教育の手だてを得る権利であり、個人的・集団的力量を発達させる権利である」[9]と定義されている。この背景には、前出のＩＣＡＥの多様な取り組みがあったことも看過できない点である。

第五回国際成人教育会議は、一九九七年、ドイツ・ハンブルクで開催され、会議最終日には、「成人学習に関するハンブルク宣言」と「成人学習の未来へのアジェンダ」が採択されている。ハンブルクでの本会議に先立ち、アジア・太平洋、アフリカ、ラテン・アメリカ・カリブ、アラブ諸国、欧州でリージョン会議が開催され、それらの地域特性を踏まえて本会議が開催された。

これまでの五回の会議を経て二〇〇九年一二月にはブラジル・ベレンで、第六回国際成人教育会議（CONFINTEA VI）が開催されている。ハンブルク会議同様、ベレンでの本会議に先だって、地域ごとのリージョン会議が開催され、アジア・太平洋地域のリージョン会議は韓国・ソウルで開かれた。ソウル会議では、地域独自のテーマに沿ったパネルディスカッションや各国のナショナル・レポートの再検討が行われている。リージョン会議では、各分科会に分かれさまざまな討議が行われ、その成果は「アジア太平洋における成人学習・教育の現状と発展」というレポートにまとめられている。[10]

ベレンの本会議では、四日間にわたり世界の成人教育についての活発な議論が展開され、最終日には「ベレン・フレームワーク」が採択された。その「フレームワーク」は大きく、「前文」、「生涯学習にむけて」、「勧告」、「成人の識字」、「政策」、「ガバナンス」、「財政」、「参加、インクルージョン（包摂）、公正」、「質」、「『ベレン行動枠組み』の実施に関するモニターを行う」に分かれており、実践的な部分の一つとして成人の識字に重点が置かれていることがわかる。[11] これは、ベレンでの第六回ユネスコ国際成人教育会議にアフリカや南米などの多くの開発途上国が参加し、各々の国が有する課題を議論したことで、それらの国においては成人の識字が成人教育の最重要課題であることが如実であったことを意味している。

第六回ユネスコ国際成人教育会議の成果として採択された「ベレン・フレームワーク」であったが、第四回パリ大会の「学習権宣言」や第五回ハンブルク大会の「ハンブルク宣言」ほどのインパクトや世界の成人教育現場への波及性はないのではないか、という意見もある。[12] 回を重ねるごとに、国際成人教育会議に参加する国やナショナル・レポートの提出率も高まっているが、それほどの多くの参加国や参加地域の総意をまとめあげ、アジェンダを策定するのは容易ではない。「ベレン・フレームワーク」の成果や課題が形となって現れてくるのは今後であり、その総括や「ベレン・フレームワーク」を継承しての新たなアジェンダが策定されるのは第七回国際成人教育会議以降であるが、次回までに開催される中間会議やリージョン会議、三年ごとのモニタリングによる報告書などを通して、私達は「ベレン・フレームワーク」の妥当性や有用性、成人教育における先導性、そしてその成果と課題を検証していく必要がある。

四　国際成人教育ネットワークの構築と連帯

現在、世界における国際成人教育のネットワークが拡大する中で、文化的・歴史的共通性を核とした「地域」による域内連携とそれを支える国際ネットワークをどう構築していくのかが国際的・政策的に大きな関心事となっている。特に、成人教育の「域内連携」と「国際ネットワーク」の連動という視点は、新たな世紀における成人教育の展開を促進する仕組みとして、現在において重要視されるようになってきている。

国際機構のほか、国際成人教育のネットワーク形成を進める団体で代表的なものの第一に挙げられるのは、ＩＣＡＥである。現在、南米のウルグアイにその事務局を置くＩＣＡＥは、長く世界の成人教育の発展やそのための運動に大きな役割を果たしてきた。三年ごとに開催されるＩＣＡＥ総会では、「ジェンダー」や「気候変動」などのワーキンググループに分かれ、各地域を代表する参加者が現状や今後三年間の計画、次の国際成人教育会議に向けての方針を議論する。会議の最終日には、今後三年間の活動方針や次のユネスコ国際成人教育会議に向けた提言が、総会参加者の合意により採択される。また、ＩＣＡＥは世界における成人教育のスペシャリスト養成にも力を入れており、毎年アフリカやヨーロッパ、南米などの世界各地で行われている約三週間のＩＣＡＥアカデミー（IALLA - ICAE Academy of Lifelong Learning Advocacy）において、成人教育に関するさまざまな研修を提供している。

ＩＣＡＥが世界の成人教育運動をリードするものであれば、アジア・南太平洋成人教育協会（以下、ＡＳＰＢＡＥ）はそのアジア版といえる組織である。インドのムンバイに本部を置くＡＳＰＢＡＥは、その名の通り、アジア・太平洋地域の成人教育普及と発展のための多彩な運動や活動を展開している。アジア・太平洋地域における成人教育の実践や計画への支援はもとより、ユネスコ国際成人教育会議のリージョン会議や本会議における「ベレン・フレームワーク」のような国際的アジェンダ採択や各国政府の投票へのロビー活動も活発に行っている。ＩＣＡＥ総会でも、アジア・太平洋地域の代表者はＡＳＰＢＡＥの代表が選出されており、ここでも世界の成人教育に対するＡＳＰＢＡＥの積極的な関与の姿勢が窺える。これまで、東南アジアや太平洋地域を支援や活動の主な対象としてきたＡＳＰＢＡＥであるが、近年はその射程を中央アジア地域へも広げようとその方途を模索している。このように、成人教育の国際的ネットワークがこれまであまり活動を展開してこなかった地域へと手を伸ばしていくことは、いったいどういった意味を持つのだろうか。

中央アジア地域は、ソ連崩壊による独立後、教育インフラの拡充や新教育制度の設立、教育関連の法整備などを急ピッチで進めてきた。これらの教育改革は一貫して学校教育が主であり、成人教育や生涯学習制度の改革、法整備は取り残されてきた。旧ソ連・中央アジア五カ国のカザフスタン、ウズベキスタン、キルギス、タジキスタン、トルクメニスタンは、独立後それぞれ別個の教育改革を行っており、教育改革の進展具合もそれぞれであるが、概観して、成人教育制度や法整備が整っている国は皆無であり、いまだその途上にあるといえる。そればかりか、第六回ユネスコ国際成人教育会議で提出されたナショナル・レポートを比較しても、各国によって成人教育の定義や活動内容に大きな開きがあり、各国内で成人教育とは何か、といった成人教育の概念自体が確立していないことが露見している。

このように、成人教育の軸足そのものが確固たるものとなっていない地域や国々に成人教育の国際的支援や働きかけをする場合、その国の社会的・歴史的・文化的基層を保持し、独自性を損なわない働きかけを行うべきではないだろうか。成人教育の国際的潮流やネットワークに参加できないことがその国に不利益を与えている場合は国際的働きかけや支援でもってそれを打破しなければならないが、その国が独自に持つその

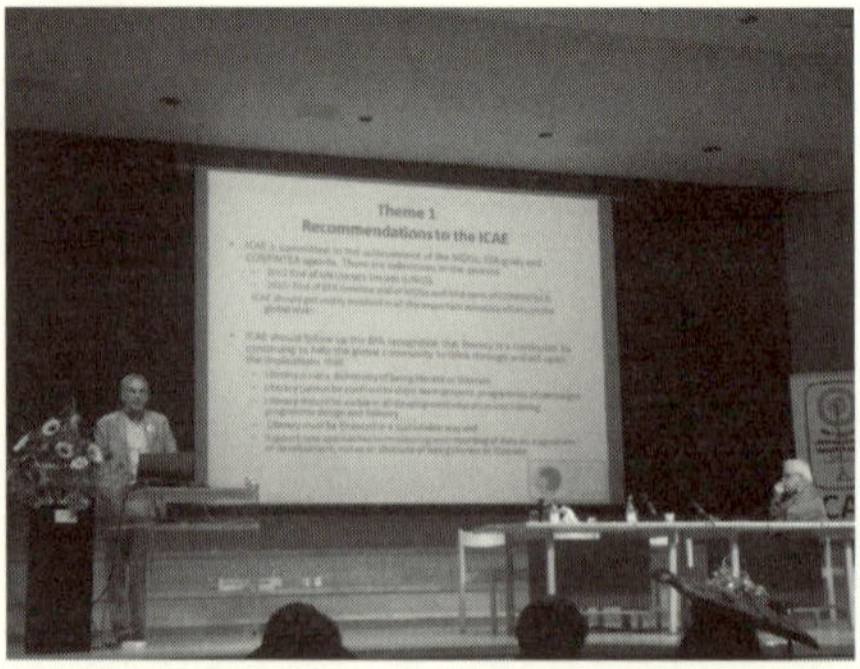

写真１　ICAE への提言を発表するワーキンググループの代表（2011 年６月、スウェーデン、マルメでの第八回 ICAE 総会にて筆者撮影）。

国のよさを蔑にし、安易に成人教育の国際的俎上に乗せることには注意を要する。

五　開発途上国における生涯学習―中央アジアの事例から

ここでは、国際成人教育会議や国際成人教育のネットワークが開発途上国にいかなる影響を及ぼしているのか、また、途上国の成人教育にどう貢献しているのかについて、中央アジアの事例をもとに考察していく。

(一) 中央アジア諸国とCONFINTEA、成人教育における域内連携

中央アジア諸国の第六回国際成人教育会議（CONFINTEA VI）への参加状況は、中央アジア五カ国のうち、トルクメニスタンを除く四カ国が国内の成人教育の様相をまとめたナショナル・レポートを提出し、政府代表をベレンでの本会議に派遣している。また、ソウルで開催されたリージョン会議では、キルギスの代表が自国の成人教育の実態や成人教育関連の法整備について発表を行っている。トルクメニスタンに関しては、公式のナショナル・レポートは提出されておらず、同国の成人教育の現況の把握は困難な状況にある。

二〇〇三年六月、ウズベキスタンの首都タシケント市において、中央アジア諸国の生涯学習に関する初の地域的な会議が開かれた。〝Education for All-Lifelong learning in Central Asia〟と題されたこの会議は、ダカールでの〝Education For All〟による活動枠組みや、一九九七年ハンブルクでのCONFINTEA Vにおけるアジェンダ、一九九八年の高等教育世界会議、そしてこれらの奨励事項を実施するための中央アジア諸国の活動を支援する目的で開催された。会議の最後では、〝Tashkent Call to Action〟という提言が中央アジア各国のみならず、ヨーロッパや他のアジア各国の代表による協議によって提示されており、中央アジア各国の生涯学習政策に関する計画や方針の発展が目指されている。

具体的には、表1に見られるように、「専門的活動や個々の人生の新たな方向性を模索することを支援するためのフォーマル教育、ノンフォーマル教育を含む生涯学習や成人の学習が、転換期の中央アジア諸国において鍵となる課題であることを認識すること」や「社会の民主化や人間性の育成に焦点を当てた市民教育同様、生涯学習政策は職業教育とトレーニングを含むべきであることを理解すること」などが会議参加者によって指摘されている。また、関連のステークホルダーが要求する項目としては、表2に示すように、一三の項目が挙げられている。

ソ連解体に伴う独立から二〇年を経た中央アジア諸国では、いまだ成人教育や社会教育に関する法整備や社会教育・成人教育行政の拡充も十分に進んでおらず、成人教育や社会教育という概念自体が人々の間に根付いていない現在において、〝Education for All-Lifelong learning in Central Asia〟の地域会議や、The〝Tashkent Call to Action〟という提言が採択されたことは、非常に画期的な取り組みであり、今後の中央アジアにおける成人教育の一種のメルクマールとなると考えられる。

1. 専門的活動や個々の人生の新たな方向性を模索することを支援するためのフォーマル教育、ノンフォーマル教育を含む生涯学習や成人の学習が、転換期の中央アジア諸国において鍵となる課題であることを認識すること
2. 社会の民主化や人間性の育成に焦点を当てた市民教育同様、生涯学習政策は職業教育とトレーニングを含むべきであることを理解すること
3. すべてのEFAが成人教育の重要性を強調しており、当該地域諸国は成人教育に対する十分な注意を払っていないことを明示すること
4. 法的側面や十分な財政上の支援、適切な制度的構造、効果的なマネージメントシステム、良質の評価とEFAの理念を支えるのに必要とされる環境のような成人教育のメカニズムが、中央アジア諸国には存在しないことに着目すること
5. 学習過程における理論と学習者中心のアプローチの実践、積極的な参加は、常に現状では行われていないことを強調すること
6. 認識の欠如とノンフォーマル教育の認識を強調すること

〈出所：The "Tashkent Call to Action", CONFINTEA VI National Report Uzbekistan〉

表1　会議参加者による指摘

1. EFA、生涯学習政策の定めた目標達成のためのユネスコや各国政府の活動に大きな価値を置くこと
2. フォーマル教育とノンフォーマル教育を通した学習機会の伝達において、等しい主眼点を置くこと。政府、国際機関、非政府組織間のパートナーシップは助長されなければならない
3. 生涯学習政策と実践において、明確であり、また統合された要素としてのEFAを促進すること。政府機関は教育に対し責任を有し、ローカル、地域的、国家的なネットワーク(専門団体、組織)と、成人教育が必要とする発展、調整、資金提供、質的なマネジメントや評価にとって必要な構造の創造に大きな価値を置くべきである
4. 基礎教育制度のなかに、人々がコミュニティにおける社会的、文化的、政治的、そして経済的な生活へ自由に参加する個々の能力を高めるために必要な技能向上プログラムを導入すること
5. 積極的なシティズンシップと自己実現のための成人学習プログラムの支援に、さらなる資金を配分すること
6. 学習者のニーズと興味に根差した教育プログラムの推敲に価値を置くこと。計画から教育的質の評価までの学習過程において、学習者の積極的な参加を推奨すること
7. 国際的な比較研究に対してと同様、ニーズ分析や計画、モニタリング、報告、活動評価の目的のための、包括的でローカル、地域的、国家的な統計データの集計システムを設置すること
8. 生涯学習政策対策において、ジェンダーなどの慎重性を要する政策への監査の適用のために、量的・質的な指標を開発すること
9. フォーマル・ノンフォーマルの成人教育の証明と認可の包括的な制度を推敲すること。信頼のおける、重要な学習に対する手続きは、新たな制度の基盤として考慮されるべきである
10. マルチリンガル学習プログラムと同様の文化的平和と寛容の発展のための、教育の価値の側面における国際的な協力と交流は拡張されるべきである
11. 現存の社会的課題、特に失業や貧困のような問題を克服するために、より集中的な成人教育と生涯学習政策を活用すること
12. 生涯教育政策と実践を支援するための分野における高等教育と科学(研究)の潜在能力をより効果的に活用すること
13. 生涯学習政策過程の必要性に対し、より高い価値を置くためのドナー機関を誘致すること

〈出所：The “Tashkent Call to Action”, CONFINTEA VI National Report Uzbekistan〉

和訳は、拙稿「現代中央アジアにおける成人教育　“Tashikent Call to Action”からCONFINTEA VIへ　」『東アジア社会教育研究』第15号、東京・沖縄・東アジア社会教育研究会、2010年、259頁より抜粋。

表2　関連のステークホルダーによる要求

また、会議参加者は、ウズベキスタン、カザフスタン、キルギス、タジキスタン、ロシア、ウクライナ、アルメニア、アゼルバイジャン、グルジア、デンマーク、ドイツ、インド、インドネシア、パキスタン、フィリピンの一五カ国の政府代表やユネスコ、ユネスコ・ウズベキスタン事務所、各ＮＧＯ代表、ドイツのＤＶＶ（Institute for International Cooperation of the German Adult Education Association, IIZ/DVV）などから構成されており、政府代表者だけではなく、幅広い見地からの議論が行われ、成人教育についての域内協力の基盤を構築する契機となっていることは評価でき、本会議や提言の大きな成果であるといえる。

しかし、この〝Tashkent Call to Action〟からは、中央アジア各国や中央アジアという地域における生涯学習や成人教育が、現在どのような状況に置かれており、どのような課題を有しているのかについて、また具体的な活動方針や評価基準が明確には見えてこない。例えば、会議参加者による六つの指摘のうち、「一．専門的活動や個々の人生の新たな方向性を模索することを支援するためのフォーマル教育、ノンフォーマル教育を含む生涯学習や成人の学習が、転換期の中央アジア諸国において鍵となる課題であることを認識すること」や「三．すべてのＥＦＡが成人教育の重要性を強調しており、当該地域諸国は成人教育に対する十分な注意を払っていないことを明示すること」、「四．法的側面や十分な財政上の支援、適切な制度的構造、効果的なマネージメントシステム、良質の評価とＥＦＡの理念を支えるのに必要とされる環境のような成人教育のメカニズムが、中央アジア諸国には存在しないことに着目すること」は、中央アジアの現状に触れた項目となっているが、この項目も含め、すべての項目が中央アジアだけではなく、世界中のさまざまな国や地域に共通する「大きな課題」であり、中央アジアの現状を如実に表す課題とはなっていないのである。

このような提言内容では、同会議では真に中央アジアにおける生涯学習や成人の教育について議論されたのかも疑問視される。「なぜ、生涯学習や成人の学習が、転換期の中央アジア諸国において鍵となる課題であるといえるのか」、「中央アジア諸国は成人教育に対する十分な注意を払っていないと指摘されているが、中央アジア五カ国それぞれは独自の国家建設を進める中で、成人教育に対する国家認識にも差異があるのではないか」、「ソ連期に整備された成人教育や青少年組織という成人教育構造や歴史認識を共有しているはずの中央アジア諸国において、真に成人教育のメカニズムは中央アジアに存在しないのだろうか」といった疑問も生じてくる。換言すれば、The〝Tashkent Call to Action〟は、中央アジアの歴史的背景や社会的・経済的バックグラウンド、宗教などの地域特性を鑑みて作成されたとは言えず、それが同提言と実際の成人教育現場での実践との乖離を生む原因ともなると考えられるのである。また、中央アジア五カ国のうち、トルクメニスタンは同会議に参加しておらず、本会議での議論や提言が中央アジア地域全体の成人教育実態や課題を表したものとはなっていない点も指摘しなければならない。

そもそも、The〝Tashkent Call to Action〟を提言するにあたって、中央アジア諸国間や会議参加者の間で、中央アジアや世界における成人教育とは何かについての定義がなされないまま、The〝Tashkent Call to Action〟が採択されていること自体、今後の中央アジアの成人教育の概念や理念、活動実践の乖離、格差を生みだす原因ともなりかねないのである。

さらに、資金源であり活動主体ともなっている政府や国際機関、NGOなどの要求は掲示されているものの、実際の活動の受益者となる各国民の意見やニーズにはほとんど触れられていない。それでは、〝Tashkent Call to Action〟は各国政府や国際機関、NGOなどのみによる「相互確認のための提言」に留まってしまい、実際の活動の受け手である人々、地域住民という末端には届かないことになる。

このような地域会議とThe〝Tashkent Call to Action〟で残された、成人教育の概念や理念、活動実践の齟齬といった課題は、中央アジア各国のナショナル・レポートに顕著に示されている。例えば、それはカザフスタンのナショナル・レポートで、労働者のトレーニングや雇用主の役割が強調されている一方、キルギスのナショナル・レポートでは、民主化や職業訓練、地域社会開発など、より広く成人教育がとらえられている点に見ることができる。

（二）ウズベキスタンの〝National Report〟に見る成人教育の実態

現在の中央アジア各国では、学校教育の再編とともに学校外教育や成人教育の整備も推進されている。ソ連の成人教育の中心は父母大学や教養大学、労働青年学校、工業訓練[13]であったが、それはどのような形で現在に継承されているのであろうか。以下では、ウズベキスタン政府が第六回国際成人教育会議に向けて提出したナショナル・レポートを中心に、現在の中央アジアにおける成人教育の実態を探っていく。

ウズベキスタン政府が二〇〇九年ブラジル・ベレンで開催される第六回国際成人教育会議に向けて作成したナショナル・レポートには、前出の The〝Tashkent Call to Action〟が添付され、その成果が強調されている。同レポートは、「成人の学習と成人教育の要領の現状と発展」と題され、冒頭で同国の教育行政は、ウズベキスタン共和国憲法、カラカルパクスタン共和国憲法[14]、ウズベキスタン共和国法「教育について」、「人材養成システムの国家プログラム」、大統領令、内閣決議に基づく旨、提示されている。レポート内容は、一．政策、立法と財政、二．成人の学習と成人教育の質：対策、参加と達成、三．研究、革新と優れた実践、四．成人の識字、五．第六回国際成人教育会議の可能性と成人の学習と成人教育の展望、の五項目に大別されている。

レポートの中では、成人は異なる教育組織において彼らの知識と経験を深めるために教育を継続することができ、その教育形態はフルタイムのトレーニングや家庭教育や教育の延長など多様であることが示唆されている。

また、成人の学習と成人教育の達成目標には、一．知識基盤社会の発展、二．学習プログラム内での道徳教育と価値教育の振興、三．生涯学習の視点に伴った教育プログラムの法の多様性の発展と内容の質的向上、四．定期的な研修と質的向上プログラムのシステムを介した教育者と教員の能力の増大、五．教育過程のガバナンスの効果と影響、の五つが掲げられている。

しかし、実践面では、教員の再教育や主に後期中等教育段階で実施されている「人材養成システムの国家プログラム」などが挙げられており、ソ連期の職業訓練や職員・教員の再教育の系統を受け継いでいる傾向が強い。一例を挙げると、韓国政府との連携のもとでは、「職業研修の発展」プログラムが、また、ドイツ・開発銀行との協力によっては「ＩＣＴの応用と職業研修」、スイス開発協力機構とは「ウズベキスタンにおける職業スキルの学習」などの各種プログラムが実施されている。

さらに、各大学で国際支援団体の支援をもとに実施されている取り組みも、例えばタシケント国立化学・工科大学で行われている「化学における応用に伴ったコンピューター・サイエンス」や、タシケント国立教育大学の「アカデミックリセと職業カレッジ教員の再教育のためのセンターの創設」、ウズベキスタン国立大学の「ＩＣＴの学習環境」など、職業技術の向上や実際の労働の場で即戦力となる技能を身につけることを主目的としたプログラムが多く計画されている。また、このような職業関連のプログラムと並行して、欧州における高等教育改革のボローニャ・プロセスに起因する「ダブル・マスター・プログラムの質保証」や「ホレズム地域における経済と環境的な土地の再建設、水使用：マスター・Ph.D. 学位のジョイントプログラム」などが計画されており、欧州の高等教育改革の影響が成人教育の分野まで拡大していることも特徴的な点である。ボローニャ・プロセスとは、一九九九年に、イタリアのボローニャに欧州二九カ国の教育関連大臣が集まり、そこで採択されたボローニャ宣言に端を発する。欧州からの留学生を多く受け入れているアメリカの大学に対抗し、高等教育の国際的競争力を高めることがその中心的狙いであり、そのため、学位制度の統一や単位互換制度を整備し、学生や研究者の移動を促進し、将来的には欧州高等教育圏を創設することを目指している。

このボローニャ・プロセスによる欧州高等教育改革を牽引するのは欧州各国だけではなく、ＥＵやＯＥＣＤなどのような超国家機構もその一端を担っており、次第に強大化する超国家機構の存在に対して、〝Diminished State?（小さくなった国家?）〟[15]という論考を発表し、国家の存在が軽んじられているのではないかと警告を発する論者もいるが、欧州、特に欧州の小国では、フランスやドイツなどの大国や超国家機構のイニシアティブに揺さぶられる高等教育改革に危機感を抱く人々も多い。高等教育改革に端を発した国際的に巨大な潮流は、次第に欧州という境界を容易に超え、また高等教育という枠組みのさらなる先へと手を伸ばしつつある。それは言うまでもない、成人教育と生涯学習の領域に対してであり、既に欧州の大学では高等教育だけでなく、生涯学習分野におけるボローニャ・プロセスを基盤とした欧州間の交流が推進されつつあるという。

このような国際的な成人教育のダイナミズムに感化された国家レベルでの成人教育の変容が進む一方で、人々の生活圏レベルで、成人教育を支える取り組みもなされている。よりミクロな単位で成人の学習と成人教育を支える機関としては、企業などの民間セクターとともに、ウズベキスタンに古くから存在するマハッラという地域共同体の役割がナショナル・レポートでも挙げられている。マハッラにおける成人教育には、例えば、マハッラ事務所を地域の女性達へ開放するといった事例がある。

タシケント市内のミルザ・ウルグベク地区のＡマハッラの事務所は、毎日マハッラ住民に対し開放されており、住民は思い思いに同じマハッラの人々と談笑したり、子育てや家族、地域についての情報交換を行う。事務所内には、女性委員会の委員長が執務を行う部屋が別に作られているが、そこには「ウズベキスタンの歴史」、「法律業務」、「家族」などの本が陳列されている。女性委員会委員長によると、マハッラ内の女性達が事務所に来て、それらの本を手に取ったり、読んだりするという。また、事務所の建物内に設置された集会所にも女性向けの雑誌や新聞「マハッラ」、「家族」、週刊誌などが常備され、女性達が集まり自由に読んでいるそうである。さらに、事務所内には同マハッラ内に工場を持つ企業の商品のラベルを貼ったポスターも掲示されており、女性達が同マハッラ内にどのような企業が存在するのかということや、どのような技能を身につければ就職できるのか、企業や工場とマハッラのコネクションによるマハッラの口利きなど、就職の可能性などを知る貴重な機会ともなっている。[16]

マハッラ内の女性達への啓発活動も盛んに行われている。Aマハッラを含む複数のマハッラによる未婚の女性対象のコンクールが定期的に開催されており、その中でマハッラをテーマとした劇も女性達によって上演されるという。具体的には、「現代の女性は、お金を稼ぐためにロシアやカザフスタンなどの外国に行ってしまう人が多いが、国の発展のためには、国に残って、国外に行くことがないようにしなければいけない」というテーマの寸劇が地域の女性達によって製作、披露されている。[17]

このように、マハッラの女性委員会はマハッラ事務所を開放し、女性達への啓発活動を実施している。マハッラの事務所は、女性達の「交流の場」、「憩いの場」であると同時に、「自身のマハッラについて知る場」、「新聞や書籍などから知識を得る場」、「就業のための技能や就職情報を得る場」、「寸劇などの共同作業を通し、自己理解や相互理解、自身の人生

写真２　マハッラの集会場では、日々マハッラ住民が集まり、住民間の交流が行われている（2007年10月、タシケント市ミルザ・ウルグベク地区Ａマハッラにて筆者撮影）。

や働き方について自ら考え、学ぶ場」という開かれた「学びの場」ともなっているのである。

ウズベキスタンのナショナル・レポートに目を戻すと、ソ連期の職業訓練を継承した職業教育、それも学校教育における取り組みが多いことがわかる。それは、後期中等教育機関のアカデミックリセや職業カレッジにおける「人材養成システムの国家プログラム」が成人教育の一環として取り上げられている点にも顕著である。言い換えれば、現在のウズベキスタンでは、ユネスコ学習権宣言で主張された成人の学習や成人教育の概念とは異なった理解がなされているのではなかろうか。つまり、ウズベキスタンにおける成人の学習や成人教育は、ある意味学校教育における職業教育と混同されているといえるのではないかと考えられるのである。

また、マハッラで、女性の地位向上などの取り組みと同時に、就業を促進する活動が行われている点もウズベキスタンの特徴のひとつである。この他、マハッラごとに、裁縫や料理のコース、パソコン講座が開設されているマハッラもある。

このような傾向は、前出のカザフスタンのナショナル・レポートにも類似しており、同国の成人の学習や成人教育の関連法には、教育法と並び労働法の条項が多く取り上げられ、雇い主は従業員の職業研修や再教育、スキルの向上を実現させなければならないことが規定されている。[18]

写真３　マハッラの集会場に並べられた新聞「マハッラ」。手前には女性向けの雑誌が置かれている（2007年10月、タシケント市ミルザ・ウルグベク地区Ａマハッラにて筆者撮影）。

おわりに

本章では、政府機関のみならず、国際機関や非政府組織によって創造、展開されてきた成人教育や生涯学習について、ユネスコ主催の国際成人教育会議の流れとICAEなどの活動に焦点化し整理・明示することで、世界における成人教育や生涯学習がどのような変遷を遂げ今に至り、現在どのような活動を展開しているのかについて見てきた。また、世界規模の国際成人教育の展開や国際ネットワークの創造・発展が、開発途上国の生涯学習にどのような影響を与えているのかについて、中央アジアのウズベキスタンを事例に挙げながら検討してきた。

ユネスコ国際成人教育会議での提言や、ICAEやASPBAEの国際的ネットワークの取り組みは世界を舞台に繰り広げられており、これまで成人教育や生涯学習の実践が乏しく、その定義自体も明確に打ち出されていない中央アジアも支援やネットワーク拡大の対象と見なされるようになっている。中央アジア地域における成人教育や生涯学習はいまだ萌芽の段階にあるといえるが、このような現在において、当該地域で古来より育まれてきたモスクや地域社会での成人や子どもに対する教育や、ウズベキスタンのマハッラにおける事例のような国あるいは地域の独自性を損なわない国際的働きかけが必要である。

成人教育の国際的ネットワーク化や支援が「外圧」となるのではなく、世界的な成人教育、生涯学習の発展の輪に招き入れる。世界の成人教育にとって、独立後、新たな成人教育の岐路に立つ中央アジアは国際成人教育とその国際ネットワークのあり方について、一つの視点を提供してくれるのではないだろうか。その意味で、私達は国際成人教育会議の変遷や成果、その意義、ICAEなどの取り組みに見られる国際成人教育の持つ力について、今一度、再考しなければならない時期に差し掛かっているといえよう。

注

1　本章で取り上げる成人教育と日本における社会教育の連関と差異については、佐藤一子『現代社会教育学―生涯学習社会への道程』東洋館出版社、二〇〇六年、二三頁を参照。

2　「生涯教育」、「リカレント教育」、「継続教育」、「ノンフォーマル教育」、「成人教育・学習」等がその代表的なキー概念として挙げられよう。

3　H・S・ボーラ『国際成人教育論―ユネスコ・開発・成人の学習』東信堂、一九九七年。

4　佐藤は諸岡の「成人教育の東と西」の視点について、「『東と西』から『南と北』への視野の広がりをつうじて、従来のように日本の社会教育を先進的な西欧モデルを軸として対比するだけではなく、国際社会の一員という立場で成人教育の課題を共有する国際協同への関心が生まれてきたといえる」としている。佐藤一子『現代社会教育学―生涯学習社会への道程』東洋館出版社、二〇〇六年、一二九―一三〇頁。

5　佐藤一子「21世紀への鍵としての成人学習：第5回国際成人教育会議報告」『生涯学習・社会教育学研究』第二二号、東京大学、一九九七年、六三―七二頁。

6　荒井容子「国際成人教育協議会（ＩＣＡＥ）の課題意識発展の過程　成人教育運動の国際的展開に関する研究（1）」『社会志林』五四（三）、法政大学社会学部学会、二〇〇七年、五五―七四頁。

7　H・S・ボーラ、前掲書、一九九七年、一七五頁。

8　佐藤一子、前掲書、一九九七年、六四―六五頁。

9　ユネスコ「学習権宣言」、一九八五年三月二九日、第四回ユネスコ国際成人教育会議（パリ）にて採択。

10　Manzoor Ahmed "The State and Development of Adult Learning and Education in Asia and the Pacific", 2009.

11　Belem Framework for Action 2009、社会教育推進全国協議会編『社会教育・生涯学習ハンドブック』第八版、二〇一一年、一七九―一八二頁。

12　ハンブルク宣言以降の成人教育施策が進展していない点については、赤尾勝己『新しい生涯学習概論　後期近代社会に生きる私たちの学び』ミネルヴァ書房、二〇一二年、七三―七五頁で指摘されている。

13　これらの成人教育関連施設については、J・トミアク著『ソビエトの学校』明治図書、一九七六年、一二二―一三〇頁に詳しい。

14　カラカルパクスタンはウズベキスタン共和国内に存在する独立国であり、アラル海の北西、アムダリヤ川の南に位置している。（小松久男他編著『中央ユーラシアを知る事典』平凡社、二〇〇五年、一四一、一四五頁）。一九二五年に、カザフ自治共和国を構成する一民族自治地域（自治州）とされた後、一九三〇年にはロシア連邦共和国の直轄となり、社会主義的共和国連盟に名を連ねた。一九三二年にはカラカルパク自治州がカラカルパク自治共和国へと昇格され、最終的に一九三六年にウズベキスタン共和国との合併が行われた。一九九〇年の主権宣言（カラカルパクスタン・ソビエト共和国）を経た後、一九九二年一月に現在のカラカルパクスタン共和国に改称している。

15　Antonia Kupfer, "Diminished State? National Power in European Education Policy", *British Journal of Educational Studies*, Vol. 56, No.3, September 2008, pp.286-303.

16　Aマハッラ女性委員会委員長（二〇〇七年一〇月四日実施）へのインタビューによる。マハッラの有する教育的機能やそこでのさまざまな実践については拙著『「教育」する共同体―ウズベキスタンにおける国民形成と地域社会教育』九州大学出版会、二〇一〇年を参照。

17　このようなコンクールでは、マハッラの歴史についての発表、詩の作成と朗読、料理、ダンスなど、さまざまな分野で女性達が優勝を目指して競い合う。Aマハッラ代表（当時、二〇〇六年四月二六日実施）に対するインタビューによる。

18　*National Report on Adult Education Kazakhstan*, March 18, 2008.

本論のもととなっているのは、以下の論文であるが、本論の主題や課題意識にそって統一性をもたせるために、大幅に加筆修正を行った。

1．「中央アジア諸国における伝統的境域の復興と地域社会教育―実践と評価の観点から―」『社会教育研究年報』名古屋大学大学院教育発達科学研究科社会・生涯教育学研究室、二〇一二年、二九―三九頁。

2.「現代中央アジアにおける成人教育 “Tashkent Call to Action” から CONFINTEA Ⅵ へ」『東アジア社会教育研究』第一五号、東京・沖縄・東アジア社会教育研究会、二〇一〇年、二五三―二六六頁。

あとがき

現代社会とその中に位置する社会教育・生涯学習をめぐる今日的状況は、大変厳しいものである。新政権が誕生したが、その政策は今後の日本に希望の光を与えるものとは思えない。というよりも、日本社会が一層悪化する懸念すら語られている。新政権のもとで、社会教育・生涯学習の将来がどうなるのか、非常に危惧される。

第二期教育振興基本計画が現在、審議中であるが、二〇一二年八月に出された審議経過報告を見ると、社会教育・生涯学習の位置づけが非常に弱くなっているように思われる。しかし、東日本大震災を経験して、改めて社会教育が「活力あるコミュニティ形成と絆づくり」において重要な役割を果たすことが期待されており、公民館等を地域コミュニティの拠点として位置づけることが提示されている。一方、「第六期中教審生涯学習分科会における議論の整理」（二〇一二年八月）においても、社会教育が「住民主体の地域コミュニティの形成に寄与」していることが評価されている。社会教育が活躍していく一つの方向性として、地域における住民の教育・学習を通して、地域コミュニティ形成に関与していくことが示されているといって良い。このような国の方向性については、社会教育の固有性の立場から批判があるであろう。

一方、公民館等社会教育の現場では、困難な状況を克服するような新たな動きも現れている。私達は、そのような社会教育の現場からの新たな可能性を開いていくような実践に着目し、困難な局面の中で、社会教育・生涯学習の可能性を見出していくような方向性を探求したいとの思いを持って本書を編んだものである。

本書は学術書ではなく、大学での授業や社会教育主事講習のテキストとして用いることを念頭に置いて編集している。編者である私が九州大学大学院在職中に指導した大学院生がそれぞれ大学教員等の仕事に就き、授業のテキストとして用いることを想定して刊行したものだが、広く社会教育関係者や社会教育・生涯学習に関心を持っている方達に読んでいただければ、なおさら幸甚である。

私は、一九九六年一〇月から二〇〇八年九月まで一二年間、九州大学に在職した。筆者が在職した（している）四つの大学の中で、最も長く在職した大学であり、思い出深いものがある。本書は、その時の指導院生を中心に集まってもらい、編集したものである。いわば、筆者にとっては九州大学に在職した証であり、メモリアルの書であるといっても良い。と同時に、私が還暦を迎え、それを一つの区切りとして刊行したという意味もある。集まって執筆していただいた皆さんに感謝したい。特に、事務局として編集作業の中心を担っていただいた河野明日香准教授（名古屋大学）にお礼申し上げたい。

私は、琉球大学を皮切りに埼玉大学、九州大学、そして現在、名古屋大学と、大学を異動してきた。地域に根差した社会教育を研究する者として、このように転々と地域を移動するのは好ましくないかもしれない。しかし、それぞれの地域で、社会教育職員や社会教育に参加する住民の方達としっかりと関わり、社会教育の現場から社会教育・生涯学習の理論化に努めてきたことは自負できることであり、指導してきた大学院生にも現場主義の大事さについて語ってきたつもりである。この姿勢は、恩師である小川利夫先生や新海英行先生から学んだものである。

現在、厳しい局面に置かれている社会教育・生涯学習をどのように再構築していくのか、現場では苦しい闘いが続いているが、私達研究者も理論の再構築のための努力を傾注しているつもりである。その中で、状況認識や理論が分化し、社会教育職員と研究者が入り混じって論争が生じている。私の論文や発言も批判を受けているが、あまり論争がなされてこなかった社会教育の世界で、生産的な論争がなされていくことは歓迎すべきことである。私は社会教育の再定義を主張しているが、再定義の必要性も含めて大いに議論していきたいところである。本書は、テキストであるという性格上、あまり論争的な話題に入り込んでいないが、社会教育・生涯学習に関する現代的な課題について問題提起をしたつもりである。

最後に、本書の出版について相談に乗っていただいた九州大学出版会の古澤言太さん、また、編集を担当していただいた本郷尚子さんにお礼申し上げたい。

松田　武雄

二〇一三年一月

執筆者一覧

序　章　現代社会と社会教育・生涯学習
松田 武雄　名古屋大学大学院教育発達科学研究科・教授

第一章　子育て支援と社会教育
東内 瑠里子　日本福祉大学子ども発達学部・准教授

第二章　子どもの社会教育
圓入 智仁　中村学園大学短期大学部・准教授

第三章　青年期の課題と現代社会教育の役割
農中 至　鹿児島大学教育学部・特任講師

第四章　現代の貧困と成人基礎教育
添田 祥史　福岡大学・講師

第五章　高齢者の教育・学習のまちづくり
久保田 治助　鹿児島大学教育学部・准教授

第六章　社会教育・生涯学習の施設・行政とボランティア活動
永田 香織　文教大学非常勤講師

第七章　ＮＰＯ・市民活動と社会教育
野依 智子　福岡女子大学国際文理学部・教授

第八章　大学と地域の連携による地域社会教育の創造
金子 満　鹿児島大学教育学部・准教授

第九章　沖縄の地域共同体と社会教育
嘉納 英明　名桜大学国際学群・教授

第十章　国際成人教育と開発途上国の生涯学習
河野 明日香　名古屋大学大学院教育発達科学研究科・准教授

索引

あ行

字公民館　16, 201-205, 207-208, 210-211, 213-214, 216-217
浅野智彦　84
姉崎洋一　180
雨宮処凛　71
乾彰夫　68, 83
居場所　36, 44-45, 69-72, 128, 130
エットーレ・ジェルピ　98-99
NGO　165, 222-223, 225-226, 234-235
NPO　69-, 81-82, 114, 119-120, 125, 130, 132, 134
NPO 活動　155, 165-175
NPO 法人　119, 125, 132, 161, 171-173
江馬三枝子　24
エンパワーメントスパイラル　184, 195-196
欧州高等教育改革　238
大串隆吉　61
大藤ゆき 24
小川太郎　25
小川利夫　13, 19, 66-67, 101

か行

外国にルーツをもつ子ども達の教育問題　92
開発途上国　10, 222
学芸員　44, 147
学事奨励会　205, 207-208, 214, 216
学習権　27, 49, 92, 95-96, 100-101, 144-146, 227-228, 240
学習権宣言　95, 227-228, 240
学習塾　42, 47-48, 54
学習の四本柱　155
鹿児島大学　181, 191-196
課題提起型教育　98
学校型事業　189-190
学校の社会化　7
家庭教育　29
ガバナンス　165-166
上地武昭　204
仮親　24
川本宇之介　6
関係的権利　91
基礎教育　89
機能的リテラシー　93
キャリア形成　167, 169-170, 175
教育的救済　8
教育隣組　205, 207, 215
教育の社会化と社会の教育化　7
教育福祉論　19, 50
共同学習　5, 34-37, 98, 117, 192
銀行型教育　98
釧路自主夜間中学「くるかい」　101
グローバル化　221
形式卒業　91
継続教育　149
校外教育　43
国際人権規約　95
行動のためのベレン・フレームワーク　10

公民館　*5, 30, 36, 46, 69, 115, 140, 201*
公民館運営審議会　*147, 153*
公立夜間中学校　*94*
高齢社会対策大綱　*114*
高齢者大学　*112*
国際成人教育　*221*
国際成人教育協議会　*222*
子育て支援　*31*
五重の排除　*90*
子供会　*46*
子ども・若者育成支援推進法　*60*
コネクションズ・サービス　*62*
小林文成　*115*
コミュニティ　*122, 163, 170, 223*
コミュニティ支援　*171*

さ行

CS 神戸　*171*
自己教育　*6, 116, 152*
自己啓発　*11, 122*
自主夜間中学　*99*
司書　*147*
持続発展教育　*191*
実践コミュニティ　*166*
児童館　*46*
シマ社会　*199, 207*
社会教育学　*20*
社会教育関係団体　*46*
社会教育行政　*29, 43, 122, 145, 148, 165*
社会教育施設　*45*
社会教育の再定義　*6*
社会教育福祉　*19*
社会問題教育　*13*
シャンタル・ムフ　*18*
熟議民主主義　*18*
生涯学習　*44, 89, 120, 139, 166, 180, 221*
生涯学習体系への移行　*12*
生涯教育　*12, 98, 113, 221*
少年団　*42*
女性のキャリア形成　*175*
人間解放　*97*
すべての人に義務教育を！ 21 世紀プラン　*100*
すべり台社会　*90*
生活保護　*75, 101*
青少年社会福祉援助活動　*75*
成人基礎教育　*93*
成人教育　*221*
世界人権宣言　*95*
「相互依存」的な学び　*17*
相互教育　*152*
相互扶助　*199, 203, 207, 210, 217-218*

た行

大学サテライト　*185*
大家族制度　*24*
高橋満　*14, 76, 150, 165*
高良倉吉　*204*
田村哲樹　*18*
団塊の世代　*111*
地域活動　*165*
地域ガバナンス　*165-166, 175*
地域組織　*165*
地域づくり　*175*
地域と大学　*180*
地域と大学とのローカルシンフォニー事業　*192*
地縁組織　*27, 130, 162*
地区福祉ひろば　*17*

知識基盤社会　*180*
中央アジア　*223*
町内公民館　*17*
沈黙の文化　*97*
通俗教育　*7*
寺中作雄　*202*
都市内分権　*16*
図書館　*143-147*
図書館協議会　*147*

な行

ナショナル・レポート　*227*
習い事　*42, 46*
乗杉嘉壽　*7*
ノンフォーマル教育　*232*

は行

排除　*66, 89, 107*
パウロ・フレイレ　*97*
博物館　*140-144, 146-147, 153-154, 157*
博物館協議会　*147*
開かれた学校づくり　*7*
貧困　*27, 49, 60, 80, 89*
福沢諭吉　*6*
福祉　*49*
プレカリアート運動　*71*
ベレン・フレームワーク　*10, 227*
ボーイスカウト　*43*
補完性原理　*15*
ボランティア　*139-143, 150-158*
ボランティア制度　*140-141, 153-155*
ボローニャ・プロセス　*181, 237*
本田由紀　*67*

ま行

宮原誠一　*6, 30, 65, 115*
宮本常一　*203*
民衆教育　*9*
村屋　*204*

や行

山城千秋　*213*
山名次郎　*7*
結　*203, 205, 207, 210*
ユース・ソーシャルワーク　*75*
ユネスコ　*223*
ユネスコ「学習権宣言」　*227*
ユネスコ国際成人教育会議
　(CONFINTEA)　*226*
緩やかな協議体　*17*
予備校　*42*

ら行

リカレント教育　*9, 149, 182*
リスク社会　*4*
臨時教育審議会　*12*
ローカルシンフォニー　*191*

わ行

和歌山大学　*190*

A-Z

ASPBAE　*229*
DVV　*234*
EFA　*234*
ESD　*191*
ICAE　*223*
OECD　*222*
Social Pedagogy　*19*

社会教育法

（昭和二十四年六月十日法律第二百七号）

第一章　総則

（この法律の目的）

第一条　この法律は、教育基本法（平成十八年法律第百二十号）の精神に則り、社会教育に関する国及び地方公共団体の任務を明らかにすることを目的とする。

（社会教育の定義）

第二条　この法律で「社会教育」とは、学校教育法（昭和二十二年法律第二十六号）に基き、学校の教育課程として行われる教育活動を除き、主として青少年及び成人に対して行われる組織的な教育活動（体育及びレクリエーションの活動を含む。）をいう。

（国及び地方公共団体の任務）

第三条　国及び地方公共団体は、この法律及び他の法令の定めるところにより、社会教育の奨励に必要な施設の設置及び運営、集会の開催、資料の作製、頒布その他の方法により、すべての国民があらゆる機会、あらゆる場所を利用して、自ら実際生活に即する文化的教養を高め得るような環境を醸成するように努めなければならない。

2　国及び地方公共団体は、前項の任務を行うに当たつては、国民の学習に対する多様な需要を踏まえ、これに適切に対応するために必要な学習の機会の提供及びその奨励を行うことにより、生涯学習の振興に寄与することとなるよう努めるものとする。

3　国及び地方公共団体は、第一項の任務を行うに当たつては、社会教育が学校教育及び家庭教育との密接な関連性を有することにかんがみ、学校教育との連携の確保に努め、及び家庭教育の向上に資することとなるよう必要な配慮をするとともに、学校、家庭及び地域住民その他の関係者相互間の連携及び協力の促進に資することとなるよう努めるものとする。

（国の地方公共団体に対する援助）

第四条　前条第一項の任務を達成するために、国は、この法律及び他の法令の定めるところにより、地方公共団体に対し、予算の範囲内において、財政的援助並びに物資の提供及びそのあつせんを行う。

（市町村の教育委員会の事務）

第五条　市（特別区を含む。以下同じ。）町村の教育委員会は、社会教育に関し、当該地方の必要に応じ、予算の範囲内において、次の事務を行う。

一　社会教育に必要な援助を行うこと。

二　社会教育委員の委嘱に関すること。

三　公民館の設置及び管理に関すること。

四　所管に属する図書館、博物館、青年の家その他の社会教育施設の設置及び管理に関すること。

五　所管に属する学校の行う社会教育のための講座の開設及びその奨励に関すること。

六　講座の開設及び討論会、講習会、講演会、展示会その他の集会の開催並びにこれらの奨励に関すること。

七　家庭教育に関する学習の機会を提供するための講座の開設及び集会の開催並びに家庭教育に関する情報の提供並びにこれらの奨励に関すること。

八　職業教育及び産業に関する科学技術指導のための集会の開催並びにその奨励に関すること。

九　生活の科学化の指導のための集会の開催及びその奨励に関すること。

十　情報化の進展に対応して情報の収集及び利用を円滑かつ適正に行うために必要な知識又は技能に関する学習の機会を提供するための講座の開設及び集会の開催並びにこれらの奨励に関すること。

十一　運動会、競技会その他体育指導のための集会の開催及びその奨励に関すること。

十二　音楽、演劇、美術その他芸術の発表会等の開催及びその奨励に関すること。

十三　主として学齢児童及び学齢生徒（それぞれ学校教育法第十八条に規定する学齢児童及び学齢生徒をいう。）に対し、学校の授業の終了後又は休業日において学校、社会教育施設その他適切な施設を利用して行う学習その他の活動の機会を提供する事業の実施並びにその奨励に関すること。

十四　青少年に対しボランティア活動など社会奉仕体験活動、自然体験活動その他の体験活動の機会を提供する事業の実施及びその奨励に関すること。

十五　社会教育における学習の機会を利用して行つた学習の成果を活用して学校、社会教育施設その他地域において行う教育活動その他の活動の機会を提供する事業の実施及びその奨励に関すること。

十六　社会教育に関する情報の収集、整理及び提供に関すること。

十七　視聴覚教育、体育及びレクリエーションに必要な設備、器材及び資料の提供に関すること。

十八　情報の交換及び調査研究に関すること。

十九　その他第三条第一項の任務を達成するた

めに必要な事務

（都道府県の教育委員会の事務）

第六条　都道府県の教育委員会は、社会教育に関し、当該地方の必要に応じ、予算の範囲内において、前条各号の事務（第三号の事務を除く。）を行うほか、次の事務を行う。

一　公民館及び図書館の設置及び管理に関し、必要な指導及び調査を行うこと。

二　社会教育を行う者の研修に必要な施設の設置及び運営、講習会の開催、資料の配布等に関すること。

三　社会教育施設の設置及び運営に必要な物資の提供及びそのあつせんに関すること。

四　市町村の教育委員会との連絡に関すること。

五　その他法令によりその職務権限に属する事項

（教育委員会と地方公共団体の長との関係）

第七条　地方公共団体の長は、その所掌事項に関する必要な広報宣伝で視聴覚教育の手段を利用しその他教育の施設及び手段によることを適当とするものにつき、教育委員会に対し、その実施を依頼し、又は実施の協力を求めることができる。

2　前項の規定は、他の行政庁がその所掌に関する必要な広報宣伝につき、教育委員会に対し、その実施を依頼し、又は実施の協力を求める場合に準用する。

第八条　教育委員会は、社会教育に関する事務を行うために必要があるときは、当該地方公共団体の長及び関係行政庁に対し、必要な資料の提供その他の協力を求めることができる。

（図書館及び博物館）

第九条　図書館及び博物館は、社会教育のための機関とする。

2　図書館及び博物館に関し必要な事項は、別に法律をもつて定める。

第二章　社会教育主事及び社会教育主事補

（社会教育主事及び社会教育主事補の設置）

第九条の二　都道府県及び市町村の教育委員会の事務局に、社会教育主事を置く。

2　都道府県及び市町村の教育委員会の事務局に、社会教育主事補を置くことができる。

（社会教育主事及び社会教育主事補の職務）

第九条の三　社会教育主事は、社会教育を行う者に専門的技術的な助言と指導を与える。ただし、命令及び監督をしてはならない。

2　社会教育主事は、学校が社会教育関係団体、地域住民その他の関係者の協力を得て教育活動を行う場合には、その求めに応じて、必要な助言を行うことができる。

3　社会教育主事補は、社会教育主事の職務を助ける。

（社会教育主事の資格）

第九条の四　次の各号のいずれかに該当する者は、社会教育主事となる資格を有する。

一　大学に二年以上在学して六十二単位以上を修得し、又は高等専門学校を卒業し、かつ、次に掲げる期間を通算した期間が三年以上になる者で、次条の規定による社会教育主事の講習を修了したもの

イ　社会教育主事補の職にあつた期間

ロ　官公署、学校、社会教育施設又は社会教育関係団体における職で司書、学芸員その他の社会教育主事補の職と同等以上の職として文部科学大臣の指定するものにあつた期間

ハ　官公署、学校、社会教育施設又は社会教育関係団体が実施する社会教育に関係のある事業における業務であつて、社会教育主事として必要な知識又は技能の習得に資するものとして文部科学大臣が指定するものに従事した期間（イ又はロに掲げる期間に該当する期間を除く。）

二　教育職員の普通免許状を有し、かつ、五年以上文部科学大臣の指定する教育に関する職にあつた者で、次条の規定による社会教育主事の講習を修了したもの

三　大学に二年以上在学して、六十二単位以上を修得し、かつ、大学において文部科学省令で定める社会教育に関する科目の単位を修得した者で、第一号イからハまでに掲げる期間を通算した期間が一年以上になるもの

四　次条の規定による社会教育主事の講習を修了した者（第一号及び第二号に掲げる者を除く。）で、社会教育に関する専門的事項について前三号に掲げる者に相当する教養と経験があると都道府県の教育委員会が認定したもの

（社会教育主事の講習）

第九条の五　社会教育主事の講習は、文部科学大臣の委嘱を受けた大学その他の教育機関が行う。

2　受講資格その他社会教育主事の講習に関し必要な事項は、文部科学省令で定める。

（社会教育主事及び社会教育主事補の研修）

第九条の六　社会教育主事及び社会教育主事補の研修は、任命権者が行うもののほか、文部科学大臣及び都道府県が行う。

第三章　社会教育関係団体

（社会教育関係団体の定義）

第十条　この法律で「社会教育関係団体」とは、法人であると否とを問わず、公の支配に属しない団体で社会教育に関する事業を行うことを主たる目的とするものをいう。

（文部科学大臣及び教育委員会との関係）

第十一条　文部科学大臣及び教育委員会は、社会教育関係団体の求めに応じ、これに対し、専門的技術的指導又は助言を与えることができる。

2　文部科学大臣及び教育委員会は、社会教育関係団体の求めに応じ、これに対し、社会教育に関する事業に必要な物資の確保につき援助を行う。

（国及び地方公共団体との関係）

第十二条　国及び地方公共団体は、社会教育関係団体に対し、いかなる方法によつても、不当に統制的支配を及ぼし、又はその事業に干渉を加えてはならない。

（審議会等への諮問）

第十三条　国又は地方公共団体が社会教育関係団体に対し補助金を交付しようとする場合には、あらかじめ、国にあつては文部科学大臣が審議会等（国家行政組織法（昭和二十三年法律第百二十号）第八条に規定する機関をいう。第五十一条第三項において同じ。）で政令で定めるものの、地方公共団体にあつては教育委員会が社会教育委員の会議（社会教育委員が置かれていない場合には、条例で定めるところにより社会教育に係る補助金の交付に関する事項を調査審議する審議会その他の合議制の機関）の意見を聴いて行わなければならない。

（報告）

第十四条　文部科学大臣及び教育委員会は、社会教育関係団体に対し、指導資料の作製及び調査研究のために必要な報告を求めることができる。

第四章　社会教育委員

（社会教育委員の設置）

第十五条　都道府県及び市町村に社会教育委員を置くことができる。

2　社会教育委員は、教育委員会が委嘱する。

（削除）

第十六条　削除

（社会教育委員の職務）

第十七条　社会教育委員は、社会教育に関し教育長を経て教育委員会に助言するため、左の職務を行う。

一　社会教育に関する諸計画を立案すること。

二　定時又は臨時に会議を開き、教育委員会の諮問に応じ、これに対して、意見を述べること。

三　前二号の職務を行うために必要な研究調査を行うこと。

2　社会教育委員は、教育委員会の会議に出席して社会教育に関し意見を述べることができる。

3　市町村の社会教育委員は、当該市町村の教育委員会から委嘱を受けた青少年教育に関する特定の事項について、社会教育関係団体、社会教育指導者その他関係者に対し、助言と指導を与えることができる。

（社会教育委員の委嘱の基準等）

第十八条　社会教育委員の委嘱の基準、定数及び任期その他社会教育委員に関し必要な事項は、当該地方公共団体の条例で定める。この場合において、社会教育委員の委嘱の基準については、文部科学省令で定める基準を参酌するものとする。

第十九条　削除

第五章　公民館

（目的）

第二十条　公民館は、市町村その他一定区域内の住民のために、実際生活に即する教育、学術及び文化に関する各種の事業を行い、もつて住民の教養の向上、健康の増進、情操の純化を図り、生活文化の振興、社会福祉の増進に寄与することを目的とする。

（公民館の設置者）

第二十一条　公民館は、市町村が設置する。

2　前項の場合を除くほか、公民館は、公民館の設置を目的とする一般社団法人又は一般財団法人（以下この章において「法人」という。）でなければ設置することができない。

3　公民館の事業の運営上必要があるときは、公民館に分館を設けることができる。

（公民館の事業）

第二十二条　公民館は、第二十条の目的達成のために、おおむね、左の事業を行う。但し、この法律及び他の法令によつて禁じられたものは、この限りでない。

一　定期講座を開設すること。

二　討論会、講習会、講演会、実習会、展示会等を開催すること。

三　図書、記録、模型、資料等を備え、その利用を図ること。

四　体育、レクリエーション等に関する集会を開

催すること。
五　各種の団体、機関等の連絡を図ること。
六　その施設を住民の集会その他の公共的利用に供すること。

（公民館の運営方針）
第二十三条　公民館は、次の行為を行つてはならない。
一　もつぱら営利を目的として事業を行い、特定の営利事務に公民館の名称を利用させその他営利事業を援助すること。
二　特定の政党の利害に関する事業を行い、又は公私の選挙に関し、特定の候補者を支持すること。
２　市町村の設置する公民館は、特定の宗教を支持し、又は特定の教派、宗派若しくは教団を支援してはならない。

（公民館の基準）
第二十三条の二　文部科学大臣は、公民館の健全な発達を図るために、公民館の設置及び運営上必要な基準を定めるものとする。
２　文部科学大臣及び都道府県の教育委員会は、市町村の設置する公民館が前項の基準に従つて設置され及び運営されるように、当該市町村に対し、指導、助言その他の援助に努めるものとする。

（公民館の設置）
第二十四条　市町村が公民館を設置しようとするときは、条例で、公民館の設置及び管理に関する事項を定めなければならない。
第二十五条及び第二十六条　削除

（公民館の職員）
第二十七条　公民館に館長を置き、主事その他必要な職員を置くことができる。
２　館長は、公民館の行う各種の事業の企画実施その他必要な事務を行い、所属職員を監督する。
３　主事は、館長の命を受け、公民館の事業の実施にあたる。
第二十八条　市町村の設置する公民館の館長、主事その他必要な職員は、教育長の推薦により、当該市町村の教育委員会が任命する。

（公民館の職員の研修）
第二十八条の二　第九条の六の規定は、公民館の職員の研修について準用する。

（公民館運営審議会）
第二十九条　公民館に公民館運営審議会を置くことができる。
２　公民館運営審議会は、館長の諮問に応じ、公民館における各種の事業の企画実施につき調査審議するものとする。
第三十条　市町村の設置する公民館にあつては、公民館運営審議会の委員は、当該市町村の教育委員会が委嘱する。
２　前項の公民館運営審議会の委員の委嘱の基準、定数及び任期その他当該公民館運営審議会に関し必要な事項は、当該市町村の条例で定める。この場合において、委員の委嘱の基準については、文部科学省令で定める基準を参酌するものとする。
第三十一条　法人の設置する公民館に公民館運営審議会を置く場合にあつては、その委員は、当該法人の役員をもつて充てるものとする。

（運営の状況に関する評価等）
第三十二条　公民館は、当該公民館の運営の状況について評価を行うとともに、その結果に基づき公民館の運営の改善を図るため必要な措置を講ずるよう努めなければならない。

（運営の状況に関する情報の提供）
第三十二条の二　公民館は、当該公民館の事業に関する地域住民その他の関係者の理解を深めるとともに、これらの者との連携及び協力の推進に資するため、当該公民館の運営の状況に関する情報を積極的に提供するよう努めなければならない。

（基金）
第三十三条　公民館を設置する市町村にあつては、公民館の維持運営のために、地方自治法（昭和二十二年法律第六十七号）第二百四十一条の基金を設けることができる。

（特別会計）
第三十四条　公民館を設置する市町村にあつては、公民館の維持運営のために、特別会計を設けることができる。

（公民館の補助）
第三十五条　国は、公民館を設置する市町村に対し、予算の範囲内において、公民館の施設、設備に要する経費その他必要な経費の一部を補助することができる。
２　前項の補助金の交付に関し必要な事項は、政令で定める。
第三十六条　削除
第三十七条　都道府県が地方自治法第二百三十二条の二の規定により、公民館の運営に要する経費を補助する場合において、文部科学大臣は、政令の定めるところにより、その補助金の額、補助の比率、補助の方法その他必要な事項に

つき報告を求めることができる。
第三十八条　国庫の補助を受けた市町村は、左に掲げる場合においては、その受けた補助金を国庫に返還しなければならない。
一　公民館がこの法律若しくはこの法律に基く命令又はこれらに基いてした処分に違反したとき。
二　公民館がその事業の全部若しくは一部を廃止し、又は第二十条に掲げる目的以外の用途に利用されるようになつたとき。
三　補助金交付の条件に違反したとき。
四　虚偽の方法で補助金の交付を受けたとき。

（法人の設置する公民館の指導）
第三十九条　文部科学大臣及び都道府県の教育委員会は、法人の設置する公民館の運営その他に関し、その求めに応じて、必要な指導及び助言を与えることができる。

（公民館の事業又は行為の停止）
第四十条　公民館が第二十三条の規定に違反する行為を行つたときは、市町村の設置する公民館にあつては市町村の教育委員会、法人の設置する公民館にあつては都道府県の教育委員会は、その事業又は行為の停止を命ずることができる。
2　前項の規定による法人の設置する公民館の事業又は行為の停止命令に関し必要な事項は、都道府県の条例で定めることができる。

（罰則）
第四十一条　前条第一項の規定による公民館の事業又は行為の停止命令に違反する行為をした者は、一年以下の懲役若しくは禁錮又は三万円以下の罰金に処する。

（公民館類似施設）
第四十二条　公民館に類似する施設は、何人もこれを設置することができる。
2　前項の施設の運営その他に関しては、第三十九条の規定を準用する。

第六章　学校施設の利用

（適用範囲）
第四十三条　社会教育のためにする国立学校（学校教育法第二条第二項に規定する国立学校をいう。以下同じ。）又は公立学校（同項に規定する公立学校をいう。以下同じ。）の施設の利用に関しては、この章の定めるところによる。

（学校施設の利用）
第四十四条　学校（国立学校又は公立学校をいう。以下この章において同じ。）の管理機関は、学校教育上支障がないと認める限り、その管理する学校の施設を社会教育のために利用に供するように努めなければならない。
2　前項において「学校の管理機関」とは、国立学校にあつては設置者である国立大学法人（国立大学法人法（平成十五年法律第百十二号）第二条第一項に規定する国立大学法人をいう。）の学長又は独立行政法人国立高等専門学校機構の理事長、公立学校のうち、大学にあつては設置者である地方公共団体の長又は公立大学法人（地方独立行政法人法（平成十五年法律第百十八号）第六十八条第一項に規定する公立大学法人をいう。以下この項及び第四十八条第一項において同じ。）の理事長、高等専門学校にあつては設置者である地方公共団体に設置されている教育委員会又は公立大学法人の理事長、大学及び高等専門学校以外の学校にあつては設置者である地方公共団体に設置されている教育委員会をいう。

（学校施設利用の許可）
第四十五条　社会教育のために学校の施設を利用しようとする者は、当該学校の管理機関の許可を受けなければならない。
2　前項の規定により、学校の管理機関が学校施設の利用を許可しようとするときは、あらかじめ、学校の長の意見を聞かなければならない。
第四十六条　国又は地方公共団体が社会教育のために、学校の施設を利用しようとするときは、前条の規定にかかわらず、当該学校の管理機関と協議するものとする。
第四十七条　第四十五条の規定による学校施設の利用が一時的である場合には、学校の管理機関は、同条第一項の許可に関する権限を学校の長に委任することができる。
2　前項の権限の委任その他学校施設の利用に関し必要な事項は、学校の管理機関が定める。

（社会教育の講座）
第四十八条　文部科学大臣は国立学校に対し、地方公共団体の長は当該地方公共団体が設置する大学又は当該地方公共団体が設立する公立大学法人が設置する大学若しくは高等専門学校に対し、地方公共団体に設置されている教育委員会は当該地方公共団体が設置する大学以外の公立学校に対し、その教育組織及び学校の施設の状況に応じ、文化講座、専門講座、夏期講座、社会学級講座等学校施設の利用による社会教育のための講座の開設を求めることができる。
2　文化講座は、成人の一般的教養に関し、専門講座は、成人の専門的学術知識に関し、夏期講座は、夏期休暇中、成人の一般的教養又は専門的学

術知識に関し、それぞれ大学、高等専門学校又は高等学校において開設する。
3　社会学級講座は、成人の一般的教養に関し、小学校又は中学校において開設する。
4　第一項の規定する講座を担当する講師の報酬その他必要な経費は、予算の範囲内において、国又は地方公共団体が負担する。

第七章　通信教育

（適用範囲）
第四十九条　学校教育法第五十四条、第七十条第一項、第八十二条及び第八十四条の規定により行うものを除き、通信による教育に関しては、この章の定めるところによる。

（通信教育の定義）
第五十条　この法律において「通信教育」とは、通信の方法により一定の教育計画の下に、教材、補助教材等を受講者に送付し、これに基き、設問解答、添削指導、質疑応答等を行う教育をいう。
2　通信教育を行う者は、その計画実現のために、必要な指導者を置かなければならない。

（通信教育の認定）
第五十一条　文部科学大臣は、学校又は一般社団法人若しくは一般財団法人の行う通信教育で社会教育上奨励すべきものについて、通信教育の認定（以下「認定」という。）を与えることができる。
2　認定を受けようとする者は、文部科学大臣の定めるところにより、文部科学大臣に申請しなければならない。
3　文部科学大臣が、第一項の規定により、認定を与えようとするときは、あらかじめ、第十三条の政令で定める審議会等に諮問しなければならない。

（認定手数料）
第五十二条　文部科学大臣は、認定を申請する者から実費の範囲内において文部科学省令で定める額の手数料を徴収することができる。ただし、国立学校又は公立学校が行う通信教育に関しては、この限りでない。
第五十三条　削除

（郵便料金の特別取扱）
第五十四条　認定を受けた通信教育に要する郵便料金については、郵便法（昭和二十二年法律第百六十五号）の定めるところにより、特別の取扱を受けるものとする。

（通信教育の廃止）
第五十五条　認定を受けた通信教育を廃止しようとするとき、又はその条件を変更しようとするときは、文部科学大臣の定めるところにより、その許可を受けなければならない。
2　前項の許可に関しては、第五十一条第三項の規定を準用する。

（報告及び措置）
第五十六条　文部科学大臣は、認定を受けた者に対し、必要な報告を求め、又は必要な措置を命ずることができる。

（認定の取消）
第五十七条　認定を受けた者がこの法律若しくはこの法律に基く命令又はこれらに基いてした処分に違反したときは、文部科学大臣は、認定を取り消すことができる。
2　前項の認定の取消に関しては、第五十一条第三項の規定を準用する。

教育基本法

（平成十八年十二月二十二日法律第百二十号）

教育基本法（昭和二十二年法律第二十五号）の全部を改正する。

我々日本国民は、たゆまぬ努力によって築いてきた民主的で文化的な国家を更に発展させるとともに、世界の平和と人類の福祉の向上に貢献することを願うものである。

我々は、この理想を実現するため、個人の尊厳を重んじ、真理と正義を希求し、公共の精神を尊び、豊かな人間性と創造性を備えた人間の育成を期するとともに、伝統を継承し、新しい文化の創造を目指す教育を推進する。

ここに、我々は、日本国憲法の精神にのっとり、我が国の未来を切り拓く教育の基本を確立し、その振興を図るため、この法律を制定する。

前文
第一章　教育の目的及び理念（第一条―第四条）
第二章　教育の実施に関する基本（第五条―第十五条）
第三章　教育行政（第十六条・第十七条）
第四章　法令の制定（第十八条）
附則

第一章　教育の目的及び理念

（教育の目的）

第一条　教育は、人格の完成を目指し、平和で民主的な国家及び社会の形成者として必要な資質を備えた心身ともに健康な国民の育成を期して行われなければならない。

（教育の目標）

第二条　教育は、その目的を実現するため、学問の自由を尊重しつつ、次に掲げる目標を達成するよう行われるものとする。

一　幅広い知識と教養を身に付け、真理を求める態度を養い、豊かな情操と道徳心を培うとともに、健やかな身体を養うこと。

二　個人の価値を尊重して、その能力を伸ばし、創造性を培い、自主及び自律の精神を養うとともに、職業及び生活との関連を重視し、勤労を重んずる態度を養うこと。

三　正義と責任、男女の平等、自他の敬愛と協力を重んずるとともに、公共の精神に基づき、主体的に社会の形成に参画し、その発展に寄与する態度を養うこと。

四　生命を尊び、自然を大切にし、環境の保全に寄与する態度を養うこと。

五　伝統と文化を尊重し、それらをはぐくんできた我が国と郷土を愛するとともに、他国を尊重し、国際社会の平和と発展に寄与する態度を養うこと。

（生涯学習の理念）

第三条　国民一人一人が、自己の人格を磨き、豊かな人生を送ることができるよう、その生涯にわたって、あらゆる機会に、あらゆる場所において学習することができ、その成果を適切に生かすことのできる社会の実現が図られなければならない。

（教育の機会均等）

第四条　すべて国民は、ひとしく、その能力に応じた教育を受ける機会を与えられなければならず、人種、信条、性別、社会的身分、経済的地位又は門地によって、教育上差別されない。

2　国及び地方公共団体は、障害のある者が、その障害の状態に応じ、十分な教育を受けられるよう、教育上必要な支援を講じなければならない。

3　国及び地方公共団体は、能力があるにもかかわらず、経済的理由によって修学が困難な者に対して、奨学の措置を講じなければならない。

第二章　教育の実施に関する基本

（義務教育）

第五条　国民は、その保護する子に、別に法律で定めるところにより、普通教育を受けさせる義務を負う。

2　義務教育として行われる普通教育は、各個人の有する能力を伸ばしつつ社会において自立的に生きる基礎を培い、また、国家及び社会の形成者として必要とされる基本的な資質を養うことを目的として行われるものとする。

3　国及び地方公共団体は、義務教育の機会を保障し、その水準を確保するため、適切な役割分担及び相互の協力の下、その実施に責任を負う。

4　国又は地方公共団体の設置する学校における義務教育については、授業料を徴収しない。

（学校教育）

第六条　法律に定める学校は、公の性質を有するものであって、国、地方公共団体及び法律に定める法人のみが、これを設置することができる。

2　前項の学校においては、教育の目標が達成されるよう、教育を受ける者の心身の発達に応じて、体系的な教育が組織的に行われなければならない。この場合において、教育を受ける者が、学校生活を営む上で必要な規律を重んずるとともに、自ら進んで学習に取り組む意欲を高めることを重視して行われなければならない。

（大学）

第七条　大学は、学術の中心として、高い教養と

専門的能力を培うとともに、深く真理を探究して新たな知見を創造し、これらの成果を広く社会に提供することにより、社会の発展に寄与するものとする。
2　大学については、自主性、自律性その他の大学における教育及び研究の特性が尊重されなければならない。

（私立学校）
第八条　私立学校の有する公の性質及び学校教育において果たす重要な役割にかんがみ、国及び地方公共団体は、その自主性を尊重しつつ、助成その他の適当な方法によって私立学校教育の振興に努めなければならない。

（教員）
第九条　法律に定める学校の教員は、自己の崇高な使命を深く自覚し、絶えず研究と修養に励み、その職責の遂行に努めなければならない。
2　前項の教員については、その使命と職責の重要性にかんがみ、その身分は尊重され、待遇の適正が期せられるとともに、養成と研修の充実が図られなければならない。

（家庭教育）
第十条　父母その他の保護者は、子の教育について第一義的責任を有するものであって、生活のために必要な習慣を身に付けさせるとともに、自立心を育成し、心身の調和のとれた発達を図るよう努めるものとする。
2　国及び地方公共団体は、家庭教育の自主性を尊重しつつ、保護者に対する学習の機会及び情報の提供その他の家庭教育を支援するために必要な施策を講ずるよう努めなければならない。

（幼児期の教育）
第十一条　幼児期の教育は、生涯にわたる人格形成の基礎を培う重要なものであることにかんがみ、国及び地方公共団体は、幼児の健やかな成長に資する良好な環境の整備その他適当な方法によって、その振興に努めなければならない。

（社会教育）
第十二条　個人の要望や社会の要請にこたえ、社会において行われる教育は、国及び地方公共団体によって奨励されなければならない。
2　国及び地方公共団体は、図書館、博物館、公民館その他の社会教育施設の設置、学校の施設の利用、学習の機会及び情報の提供その他の適当な方法によって社会教育の振興に努めなければならない。

（学校、家庭及び地域住民等の相互の連携協力）
第十三条　学校、家庭及び地域住民その他の関係者は、教育におけるそれぞれの役割と責任を自覚するとともに、相互の連携及び協力に努めるものとする。

（政治教育）
第十四条　良識ある公民として必要な政治的教養は、教育上尊重されなければならない。
2　法律に定める学校は、特定の政党を支持し、又はこれに反対するための政治教育その他政治的活動をしてはならない。

（宗教教育）
第十五条　宗教に関する寛容の態度、宗教に関する一般的な教養及び宗教の社会生活における地位は、教育上尊重されなければならない。
2　国及び地方公共団体が設置する学校は、特定の宗教のための宗教教育その他宗教的活動をしてはならない。

第三章　教育行政

（教育行政）
第十六条　教育は、不当な支配に服することなく、この法律及び他の法律の定めるところにより行われるべきものであり、教育行政は、国と地方公共団体との適切な役割分担及び相互の協力の下、公正かつ適正に行われなければならない。
2　国は、全国的な教育の機会均等と教育水準の維持向上を図るため、教育に関する施策を総合的に策定し、実施しなければならない。
3　地方公共団体は、その地域における教育の振興を図るため、その実情に応じた教育に関する施策を策定し、実施しなければならない。
4　国及び地方公共団体は、教育が円滑かつ継続的に実施されるよう、必要な財政上の措置を講じなければならない。

（教育振興基本計画）
第十七条　政府は、教育の振興に関する施策の総合的かつ計画的な推進を図るため、教育の振興に関する施策についての基本的な方針及び講ずべき施策その他必要な事項について、基本的な計画を定め、これを国会に報告するとともに、公表しなければならない。
2　地方公共団体は、前項の計画を参酌し、その地域の実情に応じ、当該地方公共団体における教育の振興のための施策に関する基本的な計画を定めるよう努めなければならない。

第四章　法令の制定

第十八条　この法律に規定する諸条項を実施するため、必要な法令が制定されなければならない。

編著者紹介

松田 武雄（まつだ・たけお）

1952年、大阪市に生まれる。名古屋大学教育学部卒業、名古屋大学大学院教育学研究科博士後期課程単位取得満期退学、琉球大学助手・講師、埼玉大学助教授、九州大学大学院助教授・教授を経て、現在、名古屋大学大学院教育発達科学研究科教授、博士（教育学）。

［著書］『近代日本社会教育の成立』（九州大学出版会、2004年）、『生涯学習と地域社会教育』（春風社、2004年、編著）、『現代社会教育の課題と可能性』（九州大学出版会、2007年）、『新版 生涯学習と地域社会教育』（春風社、2010年、編著）、『社会教育・生涯学習の再編とソーシャル・キャピタル』（大学教育出版、2012年、編著）ほか。

新版《しんぱん》 現代《げんだい》の社会教育《しゃかいきょういく》と生涯学習《しょうがいがくしゅう》

2015年5月8日　初版発行

著 者　松 田 武 雄
発行者　五十川 直 行
発行所　一般財団法人 九州大学出版会
〒814-0001 福岡市早良区百道浜3-8-34
九州大学産学官連携イノベーションプラザ305
電話　092-833-9150
URL　http://kup.or.jp/

編集・制作／本郷尚子
印刷・製本／シナノ書籍印刷㈱

ISBN978-4-7985-0160-4